本书为2013年湖北省社科基金项目"政府应对突发事件舆论引导体系研究"（项目立项号2013242）成果

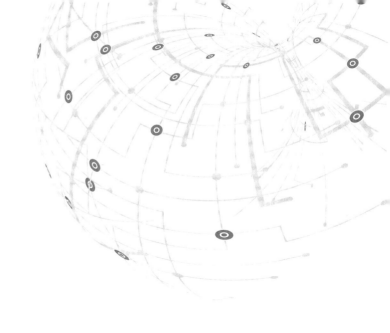

政府应对
突发事件舆论
引|导|研|究

陈明◎著

中国社会科学出版社

图书在版编目（CIP）数据

政府应对突发事件舆论引导研究/陈明著 . —北京：
中国社会科学出版社，2017. 11
　ISBN 978 - 7 - 5203 - 1339 - 1

　Ⅰ. ①政…　Ⅱ. ①陈…　Ⅲ. ①国家行政机关—突发事件—公共
管理—舆论—研究—中国　Ⅳ. ①D630. 3 ②G219. 2

中国版本图书馆 CIP 数据核字（2017）第 273199 号

出　版　人　赵剑英
责任编辑　郭晓鸿
特约编辑　席建海
责任校对　李　莉
责任印制　戴　宽

出　　　版　中国社会科学出版社
社　　　址　北京鼓楼西大街甲 158 号
邮　　　编　100720
网　　　址　http://www.csspw.cn
发 行 部　010 - 84083685
门 市 部　010 - 84029450
经　　　销　新华书店及其他书店

印　　　刷　北京明恒达印务有限公司
装　　　订　廊坊市广阳区广增装订厂
版　　　次　2017 年 11 月第 1 版
印　　　次　2017 年 11 月第 1 次印刷

开　　　本　710×1000　1/16
印　　　张　19.5
插　　　页　2
字　　　数　238 千字
定　　　价　86.00 元

序

　　舆论引导近年来得到了政府和学界高度重视，习近平总书记在多个场合多次强调舆论引导的重要性。国家社科基金项目近年来在此领域投放比例很大，2007—2016年的10年间，主题涉及舆论舆情的国家社科基金项目达到188项，其中有10多项重大项目。国内研究舆论舆情的学者也逐渐形成规模，学术体系逐渐完善。2015年12月，中国新闻史学会舆论学研究委员会成立。2016年12月10日，首届中国舆论学年会在上海交通大学举办，全国100余名学者赴会，舆论学会会员已经超过千人。毫无疑问，舆论研究正在成为学者研究和关注的热土。

　　在舆论研究方兴未艾之际，陈明博士的这部《政府应对突发事件舆论引导研究》专著，给舆论学研究增添了新成果。2009年陈明考入华中科技大学新闻与信息传播学院，开始博士阶段学习。之后数年，参加了我主持的2011年国家社科基金重点项目"应对突发事件舆论引导系统构建研究"。他收集资料，参与课题调研和论文撰写工作，在《现代传播》等新闻传播学期刊上发表论文10余篇。确定博士论文选题时，他选择了政府应对突发事件舆论引导这个方向，选题理由是，当时这一块国内相关研究成果还较少，选择该选题有一定开创性，具有理论意义和现实价值。

后期博士论文开题和写作过程当中，经过与我多次沟通，确定了现在的框架：我国政府应对突发事件舆论引导的历史回顾、政府应对突发事件舆论引导的自身建设、政府应对突发事件舆论引导的路径研究、政府应对突发事件舆论引导能力评估体系建设研究等。这些内容在当时具有一定开创性，之前国内有学者做过探索，但是不系统、不完整。如我国政府应对突发事件舆论引导历史，书中对1949年新中国成立以来我国政府舆论引导历史做了系统梳理和回顾，这对于保存和研究当时舆论引导历史具有一定价值。经过一年多的修订和完善，现在终于以专著形式出版了。

我国应对突发事件舆论引导，有时效果不彰，多是各级政府自身出了问题。政府应对突发事件的舆论引导，传统路径是召开新闻发布会进行引导。在新媒体时代，本书提出利用政府网站、政务微博、政务微信、手机短信、积极开展国际合作，利用国外媒体，以及借助其他引导主体（如媒体、个人、企业、非政府组织等）进行引导。这些提法切合新媒体时代发展趋势，有效激发了其他引导主体如媒体、个人、企业、非政府组织的能动性，整合各种资源，形成舆论引导合力，必然会达到较好效果。

针对政府应对突发事件舆论引导能力评估体系建构，书中借鉴了国内人民网、新华网、上海交通大学舆情研究室等众多学术机构的研究成果，以及深圳等地的具体实践，建构了评估体系，具有一定合理性。

对于2007—2016年这10年间我国国家社科基金项目舆论舆情课题，附录中做了详细分析和梳理，对于我们把握我国社会舆情科研研究走向，具有较大参考价值。

当然，本书也存在一些不足。应对突发事件舆论引导，政府处于中心位置，它和周围各种因素、各种主体之间存在复杂的互动关系，书中有所提及，但挖掘不深。政府应对突发事件舆论引导能力评估体系建构，列了一级指标、二级指标等，这些指标权重是怎么给定的，本书有说明，但说明得不深入。这些不足之处，希望他在今后的学术研究中继续探索，将其论述得深入透彻。

学术研究无止境，希望他披荆斩棘、勇往前行、永攀学术高峰，不断取得新成绩！

赵振宇

（华中科技大学新闻评论研究中心主任、二级教授、博士生导师）

2017 年 3 月 10 日

目　　录

1

绪　论

1.1　研究缘起

1.1.1　党和政府的高度重视

新中国成立以来，党和政府对舆论引导的高度重视，历届领导人对舆论引导重要性一再强调。毛泽东同志指出："一张省报，对于全省人民，有极大的组织、鼓励、批判、推动作用。"[①] 邓小平同志指出："写好稿子到广播电台去广播，出报纸，办广播，出刊物和小册子，比其他领导方式更有效、更广泛、作用大得多。"[②] 江泽民同志指出："历史经验反复证明，舆论导向正确，是党和人民之福；舆论导向错误，是党和人民之祸。"[③] 2008 年 6 月 20 日，胡锦涛总书记在人

[①] 《毛泽东新闻工作文选》，新华出版社 1983 年版，第 202 页。
[②] 《邓小平文选》第 1 卷，人民出版社 1994 年版，第 145 页。
[③] 《江泽民文选》第 1 卷，人民出版社 2006 年版，第 564 页。

民日报社考察工作时，对舆论引导做了重点强调："新形势下，要提高舆论引导能力。要把提高舆论引导能力放在突出位置，进行深入研究，拿出切实措施，取得新成效。"① 党的十八大以来，以习近平同志为总书记的党中央高度重视新闻舆论工作。2013 年 8 月 19 日，习近平主席出席全国宣传思想工作会议发表重要讲话时指出："坚持团结稳定鼓劲、正面宣传为主，是宣传思想工作必须坚持的重要方针。"②2016 年 2 月 19 日，习近平主席在北京主持召开的党的新闻舆论工作座谈会上强调："做好党的新闻舆论工作，事关旗帜和道路，事关贯彻落实党的理论和路线方针，事关顺利推进党和国家各项事业，事关全党全国各族人民凝聚力和向心力，事关党和国家的前途命运。"③2016 年 4 月 19 日，在网络安全和信息化工作座谈会上习主席指出："要建设网络良好生态，发挥网络引导舆论、反映民意的作用。"④

我国政府高度重视舆论引导工作，近年来制定了突发事件应急处理机制，出台了一系列法律法规。国家对此领域学术研究非常重视，近年来国家社科基金项目、选题涉及突发事件舆论引导的项目大量涌现。

2007—2016 年，我国国家社科基金主题涉及突发事件舆论引导课题立项共有 50 项，包括重大项目、重点项目、一般项目、青年项目、西部项目、后期资助项目。平均每年立项 5 项，数量相当可观。立项数量最多的年份是 2011 年，其次是 2012 年。

---

① 《在人民日报社考察工作时的讲话》，《人民日报》2008 年 6 月 21 日第 1 版。
② 温飞：《习近平出席全国宣传思想工作会议并发表重要讲话》，中国广播网（http://china.cnr.cn/news/201308/t20130821_513374392.shtml），2013 年 8 月。
③ 《习近平十八大以来关于"新闻舆论工作"精彩论述摘编》，中国共产党新闻网（http://cpc.people.com.cn/xuexi/n1/2016/0225/c385474-28147905.html），2016 年 2 月。
④ 习近平：《在网络安全和信息化工作座谈会上的讲话》，《人民日报》2016 年 4 月 26 日第 2 版。

  2011 年国家社科基金新闻传播类项目，重点项目有 1 项（华中科技大学赵振宇"突发事件舆论引导系统构建研究"）；一般项目有 4 项（北京师范大学王颖吉"突发公共事件中谣言传播的机制及其治理研究"、复旦大学程士安"突发公共事件与'微博'的关联性研究"、南京大学杜俊飞"重大突发公共事件中新媒体传播的效用、模式及对策研究"、暨南大学林爱珺"重大突发公共事件依法报道的新闻机制研究"）；青年项目有 5 项（中南财经政法大学余秀才"重大突发公共事件中的微博舆论传播与引导研究"、华东师范大学赵路平"公共危机传播中的网络舆情分析研判机制研究"、上海大学吴小坤"'网络热点'转化至'网络群体性事件'的机理及临界预警建模研究"、上海交通大学季丹"新媒体环境下公共危机事件传播机制与效能评估研究"、上海社科院王蔚"重大突发公共事件中的微博传播与管理研究"）。该年新闻类国家社科基金项目总共为 90 项，涉及突发事件及舆论引导的项目就达到 10 项，可见国家对其重视程度。

  2012 年国家社科基金新闻传播类项目，重点项目有 1 项（人民日报社马利"互联网时代传统主流媒体舆论引导效能和方法创新研究"）；一般项目有 6 项（北京市科技情报研究所刘彦军"面向突发公共事件舆论引导的应急科普机制研究"、中国传媒大学张树庭"网络舆情监测与引导机制研究"、温州大学夏雨禾"突发事件与微博舆论关系研究"、西南民族大学姚珣"突发危机事件中群体应急行为演化机制及干预对策研究"、中国人民大学周建明"重大突发公共事件依法报道研究"、江西师范大学汪青云"突发事件中政务微博信息传播与危机应对机制研究"）；青年项目有 1 项（中央财经大学祝兴平"突发公共事件中新媒体舆论传播、监测及管理机制研究"）。重点项目、一般项目和青年项目，合计有 8 项，占当年新闻类项目总数的近一成。

其他年份国家社科此类立项也不少，如 2009 年国家社科基金重大招标项目中标课题共有 71 项，其中涉及该领域选题就有两项（上海交通大学谢耘耕"突发事件网络舆情预警指标体系研究"、解放军信息工程大学邬江兴"突发事件网络舆情演化模型与仿真系统研究"）。①

1.1.2 "风险社会"突发事件成为常态

1986 年，德国著名学者乌尔里希·贝克（Ulrich Beck）在其德文版的《风险社会：迈向一种新型现代性》一书中首次使用了"风险社会"（risk society）概念，用来描述当今西方高度发达的现代社会，从社会学层面反思、批判现代性出现以来风险因素日益突出。随后，乌尔里希·贝克发表了《全球风险社会》等著作②。

21 世纪以来，突发事件越来越多地走入国人视野。2001 年美国"9·11"事件震惊全球，深刻改变了此后十多年全球政治、军事、经济、社会格局。2003 年非典型性肺炎（SARS）爆发，给国人带来重大生命和财产损失。2003 年至今，各类突发事件频频发生。2008 年年初有影响半个中国的冰雪灾害，随后发生西藏"3·14"事件、奥运圣火海外传递遇阻事件、造成近 9 万国人死亡或失踪的"5·12"汶川大地震、影响巨大的贵州瓮安"6·28"事件、9 月由《东方早报》记者简方洲首先披露的三鹿奶粉事件等。2015 年"6·1"长江沉船事故，442 人死亡；刚过两个多月，天津发生"8·12"重大火灾爆炸事故，造成 165 人死亡，财产损失巨大。2016 年 11 月 24 日，

---

① 全国哲学社会科学规划办公室网站（http://www.npopss-cn.gov.cn/index.html）。
② Ulrich Beck, *Risk Society*：*Toward a New Modernity*, London：Sage Publications，1992；Ulrich Beck, *World Risk Society*, Cambridge：Polity Press，1999。这两本书同时被翻译成中文：［德］乌尔里希·贝克：《风险社会：迈向一种新型现代化》，何博闻译，译林出版社 2004 年版；［德］乌尔里希·贝克：《世界风险社会》，吴英姿、孙淑敏译，南京大学出版社 2004 年版。

江西丰城电厂施工平台发生倒塌事故，造成 70 余人死亡……诸多突发事件提醒我们——突发事件在当代中国已经不是偶然性的罕见事件，而是已经成为常态性事件，我国已经进入了德国学者乌尔里希·贝克所说的"风险社会"。

在公共卫生领域和社会安全领域，突发事件数量迅猛增长。从 1993 年到 2004 年，全国社会群体事件数量增长了近 10 倍，涉案人数也从当初数十万增加到三百多万人。除了数量增多之外，群体性事件还出现了表达方式激烈化、事件参与人群组织化、矛盾对抗公开化等特点。各种突发事件，如自然灾害事件、事故灾害事件、社会公共卫生事件、社会安全事件等，常常互相影响，叠加扩散，给政府和社会带来巨大冲击和压力。

1.1.3 当前我国政府应对突发事件舆论引导存在的问题急需解决

近年来，我国政府在应对突发事件舆论引导方面已经有了巨大进步，但还是存在以下问题：

第一，"三强三弱"：对于日常程式，如自然灾害，传统媒体引导能力较强；对于突发事件，如公共卫生事件、社会安全事件，新媒体引导能力较弱。偏弱的现实往往导致舆论话语权被境外媒体夺取，造成舆论被动，影响我国国家形象。

第二，"叠加效应"："事件处置不当"和"舆论引导不当"形成叠加效应。在一些突发事件中，由于各种原因，一些地方政府和相关部门责任人，对事件处置不当，造成负面影响。事件发生后，因为政绩或者其他原因，采取瞒报等方式来控制信息传播，造成公众对政府误解和对立。两者同时发生，就会形成叠加效应。

第三，"协调机制缺失"：突发事件发生后，部门和部门之间如何协调，没有规章制度予以明确。部门和部门之间的协调机制非常重要，我国长期以来在重大突发事件发生后，往往是政府出面临时组建一个机构来协调处理，一切听从上级政府安排。一旦事件处理完毕，这个机构就会被撤销。这样临时设置协调机构的做法，已经不能满足现代社会突发事件频发的现实，急需规范化、科学化、制度化。

第四，"问责机制欠缺"：突发事件发生后，相关责任人如果出了问题，应该进行责任问责。建立问责机制，对于相关责任人进行问责，对于以往舆论引导过程中出现问题而无人负责的现象，将有极大改善。①

新媒体时代，我国面临着国内国际"两个舆论场"的强力挑战。一些突发事件，特别是一些敏感度比较高的社会安全事件，如西藏"3·14"事件、新疆"7·5"事件等，尽管国内政府和媒体全力进行舆论引导，但由于西方媒体意识形态偏见等原因，西方舆论场还是对我国产生了强烈影响和冲击。在目前国际舆论"西强我弱"的现实下，增添了我国舆论引导难度。

现有舆论引导研究大部分集中于媒体舆论引导机制、技巧、策略等，或是某种具体媒介（如报纸、广播、电视、新媒体）舆论引导机制、技巧、策略等领域。政府如何在突发事件中加强自身建设、政府舆论引导路径建设，以及政府舆论引导效果评估等领域，研究成果较少，急需进行深入挖掘。

---

① 赵振宇、焦俊波：《系统论视角下的突发事件舆论引导框架构想》，《现代传播》2012 年第 10 期。

1.2 关键概念界定

1.2.1 突发事件

"突发"一词，顾名思义就是突如其来、出乎人们意料地发生；"事件"一词，按照《辞海》解释，指历史上或社会上发生的大事情[①]。不同学者对突发事件进行了不同解读。

2006年1月8日，国务院颁布《国家突发公共事件总体应急预案》，该预案将突发公共事件分为自然灾害、事故灾难、公共卫生事件、社会安全事件四类。各类突发公共事件按照影响范围等因素分为四级：I级（特别重大）、II级（重大）、III级（较大）和IV级（一般）[②]。

2007年8月30日，我国政府颁布《中华人民共和国突发事件应对法》，该法对于突发事件的定义是：突然发生，造成或者可能造成严重社会危害，需要采取应急处置措施予以应对的自然灾害、事故灾难、公共卫生事件和社会安全事件[③]。

由于研究维度不同，突发事件有不同的划分标准，界定有广义和狭义之分。[④] 从突发事件作用力或其诱因的角度，可以将突发事件划分为自然因素诱因和人为因素诱因。前者诸如地震、洪水、台风、泥

[①] 朱力、韩勇、乔晓征：《我国重大突发事件解析》，南京大学出版社2009年版，第2页。

[②] 《国家突发公共事件总体应急预案》（http：//www.gov.cn/yjgl/2005 – 08/31/content_ 27872.htm）。

[③] 《中华人民共和国突发事件应对法（主席令第六十九号）》（http：//www.gov.cn/ziliao/flfg/2007 –08/30/content_ 732593.htm）。

[④] 王来华、陈月生：《论群体性突发事件的基本含义、特征和类型》，《理论与现代化》2006年第5期。

石流等，后者诸如核泄漏、火灾、重大突发公共事故、生产事故、恐怖袭击等①。从公共管理角度，可以将突发事件划分为政治类突发事件、经济类突发事件、社会性突发事件、生产类突发事件、自然类突发事件②。

1.2.2　舆论

在汉字出现之前，我国口头语言中并没有舆论这个概念。"舆"字在春秋末期已经出现，但它的含义是一种车子，后来"舆"字和人连用转化为造车的人，称为舆人。《周礼·考工记·舆人》中说，"舆人为车"。即舆人制造车子。到春秋末期，"舆人"这个词被赋予"抬轿子的人"的意思，并逐渐取得"下等人"的含义③。

"舆人"这个词出现不久，在表达下层意见的概念中产生了"舆人之诵""舆人之谤""舆人之谋"等概念，并逐渐广泛应用起来。与"舆人"同用的还有"国人"概念，"国人"往往指的是地位较高或敢于起来反对国君暴政的人，他们通常住在国城内，有一定的财产和自由身份，对国家政事民情了解较多，也特别关心。"国人之患""国人之谤"等表达的是早期市民阶层的众人意见，具有强大威力，显示了民间舆论在奴隶制社会对权力机构的监督作用④。

"舆论"概念形成前后共经历了600多年，直到三国时代，人们才把"舆"字和"论"字连用，出现了"舆论"一词。我国最早使

---

① 曾婧、石长顺、黄正谋：《重大突发公共事件中的广播电视舆论引导能力研究》，湖北人民出版社2010年版，第21页。
② 贺文发：《突发事件与对外报道》，中国传媒大学出版社2008年版，第8页。
③ 刘建明：《基础舆论学》，中国人民大学出版社1988年版，第2页。
④ 同上书，第4页。

用"舆论"一词的典籍是《三国志》。从六朝时期开始，士大夫阶层还用清议、清谈代表舆论，并一直沿用到清代。此外，从古到今，人们还习惯于把舆论称为"公论""公议""公言"。辛亥革命前后，反对封建专制统治的民主意识风起云涌，许多革命活动家、政治家和作家开始使用"民意"这一概念表达舆论含义。但"民意"不单纯指"共同意见"，主要指广大人民群众在一定思想理论指导下形成的统一意志①。

西方把舆论称为"公共意见"或"公众意见"，这种说法的出现晚于中国"舆论"一词产生将近 1500 年。西方公众概念的形成是以 1762 年卢梭发表的《社会契约论》一书为标志。在英语系国家中，"公众意见"（public opinion）一词出现于 1781 年②。

关于"舆论"的定义，不同学者给出了不同定义。如舆论是"意见的总和"，是公众的意见③；舆论是众人的意见，也就是人们对于某一事态的看法，是具有一定代表性的社会思潮或倾向的表现形式④；舆论是全国人民或者多数人民的公共意见⑤。众多定义中，较为客观全面的是刘建明先生的定义。他在经过严谨论证后指出：舆论，是显示社会整体知觉和集合意识、具有权威性的多数人的共同意见⑥。舆论从类别上讲包括公共舆论、阶级舆论、团体舆论和群体舆论四个类别。

---

① 刘建明：《基础舆论学》，中国人民大学出版社 1988 年版，第 5—6 页。
② 同上书，第 9 页。
③ 陈仲文：《新闻评论学》，力生文化出版公司 1947 年版，第 10 页。
④ 《新闻学专论集》，黑龙江社会科学出版社 1983 年版，第 74 页。
⑤ 林秉贤：《社会心理学》，群众出版社 1985 年版，第 329 页。
⑥ 刘建明：《基础舆论学》，中国人民大学出版社 1988 年版，第 11 页。

1.3 文献综述

1.3.1 "突发事件"的研究现状

分析学科研究的方向变化，学术期刊是一个重要的研究对象。以"突发事件"为关键词，对《CNKI 中国期刊全文数据库》进行检索①，截至 2016 年 12 月 31 日，共检索到 22901 篇相关文献。1985 年有 2 篇，1986 年有 1 篇，整个 20 世纪 80 年代研究论文总篇数仅有 20 篇。90 年代以后，论文篇数开始增加，整个 90 年代总篇数为 183 篇。21 世纪之后，特别是 2003 年开始，突发事件研究论文有了爆发性增长。2002 年论文篇数仅有 77 篇，2003 年达到了 779 篇。之后数年研究论文数逐渐增长。2006 年第一次突破 1000 篇，达到 1303 篇，篇数几乎是 2005 年的 2 倍。从 2008 年到 2015 年，论文年发表篇数基本保持在 2000 篇左右，显示"突发事件"研究非常热门。

进一步分析可知，2000 年以来论文有 22698 篇，占全部数量的 99% 以上。可见 21 世纪以来，此领域研究出现爆发性增长。30 多年来的年增长大部分都比较和缓，只有两个年份相较上年有了爆发性增长。一个是 2003 年，当年论文数量（779 篇）是 2002 年（77 篇）的 10 倍多。一个 2008 年，当年论文数量（2009 篇）比 2007 年（1400 篇）的多了 600 多篇。这两个年份里，发生了具有里程碑意义的突发事件：非典型性肺炎（SARS）和"5·12"汶川大地震。前者使突发事件研究的重要性异常凸显，后者由于我国政府成功应对，受到学界极大关注。

---

① 中国知网（http://www.cnki.net/index.htm）。

从研究方法来看,定量研究方法较少,经验总结式定性式研究较多。从研究内容上看,研究涵盖的多是一些具体部门对突发事件的应对,多为应对策略性研究。研究涉及领域较广,对突发事件的形成、发展、演变、对策等都有较为系统的研究。

(1)处置突发事件原则。

处置突发事件,可以采取相关性原则。由于突发事件分为四种,对不同突发事件有不同应对法则。如对社会公共安全事件,要采取"慎用警力"原则。"在新时期处置突发事件,公安机关应该摒弃原有息事宁人的旧有思维定式,树立新的思维方式。"①

(2)有关基础理论研究。

突发事件与紧急事件等诸多概念有相似、交叉之处。突发事件具有产生的瞬间性等四个特征,有着多种分类方法。针对这些特征和现象,应该加强研究②。可对突发事件进行归纳和梳理,建立起相关理论框架。

(3)提高政府危机管理能力研究。

国家公务员有很多处于应对突发事件第一线,他们有很多应对突发事件的研究成果。为了应对复杂多变的突发事件,我国政府急需建立应对突发事件应急管理系统。③

(4)加强突发事件的法治化建设研究。

国家制定与颁布处理突发事件的法律法规。在《集会游行示威法》等法律中,增加了有关突发事件的法律规定和司法解释。依据《中华人民共和国突发事件应对法》,管理机构面对突发事件不再束手

---

① 王锶明:《论新时期群体性事件处置的警务战术价值观》,《江西公安专科学院学报》2009 年第 2 期。

② 朱力:《突发事件的概念、要素与类型》,《社会学研究》2007 年第 11 期。

③ 陈永安:《当前政府建立应对突发事件应急管理系统的思考》,《云南行政学院学报》2003 年第 4 期。

无策，而是有法可依，这些都为突发事件处理提供了法律基础。

（5）对特定地区和特定对象突发事件的研究。

一些研究集中于特定地区（如农村、民族地区）以及特定对象。将社会冲突控制在一定范围和秩序结构之内，是解决转型期社会冲突的重要思路。① 高校突发事件研究也相当热络。

国内突发事件研究尽管已经取得了一定成绩，但是还是存在一些不足。首先，缺乏对突发事件历史演变的梳理；其次，理论基础研究欠缺，对一些类型的突发事件如社会安全事件等的形成和演变规律还缺乏系统研究；最后，如何应对突发事件、如何引导的相关策略研究成果相对欠缺。

1.3.2　国外舆论调控研究

1.3.2.1　第二次世界大战前的舆论调控研究

对于舆论的管理和控制从有舆论与国家开始便已存在，然古今中外，由于社会、文化和历史条件不同，其控制方式和控制理念有所不同。

奴隶制强盛时期，更多地表现为镇压舆论，奴隶制没落时期更多地表现为欺骗舆论②。到了封建社会，舆论的主流是王权论和神权论。当时的统治阶级采取一切可以运用的手段，甚至不惜使用暴力，试图将等级观念、忠君等封建理念强行灌输到人们的头脑中，以实现国家思想上的统一。③ 总之，由于实行高度人治，舆论表达不连续且很不

---

　　① 丁建嵘：《我国农村群体性突发事件对策研究》，《中共福建省委党校学报》2003年第5期。
　　② 刘建明：《舆论传播》，清华大学出版社2001年版，第11页。
　　③ 李希光：《软力量与全球传播》，清华大学出版社2005年版，第43页。

通畅，成本相对较高，轻则受刑，重则致死，因此古代的民众舆论表达更多地采用民谣、流言、谣言和农民起义等方式进行。

进入资本主义社会以后，国家的舆论调控开始出现变动："资产阶级用一些全新的社会见解来取代长期被推崇备至的神权和王权。同时他们还提出了平等、自由、博爱的舆论。"① 其本质是"把一切变成商品，并自由地拿到市场上出售，最大限度地获得利润，剥削机会的均等"②。从调控方式来看，已经发生了很大变化，从硬性控制为主转变为软性控制为主。

到第二次世界大战前，古斯塔夫·勒庞的思想和弗洛伊德的思想对舆论控制的影响较大。勒庞认为群体具有"感情的强化"与"理智的欠缺"两种特性。弗洛伊德则不相信人类能够通过意识或理性对自己的行为进行有效控制。"至 20 世纪 20 年代，弗洛伊德学说和行为主义理论被结合起来，形成一种过于简单化的宣传理论。"③ 拉斯韦尔认为通过操纵符号和制造神话，统治者能控制社会舆论并对于己不利的宣传进行控制；李普曼也认为，普通民众没有能力明白周围世界并做出理性的决定，因此他主张建立一个准政府的情报局，以对抗受众受到的反面宣传。

德国在希特勒统治时期，这种理念被发挥到极致：纳粹德国电视宣传部门的首脑弗里茨·希普勒认为有效宣传的秘密在于（1）将复杂问题简单化；（2）一遍又一遍地重复已简化了的内容。除此之外，他们还运用黑色宣传（传播谎言）和灰色宣传（错误信息与正确信息

---

① 李希光：《软力量与全球传播》，清华大学出版社 2005 年版，第 44 页。
② 刘建明：《基础舆论学》，中国人民大学出版社 1988 年版，第 75 页。
③ ［美］斯坦利·巴兰：《大众传播理论：基础、争鸣与未来》，曹书乐译，清华大学出版社 2004 年版，第 79 页。

同时传播）。① 同时期的杜威则表示：只要传授人们正确的防御方法，他们完全能学会如何保护自己。

　　研究者一般将舆论分为政府舆论、社会舆论和媒体舆论。由于媒体具有强大的信息传播能力，在现代社会中，舆论的引导与控制主要是通过大众媒体实现的。在没有大众媒体的时代是政府舆论与社会舆论斗争；在大众媒体产生之后便是政府通过大众传媒这一代理人的角色来完成其舆论引导与控制的。就媒体与政府的关系以及控制模式来说，我们大体可将现代社会的舆论控制模式分为两类：一类是商业媒体模式下的控制；另一类是政府媒体模式下的控制，前者以美国为代表，后者以中国为代表。

1.3.2.2　第二次世界大战后舆论调控研究，以美国为代表：全面了解"舆论＋自由神话＋经济制约＋政府公关"

　　（1）舆论研究内容。

　　①舆论（public opinion）的确定，即民意调查的信度和效度问题，关于民意调查方法的研究是近几年舆论研究的焦点，《舆论季刊》（*Public Opinion Quarterly*）上面经常刊登调查方法的论文。在新媒体不断发展的时代，传统的舆论引导的可信度和效能始终是关注的焦点，这些研究成果涉及一些大范围的舆论调查，如某些议题多年来的舆论变化研究，以及美国政府国家形象的舆论变化研究等。

　　②新闻媒体如何影响舆论，即媒介效果的研究，它包括三种重要的理论假设：议程设置假设（McCombs，1972）、框架理论（Entman，2007）、铺垫假设（Zillmann，2004）。媒介效果的研究更注重检验相

---

　　① ［美］斯坦利·巴兰：《大众传播理论：基础、争鸣与未来》，曹书乐译，清华大学出版社 2004 年版，第 74 页。

关的理论假设，因为这类研究有着便利的资源可以采用，研究可以采用美国各个舆情调查机构公开的数据，也可以获得美国一些基金会的资金来开展数据的收集工作。

议程设置的假设源于 McCombs 和 Shaw（1972）的研究，他们发现大众媒体对事件的报道与受众对该事件的重要性的评价呈强烈的正相关。Iyengar 和 Kinder（1987）以铺垫效果（priming）这一概念深化了议程设置的假设，他们发现媒体通过对某些事件的反复强化报道能改变人们评价领袖和政府工作的标准，因为经常接触某些事件，在做政治评价和形成态度时，受众就会很轻易地将这些熟悉的事件作为评价标准。例如，由于海湾战争胜利，1991 年美国人对总统工作满意度的评价以此为标准，明显高于 1992 年环境问题在媒体中凸显时的评价。架构效果（framing）基于媒体新闻报道的方式将影响受众对新闻的理解（Pan & Kosicki，1993）。它的心理学源起是 Kahneman 和 Tversky（1979，1984）的研究，他们考察表述方式的差异影响人们对结果的感知和最终的选择，即使是同样的结果，人们的感知仍受表述方式的影响。McCombs（2004）认为铺垫效果和架构效果是第二层议程设置，所不同的是，第一层议程设置和铺垫效果都只需要受众有媒介接触，只要接触那些媒体报道的事件，就会自然而然地强化该事件的重要性和作为政治评价的标准，但架构效果不仅要有媒介接触，还涉及对媒介信息的处理过程，所以架构效果要求受众有更多的注意和更高的参与程度。所以，通过网络媒体来验证架构效果是对这一理论假设的内涵的扩展。

对传统媒体的架构效果的研究表明，媒体报道的偏向通过议程设置效果、铺垫效果和框架效果影响权力的分配与民主的进程；但受众并不完全受媒体的框架的影响，而是根据媒体报道的各种框架的结合重新形成自己的理解，并最终影响对政府决策的立场；而且在对同一新闻事件的认知的多种竞争的新闻框架中，个体的特征和环境将决定哪一个更能影响受众的态度形成。

（2）舆论研究方法。

美国舆论研究一般采用实证研究的定性方法和定量方法。其中实证研究的定性方法包括焦点小组（focus group）和网络民族志（internet ethnography）、个案研究（case study）、深度访谈（in-depth interview）等。而实证的定量方法则包括内容分析和抽样调查等。研究方法创新主要有三角定位法（triangulation），该方法又称为多元研究法，源自航海与军事策略，由多个参考点来精确测量目标的正确位置，研究者可由多元观点来描述社会现实，以获得较高的准确性。

（3）舆论调控原理研究。

美国的舆论调控是一种十分机巧的控制，它一方面为民众提供诸如"如果让我来决定我们是应该拥有一个没有报纸的政府，还是一个没有政府的报纸，我会毫不犹豫地选择后者"和宪法《第一修正案》之类的媒体自由和人民自由的神话；另一方面使媒体处于激烈而自由的新闻竞争之中，从而使媒体为盈利而奔波，因此节约成本、吸引受众成为其第一要务，从而导致新闻信息呈现四种倾向：个人化、戏剧化、片断化和权威—无序。媒体没有真正担负起监督政府行为的原因主要有：①当前的新闻运作是成功的、盈利的；②主要的全国性媒体的记者能从他们的工作中得到事业上的成功和个人满足，没有必要惹是生非；③批评报道经常会给记者和他们所在媒体带来很多社会和政治压力，不够客观。①

————————

① ［美］兰斯·班尼特：《新闻政治的幻像》，杨晓红等译，当代中国出版社 2005 年版，第 56 页。

（4）舆论调控方式研究。

美国的舆论调控研究来自对民意调查的研究，所以很多研究成果也散见于一些公共关系书籍中，以及一些批判性视角的新闻传播类论著中。具体来说，美国的舆论调控方式有如下几种。

通过民意测验了解公众。美国的民意调查开始于 20 世纪 30 年代，发展到现在已经非常成熟。在包括总统大选等重大事件中，民意调查都发挥了巨大的作用，这也使民意调查成了美国政府构建强大舆论影响力的重要手段。如美国著名的舆论学刊《舆论季刊》上，近几年刊登的主要内容是各类民意调查数据，以及对这些数据的二次分析和研究。这些民意调查涉及的范围有同性恋与美国总统选举、女性的堕胎意愿调查、公民价值观的变化等。这些调查为政府的决策提供了强有力的支持，使政府的政策更加有针对性。

近年来，美国的媒介舆论和政府舆论对社会公众话题的舆论影响力越来越强，使众多美国人开始反思美国自由主义新闻制度是否还在健康地运转，"观念的自由市场"的理念要不要修正，并出现了一些《新闻——政治的幻想》类的书籍和研究成果，这表明了美国学者的反思。

近年来，我国也出现了少量研究美国舆论调控的学术成果。如《五角大楼操控媒体九大招》《美国政府的舆论引导》等，从具体操作层面介绍了美国调控舆论的手段和方式。值得注意的还有南京市宣传部部长叶皓的文章《美国政府的媒体应对机制及启示》，该文指出美国政府就是在与媒体不断博弈中，逐渐提高与媒体打交道的本领，掌握了娴熟的操控媒体方法，形成一套应对媒体的机制。①

从总体上看，美国舆论管理方式表面上很松，但是美国政府通过

---

① 叶皓：《美国政府的媒体应对机制及启示》，《江海学刊》2008 年第 3 期。

各种方式仍然牢牢控制着公众舆论。这种控制不像我国那样靠各种指示或者规定，而是对这些媒体施行精神层面和经济层面双重控制。所以，研究者也从两个方面开展研究，一个是以实证为主，另一个是以批判为主。总体而言，美国的舆论管理是在一种隐形对抗机制中实现的，以表面的热闹掩盖了精神观念上的平静。

1.3.3 "舆论引导""突发事件舆论引导"的研究现状

1.3.3.1 舆论引导研究

中国古代舆论调控方式与国外基本相同，其理念以孔子的名言"民可使由之，不可使知之"为代表，这其实是一种通过控制文化进而控制舆论的方式。但总体上来说，这种方式仅是理念之一，历代君王大多采用暴力手段进行控制。与西方不同的是，中国的封建社会统治是世俗统治，而非神权统治，因此其思想桎梏相对较小，但孔孟思想具有相当大的"涵化"作用，历朝历代通过独尊"儒术"以及科举考试等将舆论牢牢控制，此外中国的"避讳"观念也是实行舆论控制的方式之一。从总体上来看，中国自古以来就沿着一条与西方不同的道路调控舆论：中国更重视以"德"教人，其思想控制远非皇家一力完成，而是全面下放到宗族体制以及"三纲五常"等道德意识上了。因此在20世纪初，中国的年青一代喊出的第一个口号就是"打倒孔家店"。

伴随着中国现代化报纸的出现，一大批先进的知识分子提出了媒体的舆论引导理论，如梁启超就提出报纸的两大天职是"向导国民"和"监督政府"。此后，中国进入了长年战乱时期，报纸基本上成了各团体进行舆论宣传的工具。新中国成立后，受当时国际国内环境的影响，党和政府一直强调媒体的耳目喉舌功能，因此一直到 20 世纪 80 年代初，我们的新闻学理论教材上都还在讨论着新闻的阶级性以及新闻是否有商品性这类问题。

进入 21 世纪以来，我国发生了翻天覆地的变化：国民文化素质普遍提高、生活水平得到大幅度提高、公民的主体意识极大地增强，经济运行方式从计划经济转为有中国特色的社会主义市场经济，加入 WTO 使中国以更加开放的姿态展现在世界面前。自 2003 年起，网络舆论大规模兴起，这一切都导致政府舆论管理策略出现极大变化。舆论引导的主体、对象、方式和环境均出现较大变化。①

中国民主化进程加快，有专家认为现在的中国已经不能仅停留在"重大情况让人民知道，重大问题经人民讨论"，而应变为"重大情况向人民报告，重大问题由人民决定"。② 与此同时，国家的舆论政策也出现相应的变化：2006 年 10 月党的十六届六中全会、2007 年 3 月十届全国人大五次会议和 2007 年 10 月党的十七大报告中均提出了"依法保障公民的知情权、参与权、表达权、监督权"。2007 年，国务院颁布《政府信息公开条例》，人大常委会通过了《突发事件应对法》。2008 年 3 月的"拉萨骚乱事件"和 5 月的"汶川地震"，更是在全新的环境之下考验了中国政府的舆论管理能力。

2008 年 6 月 20 日，胡锦涛总书记在《人民日报》上发表讲话，《国际新闻界》《新闻战线》《中国记者》《新闻与写作》《中国报业》《新闻记者》《中国广播电视学刊》等权威期刊及时组织专家学者及新闻媒体的负责人进行讨论，探讨"在新形势下如何更好地加强党的

---

① 雷跃捷：《把握舆论引导特点　提高舆论引导能力——学习胡锦涛〈在人民日报社考察工作时的讲话〉札记》，《新闻战线》2008 年第 10 期。

② 赵振宇：《切实保障公民的知情权和决定权——关于修改"重大情况让人民知道，重大问题经人民讨论"两句话的思考》，《西南民族大学学报》（人文社科版）2006 年第 1 期。

舆论引导"，截至 2008 年 11 月，大约已有 50 篇学术论文问世，这极大地丰富了我国舆论引导研究。作者们分别从新老媒体结合①、增强新兴媒体的引导能力②、舆论引导面临的新形势③、广播电视如何提高舆论引导能力④、按新闻规律办事⑤、构建舆论引导新格局⑥、在正确认识新闻舆论的属性的前提下加强舆论引导的研究⑦等方面对胡锦涛的舆论引导思想加以阐述，新闻业界则结合自身的实际情况谈了增强舆论引导能力的决心与具体措施⑧。

中国青年政治学院展江教授认为讲话实际上表明我国政府将实现"舆论引导与表达民意平起平坐""国人称许与国际好评等量齐观""中心话语已从喉舌论、舆论导向转为舆论引导"。显而易见，国家对媒体和舆论的管理从全方位管理到给予导向，再到现如今的应用一定的技巧使受众接受（引导），党和国家的舆论政策越来越迈向"以人为本"的方向。近年来，党和国家领导人不断地通过网络与网民进行交流，也表明了我国政府的开明态度。⑨

综观我国目前已有的舆论学论著，首先最明显的特征是研究者高

① 李良荣、张媛：《新老媒体结合　造就舆论新格局》，《国际新闻界》2008 年第 7 期。

② 李彬、周勇：《学习胡锦涛〈在人民日报社考察工作时的讲话〉笔谈之五增强新兴媒体的舆论引导能力》，《新闻与写作》2008 年第 7 期。

③ 雷跃捷：《把握舆论引导特点　提高舆论引导能力——学习胡锦涛〈在人民日报社考察工作时的讲话〉札记》，《新闻战线》2008 年第 10 期。

④ 胡占凡：《认真学习胡锦涛总书记重要讲话　努力提高广播电视舆论引导能力》，《中国广播电视学刊》2008 年第 8 期。

⑤ 陈力丹：《学习胡锦涛〈在人民日报社考察工作时的讲话〉笔谈之三按照新闻传播规律办事》，《新闻与写作》2008 年第 7 期。

⑥ 尹韵公：《学习胡锦涛〈在人民日报社考察工作时的讲话〉笔谈之一中国特色社会主义新闻学的重大推进》，《新闻与写作》2008 年第 7 期。

⑦ 郑保卫、邹晶：《媒体变局与舆论引导》，《新闻与写作》2008 年第 8 期。

⑧ 吴谷平：《与时俱进　改进新闻宣传——胡锦涛在人民日报社考察工作时的讲话学习札记》，《新闻记者》2008 年第 8 期。

⑨ 展江：《审慎而积极地调整国家—媒体关系——胡锦涛在人民日报社考察工作时的讲话解读》，《国际新闻界》2008 年第 7 期。

度集中，主要有刘建明、陈力丹、喻国明、郑保卫、谢耘耕等；其次，研究著作高度重视政府与媒体的行政指导关系，对政府、媒体和受众三者的关系分析较少；再次，对舆论监督的探讨多于对舆论引导的探讨；最后，也是最重要的一点，上述著作较少涉及思想多元化、媒体多元化及政府信息公开后的舆论引导策略、方式及原则。

本书选择 1999 年 1 月 1 日至 2016 年 12 月 31 日这段时间内的学术论文，资料来源为中国知网全文期刊数据库。① 为防止遗漏，本书将题名关键词设为"舆论"，共得论文 31484 篇，其中论及"舆论监督"的为 7468 篇，"舆论引导"的为 5176 篇，"舆论导向"的为 1909 篇，"舆论宣传"的为 1850 篇。通过分析，发现十多年来我国"舆论"研究呈现出以下研究趋势。

1999 年我国舆论研究论文数量最少（仅为 596 篇），2002 年论文数量与之相若（597 篇），2013 年达到一个高峰（2680 篇）。2016 年刊发论文数量为 3390 篇，达到了十多年来的最高值。2005 年之前，我国"舆论监督"研究论文数远高于"舆论引导"，自 2006 年开始，"舆论引导"方面的研究论文数开始快速追赶"舆论监督"。从 2009 年开始，"舆论引导"的论文数量和"舆论监督"的论文数量基本持平。2010 年、2011 年、2012 年依然如此。2013—2016 年，"舆论引导"的论文数量开始大幅度超越"舆论监督"。

不同主题研究论文数量的改变说明：我国舆论环境出现了重大转变，舆论引导研究越来越受到重视，相对而言，舆论监督研究一直保持平稳，如表 1 - 1 所示：

---

① 中国知网（http：//www.cnki.net/index.htm）。

表 1 – 1　1999 年 1 月 1 日至 2016 年 12 月 31 日舆论研究主题论文数量

单位：篇

年份	舆论	舆论监督	舆论引导
1999	596	325	35
2000	624	333	28
2001	644	318	46
2002	597	269	42
2003	767	374	47
2004	908	408	62
2005	1092	389	82
2006	1527	415	148
2007	1877	530	241
2008	2109	514	427
2009	2314	548	532
2010	2381	576	456
2011	2434	488	473
2012	2471	455	452
2013	2680	477	523
2014	2488	405	533
2015	2365	334	506
2016	3610	300	543
合计	31484	7468	5176

舆论引导研究

（1）关于新格局下的舆论引导研究。

经济全球化、信息数字化、思想观点多元化、新兴媒体冲击，这就是新时代我国媒体舆论引导面临的新环境①。在此情况下，传统主流媒体如何做到理性引导，发挥优势。② 主流媒体要避免被边缘化所采取的相应举措③，以及如何融合官方、民间"两个舆论场"。④《探索与争鸣》在 2006 年第 9 期策划了《如何应对开放条件下的公共舆论》的圆桌会议，复旦大学孙玮道出了她对某些传统媒体的担忧：当前一些传媒的某些作为背离了舆论的初衷，传媒生产的"民意"反而侵犯、损害了公共利益。王多则引用复旦大学新闻传播学的学者在浙江杭州市做过的一次民意调查提出了"媒体，尤其是主流媒体是否真正做到了向社会提供正面积极的舆论引导和价值观规范"的疑问。

（2）舆论引导方式研究。

为提高新闻舆论引导的有效性，须从哲学等多学科视角对传媒引导进行研究，注重方法与内容间的关系、受众引导者之间的心理契合。⑤ 中国传媒大学新闻传播学院副院长雷跃捷教授在《新闻理念》一书中提出舆论引导的四个方针：宜解不宜避；宜缓不宜急，把握舆论引导的渐进性；宜全不宜片；宜诱不宜硬。⑥ 热点舆论引导要做到"准度、速度和尺度"，防止制造轰动、迎合受众和肤浅的倾向，并在

---

① 李凌凌：《新时期受众心理变迁和舆论引导》，《新闻与写作》2005 年第 11 期。

② 李良荣、张媛：《新老媒体结合　造就舆论新格局》，《国际新闻界》2008 年第 7 期。

③ 刘建新：《主流媒体舆论如何避免边缘化?》，《新闻传播》2006 年第 11 期。

④ 郑保卫：《试论传媒公信力形成的要件及判断与评估的标准》，《新闻界》2005 年第 6 期。

⑤ 丁柏铨：《新闻舆论引导方法论》，《南京大学学报》（哲学·人文·社会科学版）2001 年第 2 期。

⑥ 曹丽虹：《走出新闻舆论引导的误区》，《当代传播》2004 年第 1 期。

此基础上打造媒体的"品牌力、公信力和学习力"①。同时营造和谐的舆论环境，做到主题贴近、内容健康、手法平实、基调积极、传播透明。② 在此基础上要充分满足群众的知情需求，反映群众心声，满足人民群众多样化的精神文化生活需求，增强新闻报道的时效性、信息量、贴近性。③

与此同时，最好能做到传媒与受众间"议程同构"④，编辑具有主体意识，充分发挥新闻摄影在舆论引导中的作用⑤，突出事实、用好细节，突出形象⑥。应强调新闻策划、时尚报道的引导，社会新闻、民生新闻等的引导作用；要相信群众和尊重群众，讲究层次性、阶段性和连续性⑦；应处理好理智与情感间的关系⑧，尤其应注意"宏观舆论引导与适度社会动员"间的关系⑨，警惕舆论绑架⑩，抵制虚假新闻、不良广告、低俗之风、有偿新闻的侵袭⑪，并做到舆论引导要有思想。⑫ 在为数不多的实证研究中，叶苗的《舆论引导方式，期待

---

① 熊丽：《做好社会热点问题舆论引导的"三度"与"三力"》，《中国广播电视学刊》2007 年第 8 期。

② 金厚勋：《营造和谐舆论环境五元素》，《新闻记者》2006 年第 5 期。

③ 新华社"舆论引导有效性和影响力"课题组：《主流媒体如何增强舆论引导有效性和影响力之一：主流媒体判断标准和基本评价》，《中国记者》2004 年第 1 期。

④ 栾轶玫：《议程同构与舆论引导——试论"三个代表"重要思想在广播电视舆论引导中的作用》，《中国广播电视学刊》2003 年第 9 期。

⑤ 张葵阳：《新闻摄影的舆论引导功能》，《青年记者》2006 年第 8 期。

⑥ 蔡华东：《贴近受众心理是做好舆论引导的先导——关于 9 岁小学生戴楠之死的思考》，《新闻前哨》2002 年第 7 期。

⑦ 刘行芳：《论媒介对舆论的软引导》，《淮阴师范学院学报》（哲学社会科学版）2003 年第 6 期。

⑧ 蔡雯：《理智与情感间的困惑——从"五胞胎"新闻看媒介的舆论引导》，《新闻记者》2002 年第 5 期。

⑨ 陈力丹：《宏观引导舆论与适度社会动员》，《当代传播》1999 年第 1 期。

⑩ 陈力丹、王辰瑶：《"舆论绑架"与媒体逼视——论公共媒体对私人领域的僭越》，《新闻界》2006 年第 2 期。

⑪ 郑励娟：《和谐舆论营造四要素》，《新闻前哨》2007 年第 9 期。

⑫ 谢跃进：《刍议提升主流媒体舆论引导力》，《中国广播电视学刊》2008 年第 4 期。

创新——"开放条件下舆论引导方式"问卷调查报告》[①] 一文的主题虽是调查"舆论引导方式"的优劣,但是从其调查数据中我们可以看到,"师生组"和"媒体组"在舆论引导方式、方法及理念上存在着巨大差别。

(3) 典型报道与舆论引导研究。

在典型报道中,应做到对典型有所选择:处理好典型性与导向性、个别性与一般性、内在性与表象性、正面性与负面性、现实性与历史性的关系。[②] 典型报道要注重层次性,典型宣传要有时代特色,要少而精,要注意多样性,要分层次。[③] 增强典型报道传播效果,提高舆论引导能力需要从几个方面着手:报道理念要从宣传理念向新闻理念转变;传播模式要从传者中心向受者中心转变;报道手法由浅层次向深层次转变。[④] 其他大量关于典型报道的论文主要述及典型报道的具体操作方式及案例剖析。

(4) 网络舆论引导研究。

网络舆论引导研究近年来是舆论引导研究的重要部分,现有的研究触角涉及众多领域。网络舆论的力量源自其自发性、公开性;网络舆论的力量在于其理性与正义;网络舆论的效应在于其聚合性与扩散性;自下而上的民间舆论对国际舆论斗争有重大作用。[⑤] 网络舆论虽有力量,但是要注意点击率和导向的关系;反映群众心声和引导群众

---

① 叶苗、马汇莹:《舆论引导方式,期待创新——"开放条件下舆论引导方式"问卷调查报告》,《新闻记者》2006 年第 4 期。

② 王小夫:《论舆论引导中的典型选择》,《中国广播电视学刊》1999 年第 2 期。

③ 新华社"舆论引导有效性和影响力"课题组:《主流媒体如何增强舆论引导有效性和影响力之三:重视对几类重要报道领域的改革与创新》,《中国记者》2004 年第 1 期。

④ 庞宇:《增强典型报道传播效果,提高舆论引导能力》,《中国广播电视学刊》2009 年第 3 期。

⑤ 郑保卫、邹晶:《媒体变局与舆论引导》,《新闻与写作》2008 年第 8 期。

的关系；网民评论和专业评论的关系；特殊性和普遍性的关系。①

此外，还有许多论文在研究网络舆论的形成机制、机制的改善等，以及由一些具体事件引发的网络事件中的舆论引导问题。②

（5）媒体公信力与传媒舆论引导研究。

目前，关于媒体的公信力，主要有"传媒公信力""媒体公信力"以及"媒介公信力"三个不同的术语，论文数合计200篇左右，其中用"媒体公信力"的最多，其次是"传媒公信力"和"媒介公信力"。中国期刊网全文数据库显示，第一篇提及"公信力"的文章为1999年《新闻大学》上刊登的《科学态度是新闻传媒公信力的基础——兼谈新闻界与科学界联手揭批"法轮功"》，其后2000年《新闻记者》上又出现一篇论文《媒介公信力与视听率、发行量》（黄晓芳）。2001年至2003年，此类论文一直是零星地出现在各类刊物上。媒体公信力是指"信用""信赖"与赢得信赖的品质和能力③，总体来看，对媒体公信力的研究较为突出的团队有两个：一个是以中国人民大学新闻学院喻国明为代表的团队，他们曾承担过教育部哲学社会科学重大课题第24号攻关项目"中国大众媒介传播效果与公信力研究"，产生了诸如专著《大众媒介公信力理论研究》④ 和《大众媒介公信力测评研究》⑤ （靳一，2006）以及其他一系列论文，主要内容涉及媒体公信力的判断维度如"新闻专业素质、社会关怀、媒介操守、新闻技巧、与官方关系、外在形象"等、影响因素、生成和控制

---

① 雷霆：《正确处理四种关系　把握网络媒体的舆论导向》，《声屏世界》2004年第12期。

② 蔡尚伟、唐丕跃：《论网络新媒体环境下政府舆论引导力的提升——以成都"6·5"公交车燃烧事故为例》，《东南传播》2009年第7期。

③ 喻国明：《大众媒介公信力理论初探（上）——兼论我国大众媒介公信力的现状与问题》，《新闻与写作》2005年第1期。

④ 张洪忠：《大众媒介公信力理论研究》，人民出版社2006年版，第32页。

⑤ 靳一：《大众媒介公信力测评研究》，人民出版社2006年版，第40页。

机制、对媒体功能的影响，调查结果认为报纸仍然是影响力最大的媒体[①]，电视则是公信力最高的媒介渠道，媒介渠道公信力在区域以及城市类型上存在较大区别。[②] 另一个团队是复旦大学廖圣清、张国良等，他们认为符合中国国情的指标应为①报道和评论客观公正；②报道真实准确；③信息量大；④揭露坏人坏事有力；⑤反映群众意见充分。[③] 其研究发现：传统媒介的公信力要大于网络；网络给传统媒介带来了潜在的、强大的影响。[④]

媒体公信力的主要来源有真实准确、客观公正、全面深刻、及时有效、有益有用、可信可亲。[⑤]媒体公信力丧失的原因主要是：刊播虚假新闻、虚假广告欺骗受众等；增强公信力的途径有：把好政治关，坚持正确舆论导向；把好是非关，坚持公正立场等。[⑥] 在提升电视媒体公信力方面，雷跃捷教授认为必须走好三步：打造受众认知的平台；当好受众认同的中介；成为社会行动的依据。[⑦]

1.3.3.2 突发事件的舆论引导研究

突发事件舆论引导研究，在 2000 年之后，特别是 2003 年非典型性肺炎（SARS）之后，出现了井喷式增长。国内相关课题不断出现，众多毕业生（不仅包括新闻传播学毕业生，还包括管理学、信息学等

---

① 喻国明、张洪忠、靳一：《报纸仍然是最有影响力的媒介——基于中国首次传媒公信力全国性调查的报告》，《新闻与写作》2007 年第 7 期。
② 喻国明、张洪忠：《中国大众传播渠道的公信力评测——中国大众媒介公信力调查评测报告系列》，《国际新闻界》2007 年第 5 期。
③ 廖圣清、李晓静、张国良：《中国大陆大众传媒公信力的实证研究》，《新闻大学》2005 年第 1 期。
④ 廖圣清、李晓静、张国良：《解析中国媒介新闻可信度》，《新闻大学》2007 年第 4 期。
⑤ 郑保卫：《公信力的客观评估标准》，《新闻与写作》2008 年第 10 期。
⑥ 郑保卫、唐远清：《试论新闻传媒的公信力》，《新闻爱好者》2004 年第 3 期。
⑦ 雷跃捷、刘年辉：《提升电视媒体公信力的三部曲》，《新闻与写作》2008 年第 10 期。

专业学生）纷纷选择突发事件舆论引导作为学士、硕士、博士的毕业论文选题，国内一些知名学者也出版了一些著作，相关成果较多。

以关键词"突发事件"并含"舆论引导"在中国知网搜索，截止到 2016 年 12 月 31 日，查到相关论文 465 篇。看起来数量不是很多，原因是国内很多学者常使用其他词汇，如"突发公共事件""危机""灾害事件"等。如果以这些词汇再作为关键词和舆论引导并含搜索，还可以搜索到很多论文。如以"突发公共事件"并含"舆论引导"搜索可以搜索到 584 篇。以"危机""灾害事件"并含"舆论引导"也分别能搜索到 135 篇和 9 篇。这些论文合计达到 1000 多篇。

已有的学位论文，基于研究质量和层次考量，本书主要选取博士学位论文作为分析对象。以"突发事件"为关键词在知网搜索到博士论文 86 篇，剔除一些理工科范畴的剩下相关度较高论文 35 篇。以"舆论引导"为关键词在知网搜索到相关博士论文 12 篇。以"突发事件"并含"舆论引导"在知网搜索为 2 篇。

涉及"突发事件"的博士论文，大部分谈及应对机制、危机管理、联动机制、政治动员机制等①，下面几篇有较强代表性。

滕鹏的博士论文《从组织传播到大众传播——我国突发事件传播模式研究》（2007，华中科技大学）指出，在过去几十年内，突发事件传播有着明显从组织传播到大众传播过渡的趋势。在一些突发事件中，来自外界的新闻控制在减弱，新闻报道变得开放而透明，这是我国政治文明的体现与标志。

方付建的博士论文《突发事件网络舆情演变研究》（2011，华中科技大学）以突发事件网络舆情为研究对象，研究网络舆情演变，运用生命周期理论，将突发事件网络舆情演变分为孕育、扩散、变换和

---

① 中国知网（http://www.cnki.net/index.htm）。

衰减四个阶段，并结合实际对每个阶段的舆情议题展开研究。该论文清晰呈现了网络舆情的演变阶段和规律，指出其中的影响因素。

金君俐的博士论文《社会转型背景下的报纸舆论引导研究》（2009，复旦大学），研究了 30 多年来我国舆论引导模式演变的基本过程、报纸舆论引导模式的巨大变革，以及社会转型期给报纸舆论引导形成的巨大挑战，提出了改进报纸舆论引导的具体思路。

于晶的博士论文《突发事件政府新闻发布的传播效果研究》（2010，复旦大学），以突发事件政府新闻发布的传播效果为主要研究对象，在"政府—媒体—公众"的互动框架下，对突发事件中我国政府新闻发布个案进行深入剖析，并结合危机传播理论，建立了新闻发布评估分析指标体系。根据这个体系对政府新闻发布进行评估，找出缺点和不足，并进行对策研究。

熊茵的博士论文《突发事件的信息变异与应对策略研究》（2012，华中科技大学），指出突发事件中信息变异的根本原因在于事件信息对人的重要性，因为突发事件越重要，其信息变异可能性就越大。该文分析了信息变异产生的原因，并提出了相应对策。

焦俊波的博士论文《突发事件舆论引导机制研究》（2013，华中科技大学），从程序论出发，对突发事件的整个过程，从事件前期预警，中期应对，到后期效果评估等进行了详细阐述，并从理论上建立起突发事件舆论引导机制。该文从学理上对突发事件舆论引导机制进行研究，具有较高理论价值。

李伟的博士论文《新媒体时代群体性事件舆论引导研究》（2013，中共中央党校），指出要更好发挥舆论引导沟通意见、利益协调的作用，彰显其思想安抚、心理救助功能，化对抗为对话，变无序为有序，使已经脱轨的社会秩序尽快恢复常态，使紧张对立局面尽快得以平息。

以"舆论引导"为关键词搜索到的博士论文，一部分涉及网络舆论的传播机制、传播特征研究，如聂德明的博士论文《网络舆论与社会引导》（2009，上海大学）、余秀才的博士论文《网络舆论传播的行为与动因》（2010，华中科技大学）等。一部分涉及网络舆情的检测、追踪、信息挖掘等研究，如费绍栋的博士论文《网络舆情突发事件检测与追踪关键技术研究》（2015，山东师范大学）、曹学艳的博士论文《突发事件动态网络舆情挖掘与应对研究》（2013，电子科技大学）、刘樑的博士论文《非常规突发事件的关键在线信息挖掘与预警研究》（2013，电子科技大学）、杜阿宁的博士论文《互联网舆情信息挖掘方法研究》（2007，哈尔滨工业大学）等。还有一部分则与党的执政能力、和谐社会等相关，如郭超海的博士论文《中国共产党执政能力建设与舆论引导机制研究》（2010，中共中央党校）、陈一收的博士论文《中国共产党提升舆论引导能力研究》（2012，福建师范大学）、李晓平的博士论文《和谐社会的舆论环境研究》（2008，中共中央党校）等。还有学者研究中国共产党舆论引导的历史，如牟蕾的博士论文《民主革命时期中国共产党应对突发事件研究》（2013，东北师范大学），该文选取了民主革命时期五大代表性突发事件，从舆论、军事等四个方面进行分析，力图梳理历史、总结经验、把握规律、指导实践。

近些年出版的有关突发事件、突发事件舆论引导的相关书籍，据本书不完全统计有 70 多部。部分论及突发事件的案例分析、突发事件的政府应对措施、突发事件中政府的应急机制等，下列书籍较具有参考和借鉴意义。

《突发事件舆论引导策略：政府媒体危机公关案例回放与点评》（邹建华，中共中央党校出版社 2009 年版），该书是继《外交部发言人揭秘》和《如何面对媒体——政府和企业新闻发言人实用手册》之后的系列著作。该书指出在新媒体时代容易形成"舆论风波",应对不当就会引发"舆论审判"。针对这一情况,提出了七大媒体危机公关原则,并结合大量中外政府危机公关典型案例进行剖析和点评。

《重大突发公共事件中的广播电视舆论引导能力研究》(曾婕、石长顺、黄正谋等,湖北人民出版社 2010 年版),该书为国家广播电视总局社科研究基金项目成果,分析研究了 60 多年来我国重大突发公共事件中媒体报道的相关经验以及学界研究成果,对重大突发公共事件中广播电视舆论引导原则、方式、途径等进行了详细论述。

《政府媒体公众:突发事件信息传播应急机制研究》(杨魁、刘晓程,中国社会科学出版社 2010 年版),该书结合汶川地震,分析了突发事件中政府应急信息传播中出现的种种问题,提出了突发事件信息传播应急机制的基本构建思路。

《传播的博弈:数字媒体环境下的舆论引导研究》(徐正,浙江大学出版社 2011 年版),书中系统论证了新时期我国舆论格局变化,并结合世博会等个案分析,提出了在数字媒体环境下的当代中国,构建舆论引导新格局的具体措施。

《面向优化管理的突发事件网络舆情信息流导控研究》(张玉亮,中国社会科学出版社 2014 年版),该书是教育部人文社科基金项目研究成果。首次揭示了突发事件网络舆情信息流导控的本质;将国外突发事件网络舆情信息流导控实践提炼为致力于彰显个人自由核心价值的"自律导控"、力求个体自律和国家调控相协调的"均衡导控"和凸显政府强制作用的"东亚导控"三种模式,提出学习、借鉴国外成功经验和做法;构建了基于 UML 的突发事件网络舆情信息流风险评价指标体系;提出了从"线上"和"线下"两个方面入手,从理念、机制、保障体系三个层面,推进突发事件网络舆情信息流导控,实现突发事件网络舆情信息流的合理流动、规范管理。

学术论文具体分类研究如下。

1.3.3.2.1　突发事件中公共危机传播规律研究

突发事件的传播有其自身的规律，就危机传播而言，可以划分为四个阶段：潜伏期、爆发期、缓释期、消解期，不同阶段在传播中会呈现不同的传播特征。

对社会安全事件的报道，有许多需要改进之处，特别是要提高预警能力和快速反应能力①。2008 年是突发事件频发的一年，年初南方冰雪灾害、3 月"藏独"暴力事件、5 月汶川大地震、9 月三鹿奶粉事件、10 月四川柑橘事件等，在这些公共危机事件中要做好舆论引导有四大原则。②

30 年来我国公共危机传播演变可以分成几个阶段：新中国成立至改革开放前：受到严格管控的报道"禁区"；改革开放至 2003 年"非典"前：有限放开中的曲折前行；"非典"事件以来：向制度化、规范化之路迈进。③

随着新媒体兴起，微博、微信等各种新兴媒体上的突发事件信息传播规律成了新的研究热点。由于微博发布门槛低、监管体制弱、传播速度快等特点，突发事件微博信息传播中时常会出现从众现象，即传播学范畴中的"乐队花车效应"。④有学者对网络舆情传播规律和预警阶段进行了研究和分类。⑤有学者根据具体突发事件，构建突发事件网络舆情演化传播模型，分析探讨网络舆情演化传播因素对传播规律

---

① 夏长勇：《我国四类公共危机传播现状与发展态势》，《新闻与写作》2009 年第 11 期。
② 刘奋：《公共危机传播中的舆论引导》，《中国广播电视学刊》2009 年第 1 期。
③ 夏长勇：《30 年来我国公共危机传播的演变》，《当代传播》2009 年第 6 期。
④ 杨超：《论突发事件中微博传播的"乐队花车效应"》，《中国报业》2016 年第 11 期。
⑤ 兰月新、曾润喜：《突发事件网络舆情传播规律和预警阶段研究》，《情报杂志》2013 年第 5 期。

的影响，进而提出相应对策建议。① 为更准确地监测突发事件中微博传播影响力，可以选取层次分析法、概念提炼法和事件分析法作为理论来源，以知名度、活跃度、名誉度和反应度为四个一级指标，构建突发事件微博传播影响力评估体系。②

突发事件中不实信息的传播规律，也成为研究关注的热点。根据突发事件网络舆情谣言传播规律，提出相关网络谣言控制对策：降低网络谣言接触率（如加强管理和监控、实行信息源头控制、完善网络违法违规处理机制），提升网络谣言免疫者转化比例（如加强网民媒介素养教育、对群众负面情绪及时疏导等）。③突发事件发生后不实信息传播的过程和传染病的传播过程类似，通过建立模型分析，决策者可以通过调整相关参数达到控制不实信息传播的目的。④

1.3.3.2.2　不同类型的突发事件舆论引导的策略研究

《中华人民共和国突发事件应对法》明确规定，突发事件分为自然灾害、事故灾难、公共卫生事件和社会安全事件四类，这四种突发事件有不同的舆论引导特点。

人民日报社社长张研农在总结 2008 年地震报道的舆论引导经验时认为"速度赢得先机""透明提升公信""节点凸现主题""互动壮大声势"。在重大突发事件中要"通过恰当的事实选择进行舆论引导；依托适宜的新闻评论进行舆论引导；对重大事件和突发事件进行重点

---

① 陈福集、黄江玲：《突发事件网络舆情演化传播模型研究》，《情报科学》2015 年第 12 期。

② 罗昕：《重大突发事件的微博传播影响力评估指标体系建构初探》，《新闻与传播研究》2013 年第 3 期。

③ 兰月新：《突发事件网络谣言传播规律模型及对策研究》，《情报科学》2012 年第 9 期。

④ 方星：《突发事件中不实信息传播的传染病模型研究》，《中国安全科学学报》2015 年第 11 期。

引导；舆论引导与舆论监督相结合；集中引导与分散引导相结合"①。加大网络媒体在突发事件中的引导作用，具体做到：信息即时准确；评论自由互动；编排策划要做到资源整合、释放情感；同时加强制度管理和自我约束。对于环境突发事件，舆论引导应做到如下几点：要做到危机预警，舆论预警；要快速反应，及时报道，做到消息透明；遵照传播学原理，及时、积极地应对虚假信息，营造正确的舆论场；媒体议程设置，引导正确舆论。② 要发挥广播在突发事件舆论引导中的作用。③

一些重大自然灾害如 2012 年北京 "7·21" 特大自然灾害，微博等新媒体发挥的舆论引导作用引发关注。在这场特大自然灾害中，新媒体发挥了强大的影响力。④微博发挥了巨大作用：草根微博传递雨情和求救信息；名人微博引领网上正面能量；传统媒体微博擎起 "主流声音"；政务微博权威信息解疑释惑。⑤要发挥微博意见领袖 "第三方信源" 正面作用，发挥官方微博及各级领导人微博的作用。⑥

事故灾难舆论引导，需构建政府主导、网络媒体推动、网民参与的 "三位一体" 的引导模式。⑦结合一些具体重大事故灾难的舆论引导实践，媒体应及时、主动、全面展开报道，又要充分考虑到这一悲

① 郑保卫、王静：《浅谈舆论引导的艺术与技巧》，《新闻界》2007 年第 5 期。

② 曹丹：《我国环境突发事件的发展与舆论引导》，《武汉交通职业学院学报》2009 年第 4 期。

③ 沈颖：《发挥专业媒体在突发公共事件中的舆论引导作用》，《新闻研究导刊》2016 年第 11 期。

④ 赵振宇、魏猛：《在突发事件中不断提高舆论引导能力——以北京 "7·21" 特大自然灾害事件为例》，《新闻与写作》2012 年第 8 期。

⑤ 蒲红果：《借助微博提高舆论引导的传播力和有效性——以北京 "7·21" 特大自然灾害事件为例》，《新闻与写作》2012 年第 8 期。

⑥ 刘波：《公共突发事件中微博舆论场阈的生成和引导——从北京 "7·21" 特大自然灾害到钓鱼岛事件》，《中国党政干部论坛》2013 年第 4 期。

⑦ 张洁、宋元林：《事故灾难类突发事件网络舆论引导模式的构建及运用》，《重庆理工大学学报》（社会科学版）2013 年第 3 期。

剧带给人的创伤和对当地产生的负面影响力乃至破坏力。① 应从转变思想观念、调整运行结构、综合各种要素、改进引导方式等入手。②

　　要在类似三鹿奶粉的突发事件中争得舆论引导权，就要做到及时准确提供信息，适时释疑解惑，做好针对性的服务型报道。③ 在新媒体时代，潜伏期应推动舆论产生，制造舆论话题；爆发期观念应逐步深入，由表及里；蔓延期应步步紧逼，挖掘事件真相；衰退期给予合理解释和舆论热点的转移。④用透明信息消除影响稳定的疑心；用正面能量增强共渡难关的信心；用求证的真相换取谣言粉碎的安心；用深刻的反思凝聚推动改革的决心。⑤

　　四川广元柑橘"长蛆"事件，说明媒体在前期策划报道中应该客观报道信息，兼顾安定民心，中期策划报道时要正面引导热点，强化沟通互动，后期策划要体现媒体责任，推动柑橘销售。⑥重大社会安全事件网络舆论引导策略包括：发挥"瞭望台"功能，做好危机潜伏期网络预警；第一时间发布关键信息，保证信息公开透明真实；强化信息选择，改进报道方式，保证正确的舆论导向；培养网络意见领袖，政府、媒体、受众三者良性互动。⑦对于突发事件传播中"两个舆论场"的客观存在，要加强"民间舆论场"传播者的政治素养，提升

　　① 屈志坚：《重大灾难报道的分寸把握和舆论引导——以"8·2"昆山特色事故报道为例》，《中国记者》2014 年第 11 期。

　　② 郑保卫、叶俊：《论复杂性突发事件的舆论引导策略——基于天津爆炸事故舆论引导的反思》，《新闻爱好者》2016 年第 2 期。

　　③ 张志欣、赵兵：《从三鹿问题奶粉事件报道看如何提升重大突发事件的舆论引导水平》，《新闻战线》2008 年第 12 期。

　　④ 李凯晴：《微博在突发公共卫生事件中的舆论引导作用——以"魏则西"事件为例》，《视听》2016 年第 9 期。

　　⑤ 章宏法：《新媒体时代公共卫生事件的舆论引导策略——以人感染 H7N9 禽流感疫情为例》，《新闻知识》2013 年第 8 期。

　　⑥ 周新华：《社会公共危机中的舆论引导》，《新闻前哨》2009 年第 2 期。

　　⑦ 宫承波、黄晓云：《重大社会安全事件中的网络舆论及其引导》，《山东社会科学》2011 年第 12 期。

"官方舆论场"传播者的新闻敏感。要优化传播路径，促进"两个舆论场"的媒介融合。①

1.3.3.2.3　不同主体突发事件舆论引导的机制、技巧、体系研究

突发事件舆论引导有不同的引导主体，如政府、媒体、企业、个人、非政府组织等。这些不同的引导主体在突发事件中发挥了不同的引导职能，其引导的机制、技巧也是研究的热点。

引导主体政府的研究，涉及方面较多，涵盖范围较大。如政府应对突发事件的机制研究②、政府设立预警机制的研究③、一些地方政府的舆论引导实践的研究④、具体事件中政府的舆论引导实践进行评析⑤。政府门户网站对突发事件进行舆论引导，还存在很多问题，如关注度不高，信息沟通平台不完备等，政府应当加强网站自身建设。⑥

政务微博改变了官民互动格局，提升了公众参与度，培养了公众民主意识。但政务微博还存在一些问题，解决这些问题的关键，是建立一套完善的政务微博引导网络舆情机制，充分发挥政务微博即时、广泛、互动的传播优势，因势利导地做好网络舆情沟通和引导。⑦可以发挥"意见领袖"功能，建立政务微博群引导舆论。⑧上海踩踏事件

---

①　车南林、高正瀚：《"两个舆论场"与社会安全突发事件处置——以昆明"3·01"暴力恐怖事件媒介传播为例》，《青年记者》2014年第5期。

②　韩丽丽：《我国突发事件应对型社会政策制定模式研究》，博士学位论文，南开大学，2009年，第25页。

③　舒彬：《我国突发公共卫生事件预警机制建设研究》，《疾病控制杂志》2005年第12期。

④　胡朝阳：《温州市突发公共事件政府应急管理研究》，硕士学位论文，同济大学，2010年，第35页。

⑤　张丽新：《从"SARS"到"汶川地震"分析中国政府对突发事件应变能力》，《通化师范学院学报》2009年第5期。

⑥　袁力：《政府门户网站在公共危机事件中的舆论引导》，《中国管理信息化》2012年第9期。

⑦　陈显中：《政务微博引导网络舆情的机制研究》，《宁夏社会科学》2012年第5期。

⑧　曹继东：《我国政府利用微博引导突发事件网络舆论的初探》，《新闻与传播研究》2013年第4期。

中当地政务微博积极参与，对于此类突发事件政务微博应该在活跃于网民的深度互动、加强与传统媒体信息协调、深化与微信类社交媒体联动等方面实现网络舆论危机的合力治理。① 一些地方政府（如苏州）的舆论引导实践受到了关注和研究。② 通过对"SARS"疫情及"汶川地震"分析，揭示我国政府对突发事件处理的现状，提出提高我国政府对突发事件的应对能力的策略。③

引导主体媒体研究，涉及范围较广。主流媒体在突发事件中舆论引导能力提升④，党报在突发事件中提升舆论引导能力路径，应该聚焦热点，以突发事件报道的主动性和准确性提高舆论引导能力⑤。在突发事件中广播彰显出其他媒体不可替代的作用，广播在突发事件中的通讯中枢、心灵抚慰、知识普及、舆论引导的独特作用不可替代⑥。汶川地震现场直播报道与电视竞争力，电视媒体在突发事件中的舆论引导机制等⑦。随着网络媒体发展和影响的日益扩大，突发事件发生后进行网络舆论引导成了研究热点。如以成都市公交车燃烧事件为例，阐明了网络媒体引导方式⑧。

引导主体企业研究成果相对较少。查阅知网，仅查到 10 余篇。

① 王国华等：《突发事件中政务微博的网络舆论危机应对研究》，《情报杂志》2015年第4期。
② 张飞：《地方政府应对突发公共事件中的网络舆情监控与引导》，硕士学位论文，苏州大学，2013年，第30页。
③ 张丽新：《从"SARS"到"汶川地震"分析中国政府对突发事件应变能力》，《通化师范学院学报》2009年第5期。
④ 新华社"舆论引导有效性与影响力"课题组：《主流媒体如何增强舆论引导有效性和影响力之三：重视对几类重要领域的改革和创新》，《中国记者》2004年第1期。
⑤ 周跃敏：《党报提高舆论引导能力的路径选择》，《中国记者》2008年第9期。
⑥ 徐红晓：《广播媒体在突发事件中的独特作用》，《中国广播》2009年第10期。
⑦ 周岩：《中国电视媒体突发事件应对高层论坛主题对话综述》，《新闻记者》2008年第8期。
⑧ 蔡尚伟：《重大突发事件中的网络舆论引导》，《新闻与写作》2009年第8期。

主要集中在对一些企业报的舆论引导的理论和实践探索①，专门谈及突发事件中企业舆论引导的没有，只有一两篇在文中简单提及。

引导主体个人的研究，主要集中于对微博舆论引导功能的研究。如微博舆论生成演变机制和舆论引导策略②，突发事件中微博的公共舆论引导，在突发公共事件中，要主动发布权威消息，与用户交流，消除不良影响。同时充分发挥微博上意见领袖作用，特别是名人、商界名流、领导干部等。充分利用名人效应，发挥人际传播最大优势，影响事件最终走向③。对于突发事件中微博舆论领袖，要善待微博舆论领袖，搭建良好沟通平台；培养微博舆论领袖，主动影响舆论；积极发挥其正向作用，避免负向作用发生。④ 具体事件中微博舆论引导作用研究论文很少，目前只查到 1 篇。以北京 2012 年 "7·21" 暴雨为切入点，指出在此突发事件中草根微博传递雨情和求救信息，成为网上 "生命通道"。名人微博的影响力就是一面旗帜，引领抗击暴雨灾害的网上正能量⑤。

非政府组织对突发事件舆论引导论文仅有 1 篇，即魏猛的博士论文《突发事件中非政府组织的舆论活动研究》。该文研究了突发事件中非政府组织参与舆论引导的可能性和空间；非政府组织和公众、政府、媒体合作的渠道、方式及技巧；尝试建立在政府主导下，建构政府、非政府组织和媒体协同应对突发事件的舆论引导机制，维护社会

---

① 赵玉华：《企业报如何增强舆论引导能力》，《新闻三昧》2008 年第 12 期。
② 谢耘耕、荣婷：《微博舆论生成演变机制和舆论引导策略》，《现代传播》2011 年第 5 期。
③ 周志平：《微博与突发公共事件的舆论引导》，《新闻爱好者》2011 年第 12 期。
④ 王灿发、李婷婷：《群体性事件中微博舆论意见领袖意见的形成、扩散模式及引导策略探讨——以 2012 年 "宁波 PX 事件" 为例》，《现代传播》2013 年第 3 期。
⑤ 蒲红果：《借组微博提高舆论引导的传播力和有效性——以北京 "7·21" 特大自然灾害舆论引导为例》，《新闻与写作》2012 年第 8 期。

稳定。① 其他非政府组织对突发事件的舆论引导的现状、能力、机制、问题、前景等方面的探讨，散见于一些论文章节当中。如要梳理在当今世界重大议题和重要国际事务中最具影响力的非政府组织，主动、积极并善于与它们打交道，组织并协调各领域的专业人士与它们保持密切联系、对话和沟通，占据日益兴起的"国际公民社会"这块舆论阵地②。

研究评述

突发事件政府舆论引导研究，尽管已经有一些成果，但从整体上看，仍然有一些问题需要我们注意。

（1）宏观层面的政府舆论引导研究欠缺。应对突发事件，政府舆论引导需要贯穿突发事件发生的监测、预警、应对、问责和评价各个过程。现有研究多关注微观层面，很少有宏观、整体层面的政府舆论引导研究成果。

（2）对政府可以借助的其他舆论引导主体研究欠缺。政府可以借助媒体、企业、名人、非政府组织进行突发事件舆论引导。除了媒体方面研究成果较多之外，其他如企业、名人、非政府组织的研究成果极少，这个方面需要加强。

（3）缺乏辩证思维视角。自然灾害、事故灾害、公共卫生事件与社会安全问题虽是不同类型的突发事件，但彼此并非隔绝。在一定条件下，不同类型突发事件存在向其他类型转化的可能，使危机变得更为复杂。同时，在危机演化的不同阶段，舆论会呈现出不同态势，需要用辩证思维方式研究突发事件以及政府舆论引导策略。

---

① 魏猛：《突发事件中非政府组织的舆论活动研究》，博士学位论文，华中科技大学，2014 年，第 6 页。

② 刘明：《让中国的"意见领袖"走上国际舞台》，《对外传播》2010 年第 2 期。

1.4　相关理论基础

1.4.1　公民的知情权和政府信息公开

知情权（Right to know），即知道、了解的权利。美联社编辑肯特·库柏（Kent Cooper）1945 年正式提出了"知情权"的概念。

美国知情权研究专家威金斯（Wiggins J.）认为，知情权至少包括：（1）取得信息的权利；（2）不经事前控制而印刷的权利；（3）印刷而无须担心非经正当程序而受到报复的权利；（4）对于报道而言接近必需的设施和资料的权利；（5）传播不受政府或者无视法律活动的市民的干涉的权利。① 这 5 项当中，第 1 项为最重要的权利。

我国学者对知情权有广义和狭义的不同解读，涵盖范围不一。但在这些定义中，公民起码应该有依法请求信息公开的权利。

知情权在世界上的发展经历了曲折过程，如美国 1878 年费城会议上詹姆斯·威尔逊（James Wilson）就提出国民应该知道代理人做的事，但直到 20 世纪 60 年代美国才最终确立知情权的地位。在我国，知情权没有明确的法律规定，但我们可知它是一种隐含的权利，这个权利可以从我国宪法的整体思想及其相关权利规定（如参政议政权、监督权、言论自由权、人民主权原则等）中推导出来。

政府信息公开，是指行政机关通过公众便于接受的方式和途径，依法公开其政务运作过程，公开有利于公众实现其权利的信息资源，允许公众通过查询、阅览、复制、下载、抄录、收听、观看等多种形

---

① 张庆福、吕艳滨：《论知情权》，《江苏行政学院学报》2002 年第 2 期。

式，依法利用政府机关所掌握和控制的信息。①政府信息公开的意义和价值是保障公民权利、强化政治参与、防止腐败、促进市场经济建设。

21 世纪信息已经成为一个社会最为重要的资源，关系到每一个个体和组织的切身利益。所以，政府信息公开必然成为社会大众的共识。

政府应对突发事件的舆论引导过程，公民知情权的获取和政府信息公开贯穿其中。在相当长时间里，我国政府信息公开程度极低，严重影响了国民知情权的获取。在一次次重大突发事件中，因为政府信息公开问题，事件信息被封锁，造成严重后果。

本书通过我国各个不同时期舆论引导中的政府信息公开、公民知情权的获取等，探讨其与舆论引导之间的相关性。

1.4.2 成本—收益分析法

成本—收益分析法是一种经济决策方法，根据投入产出原理，设定特定指标体系，按照统一标准，运用科学的效益计价方法，一般适用于政府公共支出中对有关投资性支出项目效益的分析评价。②

成本—收益分析法后来被广泛应用于社会各个领域。运用该成本—收益分析理论分析政府信息公开，会发现政府信息公开的成本要远远小于社会获得收益，而不论其用何种形式提供。现实情况是，很多地方政府并不积极主动进行信息公开，这是因为地方政府官员有其自身利益。他们的利益和政府利益有时候并不一定重合。为了政绩或

---

① 宋小卫：《略论我国公民的知情权》，《法律科学》1994 年第 5 期。
② 王艳：《我国行政管理费用与经济增长关系研究》，硕士学位论文，贵州大学，2008 年，第 12 页。

者相关利益，他们会极力阻挠信息公开。所以，研究政府信息公开，不考虑官员利益取向，这种研究是不科学的。①

在我国政府应对突发事件的舆论引导中，成本—收益分析理论可以得到充分运用。突发事件四种类型中，自然灾害、事故灾害（矿难事故除外）、公共卫生事件往往能得到迅速报道和披露；而社会安全事件，相关信息发布往往存在隐瞒和拖延。原因很多，一个很重要的原因用成本—收益理论分析，那就是不同类型突发事件对于政府和政府官员来说，成本和收益是不同的。这种不同，直接导致舆论引导中出现诸多问题，如瞒报、迟报、虚假报道等。政府官员做法差别的动机，则可以用此理论得到精确分析和解释。

1.5　研究方法

研究方法的运用取决于研究对象设定及研究问题的性质。本书将研究政府在突发事件舆论引导中的表现，以及构建政府应对突发事件舆论引导体系的各要素。研究的方法主要有文献研究、个案研究、内容分析以及深度访谈。

1.5.1　文献研究

文献研究法是对文献进行查阅、分析、整理并力图找寻事物本质属性的一种研究方法。通过文献研究方法，对具体研究对象进行定性或者定量研究。在充分掌握资料的基础上，对事物发展特征、趋势等

---

① 崔会娟、金海燕：《政府信息公开：困境及其成因探析》，《图书馆论坛》2006 年第 6 期。

作出分析和判断。

　　本书研究新中国成立 60 多年来我国政府应对舆论引导的历史沿革，涉及的文献资料非常广，包括相关文件、法律法规、新闻报道、当事人的回忆录、历史档案等。分析和研究这些文献，研究其内在演变规律，会对后面研究提供帮助。

1.5.2　个案研究

　　个案研究是常见的质化研究方法。为了尽可能全面详细研究，需要收集大量资料。在对这些资料进行分析和整理后，对其做一种现象解释，便会用到个案研究方法。

　　本书运用个案研究法，重点考察不同时期我国政府应对突发事件舆论引导的具体方式、存在的问题，选择的个案涵盖不同时期。改革开放之前，选取的个案是 1976 年唐山大地震。改革开放之后至 2003 年，选取的是 1994 年发生的"千岛湖"事件。2003 年之后选取的是非典、汶川大地震、贵州瓮安事件等。唐山大地震由于已经过去快 40 年，资料搜寻起来非常困难。本书将采取多种途径收集资料。一个是地方志。地方志记录了当地最为原始的一些材料，真实可信。另一个是当事人回忆录。唐山大地震有数量众多的幸存者，几十年来已经出版了数部当事人的现场见闻或回忆录，这些都是珍贵资料。此外，当时的媒体报道也可以查询。

1.5.3　深度访谈

　　深度访谈是一种个人的、面对面的访问。深度访谈适用于一些复杂问题，这些问题不是一句两句能够说清楚的。因此需要访谈者和被访对象围绕某一个主题进行深入的、全方位的自由交谈，从交谈中得到相关信息。

本书将对一些政府宣传管理者、新闻媒体工作人员和受众进行采访，重点对原山西省长治市市委书记吕日周进行访谈，了解在突发事件中政府、媒体和公众真实的第一手信息。这些信息可能比较琐碎，但它们是突发事件中最为真实的资料。

1.6 基本思路

本书首先对我国政府应对突发事件舆论引导 60 多年历史进行梳理，分析其特点和存在的问题。然后结合相关理论基础，从舆论引导主体自身建设、舆论引导路径建设、舆论引导效果评估体系建设三个方面进行研究，构建完整的政府应对突发事件舆论研究体系。

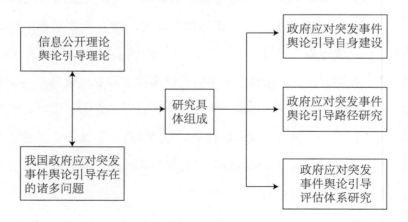

图 1 - 1   突发事件舆论引导研究思路

在熟悉和掌握相关理论基础上，对我国政府应对突发事件舆论引导历史进行全面梳理和回顾，找出其特征和不足，同时加强对不同突发事件舆论形态研究。然后根据存在的问题，分别进行完善。完善主要从三个方面进行：政府自身建设、舆论引导路径建设，以及舆论引导评估体系建立等。这三个方面，构成了本书的主体框架和内容。

1.7　难点和创新点

1.7.1　难点

（1）资料获取的困难。对新中国成立 60 多年来有代表性的突发事件相关资料进行分析，必然涉及大量资料获取。由于历史原因，我国长期以来对突发事件实行内部处理，很多资料都作为内部保密档案保存，外界根本无从知晓。加上数十年来政府信息公开不到位，很多突发事件资料，能够查到的只是政府愿意提供的那部分，一些政府部门由于各种原因不愿意提供的那部分资料，可能是事件关键，但是不易获取。弥补的办法，只能是多方突破，从历史档案中查询，或者是查阅地方志以及事件当事人回忆录等。

（2）政府应对突发事件舆论引导研究难度。现有突发事件舆论引导研究成果，绝大部分集中于对媒体和政府的舆论引导技巧、机制、理念等的研究。涉及整体研究的成果相对较少，仅有的也是对单一媒介如报纸、广播、电视等的舆论引导体系研究，对于政府应对突发事件舆论引导研究成果较少。概念性东西多，没有太大参考价值，这就给本研究带来了难度。

1.7.2　创新点

（1）对我国政府应对突发事件舆论引导历史进行了梳理。已有研究成果，要么是概念化的理念研究，要么是对政府应对突发事件舆论引导案例的评析，缺少新中国成立 60 多年来我国政府应对突发事件舆论引导的总体历史沿革研究。本书全面系统地对我国政府舆论引导历史进行了资料整理和分析，既涵盖了历史脉络，又通过对典型事件的重点研究，由点及面，使此段历史完整呈现。

（2）全面系统提出了政府应对突发事件舆论引导的相关理论。以往对政府应对突发事件舆论引导研究，主要着眼于舆论引导技巧、机制、理念等的研究，体系研究较少。本书全面系统提出了政府应对突发事件舆论引导的理论框架，从政府自身建设、路径建设、评估研究等三个方面展开，具有一定开创性。

（3）提出了政府舆论引导能力的评估指标体系。政府应对突发事件舆论引导能力评估，一直以来缺乏严谨的量化指标和体系。本书建立了突发事件政府舆论引导能力评估的三级指标体系，使今后我国政府舆论引导能力评估更加科学精确。

2

政府应对突发事件舆论引导的历史回顾

要研究我国政府应对突发事件舆论引导现状，须先系统梳理和回顾我国政府应对突发事件舆论引导历史。根据不同阶段舆论引导演变特征，本书将我国政府应对突发事件舆论引导历程分为 1949—1976 年、1977—2003 年、2004 年至今三个阶段。

第一个阶段为 1949—1976 年。新中国成立初期，我国政府的主要任务是巩固新生的人民政权。50 年代末期开始，我国相继出现了"大跃进""反右""文化大革命"等政治运动，政治上进入不正常时期。1976 年 10 月，随着"四人帮"倒台，这段历史结束。总体而言，这 27 年因为国际国内环境影响以及频繁的政治运动，这段时间我国政府对突发事件的舆论引导受到政治强力影响。

第二个阶段是 1977—2003 年。"文化大革命"之后，中国开始了改革开放进程，整个国家都在进行全新变革，政府信息公开和突发事件舆论引导出现了很多新的理念和做法。但是，由于国情等因素影响，突发事件中政府舆论引导，还是频频出现一些问题：信息公开程度低、政府部门信息发布不完善等。这些深层次问题在 2003 年非典型性肺炎（SARS）中集中爆发，政府应对突发事件舆论引导出现的诸多问题，引起了国人强烈关注，改革呼声日益高涨。非典型性肺炎

（SARS）作为一个标志性的历史性事件，成为新时期我国政府应对突发事件舆论引导方式转变的起点。

第三个阶段是 2004 年至今。非典型性肺炎（SARS）之后，中国政府应对突发事件的舆论引导进入了一个新阶段。相关配套法律如信息公开条例、突发事件应对法等相继出台，中国政府舆论引导走上了法制化、制度化轨道。信息透明、及时发布、公开透明、灵活多样的舆论引导成了我国政府舆论引导常态。一些重大突发事件如 2008 年"5·12"汶川地震、2009 年新疆"7·5"事件，政府突发事件舆论引导取得了良好效果，获得了国内外普遍称赞。尽管在少数类型突发事件中，政府突发事件舆论引导还存在一些问题，但总体而言，我国政府应对突发事件舆论引导越来越有成效。

2.1　1949—1976 年政府对突发事件的舆论引导

2.1.1　1949—1957 年政府对突发事件的舆论引导

1949 年 10 月 1 日，中华人民共和国成立。新中国成立伊始，就面临着严峻的国内国际形势。中国大陆境内还有 100 多万国民党残兵盘踞在西南、西北、东南沿海一带，剿匪任务相当繁重。败退台湾的国民党军队频频对我国东南沿海进行袭扰、轰炸，各地人民政权建立也极为紧迫。国际方面，1950 年 6 月朝鲜战争爆发，随着中国人民志愿军参战，中国在得到苏联等社会主义国家支持的同时，也面临着以美国为首的西方资本主义国家的敌视和封锁。

在这种情况之下，为了巩固新生政权和保持社会稳定，中共中央和中央人民政府对突发事件传播进行了严格限制和管理，强调媒体对灾难新闻应该持慎重态度，不能渲染灾情，以免造成群众悲观情绪，影响政府国际形象，给帝国主义以可乘之机。① 1950 年 4 月，国家新闻总署下发了《新闻总署关于救灾报道的指示》：各地对救灾工作的报道观应即转入救灾成绩与经验方面，一般不要再着重报道灾情。②

从此，这个指示成了国内媒体报道灾难等突发事件的一条"铁律"。如 1954 年长江洪水，新华社在报道这次抗洪救灾新闻时，不可回避要涉及洪水灾情问题。经过多次讨论之后，他们确定了几条报道原则：（1）报道灾害，不要盖过生产；（2）着重报道积极同灾害斗争，战胜灾害，争取丰收；（3）不作全面综合报道，不讲具体灾情。③ 根据这几条原则，之后的抗洪救灾报道，在报纸上看到的只是洪水水位高低以及人民的抗洪豪情，由于洪水和各种疫情而死亡的 3 万多人的事实在媒体上没有得到呈现。

媒体不能报道突发事件，中央以及地方决策领导又需要了解国内国外发生的重大突发事件。为了解决这一矛盾，《内部参考》应运而生。1953 年中共中央专门发文规定了新华社记者采写内部资料的范围，共有 6 条，其中第 5 条为各地自然灾害的详细情况和反革命分子活动情况。④ 关于新华社和当地党委的关系，该文件还明确规定：新华社记者如果反映地委及以下工作中的情况和问题，可以直接发给总社；反映省市一级工作中的问题，要送给当地省委负责人审阅同意后

---

① 吴廷俊、夏长勇：《我国公共危机传播的历史回顾与现状分析》，《现代传播》2010年第 6 期。

② 新华社新闻研究所编著：《新华社文件资料选编 第 2 辑（1949—1953）》，新华社新闻研究部 1980 年版，第 44—45 页。

③ 田中初：《当代中国灾难新闻研究——以新闻实践中的政治控制为视角》，博士学位论文，复旦大学，2005 年，第 36 页。

④ 新华社新闻研究所编著：《新华社文件资料选编 第 2 辑（1949—1953）》，新华社新闻研究部 1980 年版，第 324 页。

再发给新华总社；如果当地省市委对资料有不同意见，但该记者仍然要向中央反映时，应该将该省市委意见一起报告给新华社总社。①

在这个采写范围中，自然灾害等突发事件明确规定在内。这样，突发事件信息就能在党和政府内部上下传播，党和政府领导层得以了解实际情况。与此同时，大众媒体却不能公开报道，公众也就失去了了解突发事件信息的路径，这给突发事件引导带来一定影响。即使这些内部反映突发事件的资料写出来，还要送给相关省市领导审阅。一些记者考虑到与当地党委和政府关系，选择不反映或者少反映此类事件成为必然。

几年后，新华社向中共中央请示，建议将《内部参考》报道范围扩大到9条，其中第5条为重要的敌情、疫情、天灾、人祸。②

《内部参考》报道范围不断扩大，对于党和政府领导干部知晓国内外大事有利，但对于社会公众却带来了一个问题：大量突发事件被写进了《内部参考》，仅供少数党和政府高层阅读。这些事件信息在社会上被屏蔽，给普通公众正确认识和了解外界社会带来了巨大信息障碍。而且就突发事件报道内容而言，上一个规定中只有自然灾害，下一个扩大为"重要的敌情、疫情、天灾、人祸"，几乎涵盖突发事件所有类型。当媒体和记者吃不准这些突发事件能不能报道的时候，很有可能将这些信息写入内参，公众知情权从而丧失。

2.1.2 1958—1976年政府对突发事件的舆论引导

从1958年开始，中国政治领域进入了不正常时期。"反右扩大化""大跃进""无产阶级文化大革命"等各种政治运动一波接着一

---

① 新华社新闻研究所编著：《新华社文件资料选编 第2辑（1949—1953）》，新华社新闻研究部1980年版，第325页。
② 同上书，第326页。

波，媒体受到越来越严格的管理和控制，成为宣扬个人意志和社会意识形态的强有力工具，一切舆论宣传为此服务。"驯服的工具"论对媒体工作者产生了强烈影响，该观点认为个人应该服从党的需要，服从党的分配，把党的利益放在第一位。

1959 年，新华社把分社下放到地方，直接接受各地省委辖制。新华社各地分社开始接受地方党委领导，并交流做地方党委"驯服的工具"的经验。媒体成了地方党委"驯服的工具"，缺少了对当地事务的监督，中央一些错误决策因此长时期得不到真实反馈。

政府对突发事件舆论引导理念走向极端化和片面化。政府观念认为社会主义国家不会有"危机"，于是作为党的"驯服的工具"的媒体理所当然认为这是报道"禁区"——要么封锁消息，不予报道；要么只讲抢险救灾的英雄事迹，而有关灾祸本身的情况，如损失、责任、处理等，一概回避。[①] 此时期，我国政府应对突发事件舆论引导方式主要有以下几种。[②]

第一种，不准媒体公开报道，只能发内参，尽量缩小突发事件影响范围。如 1975 年淮河大水灾，1000 万人受灾，死亡 3 万多人。面对如此严重灾情，慰问团负责人却指示新华社记者不公开报道，不报道灾情，同时还要宣扬抗洪救灾先进人物。结果随行新华社记者事后只写了 2 本抗洪抢险专刊，以及 5 篇新华社内参。

直到 20 世纪 80 年代，曾参与采访的新华社记者才得知，当时不让公开报道的原因是怕产生副作用，因为当时毛主席和周恩来总理病重，怕这些消息刺激他们。[③] 在当时诡谲的政治氛围中，对于突发事

---

① 夏鼎铭：《"客观主义"报道辨析》，《新闻大学》1988 年第 3 期。
② 吴廷俊、夏长勇：《我国公共危机传播的历史回顾与现状分析》，《现代传播》2010 年第 6 期。
③ 张广友：《目睹 1975 年淮河大水灾》，《炎黄春秋》2003 年第 1 期。

件，政府舆论引导最根本的出发点还是政治利益为先。

第二种，指示媒体回避灾难本身造成的破坏，正面宣扬抗灾英雄事迹和人物，强调毛泽东思想武装起来的人民人定胜天的精神。

1976年7月26日，唐山发生里氏7.8级强震，地震造成的人员伤亡极为惨重，震惊中外。① 这个事件为何没有像1975年淮河大水那样不准公开报道，是因为这种破坏烈度强大的地震是不可能被掩盖的。世界众多国家和地区通讯社和地震台，都第一时间发布了我国北方发生地震的信息。尽管他们所指的地震发生地点和地震级别稍有不同，但毫无疑问的一点是：中国北京附近发生了强烈度地震，这一事实无可否认。

1976年7月29日至1976年9月1日，《人民日报》共发新闻55篇，评论3篇。内容都是社会各系统如钢厂、煤矿、医院以及解放军等救灾和恢复生产的通讯或消息。而且这些通讯或消息每一篇都和批"右"倾翻案风、批邓等相联系，强调在抗震救灾中以阶级斗争为动力。② 1976年9月1日，在北京召开唐山地震抗震救灾表彰大会，报纸报道依然对地震所造成的人员伤亡和财产损失只字不提。

一个伤亡几十万人的地震灾难，在当时不正常的政治气氛下，在"四人帮"操控下，变成了歌颂抗灾英雄的工具。一场惨绝人寰的灾难，最后却成了一个塑造英雄的舞台。难怪有学者说，当时是"大灾大英雄"，"小灾小英雄"。这种舆论引导方式，有学者概括为"灾难＝轻描淡写的灾情＋党和毛主席的关怀＋灾区人民的决心"③。

政府突发事件舆论引导是让媒体忽视灾难所造成的巨大破坏，着

---

① 钱刚：《唐山大地震——7·28劫难十周年祭》，解放军文艺出版社1986年版，第3页。

② 张允若：《让世人刮目相看的进步——从唐山到汶川的思考之一》，2008年6月，360网（http://www.360doc.com/content/08/0608/17/17015_1317344.shtml）。

③ 张述亚：《灾难新闻报道初探》，硕士学位论文，广西大学，2002年，第16页。

重强调灾区人民在毛泽东思想指引下人定胜天的豪情。

第三种，负面事件，但是让媒体正面去挖掘和引导。

《为了六十一个阶级兄弟》是 20 世纪 60 年代著名的通讯报道，最初发表于《中国青年报》，是王石、房树民两位记者合写的。报道我国社会各界积极行动，抢救 61 名中毒民工兄弟的事情，该文入选了中学语文课本，影响了几代人。读者在感动之余，很少有人知道这些民工是怎样中毒的，平陆事件其实是一起人为投毒刑事案件。这篇通讯的作者王石、房树民在事隔近 40 年后谈到不写民工中毒的原因时说，如果写民工的中毒原因，这篇报道也许早被淘汰了，更不会被公认是新闻写作范文。①

作为作者，他们当时没有写民工中毒是因为"大煞风景"，所以只是从正面强调了阶级亲情。他们也知道，如果不这样，"这篇文章也许早就被淘汰了"，也就不可能成为新闻写作范文。事实也确实如此，在当时的政治氛围中，如果他们写出了民工们中毒的原因，其结果就会和《平陆小报》记者常建华一样，被领导认为不宜报道而不能刊出。在当时一浪高过一浪的政治旋涡中，媒体记者进行严格的自我审查，自觉把突发事件中的负面因素抛弃掉，积极去挖掘事件积极面。这样新闻稿才能通过，而这也正是当时政府部门所期望达到的舆论引导效果。

第四种，突发事件发生过程中不让媒体报道，等突发事件处理完毕再让媒体做总结式的报道，以进行舆论引导。

此类事件非常多，最为典型的是粉碎"四人帮"。1976 年 10 月 6 日，以华国锋、李先念等为代表的中央政治局，采取断然措施，将王洪文、张春桥、江青、姚文元实行隔离审查，"文化大革命"十年内

---

① 王石：《一朵明日黄花——〈为了六十一个阶级兄弟〉采写记事》，《报刊管理》1999 年第 10 期。

乱至此结束。粉碎"四人帮"十多天后的 10 月 18 日，中共中央才在媒体上发出《关于王洪文、张春桥、江青、姚文元反党集团事件的通知》，国人才从媒体上获知这一重大历史事件。

1949—1957 年，我国政府由于面临严峻的国内国际形势，为了巩固和建设新生政权，对突发事件报道范围和内容进行了严格限制，要求舆论引导向正面引导。

1958—1976 年，由于此期间国内政治极为不正常，政府对突发事件的态度是：尽量将其控制在内部解决，事件信息在封闭的组织内部传播。同时，让媒体忽视突发事件带来的巨大影响和冲击，仅仅歌颂毛泽东思想武装起来的人民人定胜天的豪情。客观上讲，突发事件的信息封闭和内部传播，确实会减少对社会的冲击。但是这种做法严重损害了公众知情权，公众不了解外界社会的真实信息，长此以往，只会带来负面后果。

突发事件舆论引导，政府给媒体种种限制，媒体只能以无限高度的意识形态口号、模式化和公式化的报道方式来报道这些事件。这样的舆论引导，在当时的特殊政治环境和封闭的信息环境下，还能取得一定效果。随着改革开放大幕拉开，这种不合时宜落后时代的舆论引导方式，很快就被时代大潮所淹没。囿于时代局限，这个时期中国政府新闻发言人等制度没有建立，政府应对突发事件舆论引导基本靠对媒体的引导完成。

2.2　1977—2003 年政府对突发事件的舆论引导

"无产阶级文化大革命"结束，我国开始实行改革开放政策，整个社会迎来全面变革的时代。政府对突发事件舆论引导的理念也开始随之进步。媒体监督作用不断增强，突发事件报道透明度不断提高，一些以前被视为"雷区""禁区"的领域，媒体也纷纷开始涉足。

中宣部、中央外宣小组、新华社于 1978 年 7 月 18 日发出《关于改进新闻报道若干问题的意见》。明确提出："突发事件凡外电可能报道，或可能在群众中广为流传的，应及时作公开连续报道。"① 但是由于当时人们的认识水平和思维惯性，这一意见没有得到切实执行。

翻开中国新闻史，渤海二号钻井船沉没事件，是一个重要的历史性事件。1979 年 11 月 25 日凌晨 3 时 30 分左右，石油部海洋石油勘探局的渤海二号钻井船，在渤海湾迁往新井位的拖航中翻沉，当时船上 74 人中 72 人死亡，直接经济损失 3700 万元。

此事件发生在 1979 年 11 月 25 日凌晨，隔了差不多 8 个月之后的 1980 年 7 月 22 日，才由媒体公开报道。这则重大突发事件报道如此长时间延误，主要原因是受当时新闻环境影响。

新华社派记者到现场采访，随后发出内参，之后却是长时间沉默。《工人日报》记者去采访，却受到当事责任人无理阻挠，这些人找出各种理由推脱，完全不提这是责任事故，后来更是拒绝采访，反对媒体公开报道。②

因为涉及石油部等部级领导，所以在没有得到上级部门明确表态的情况下，各个媒体都没有进行报道。《工人日报》在 1980 年 5 月就准备进行报道，但还有很多顾虑，中央领导同志纷纷给予鼓励和支持。

1980 年 5 月，薄一波同志在和报社领导谈话中指出："渤海二号沉没，死了 72 个工人，报纸应该登。按宪法办事。没人出来讲公道

---

① 张君昌：《60 年来中国应对突发事件的政策法规及新闻报道和编辑理念演变》，《中国编辑》2010 年第 4 期。

② 张以城：《不沉的上海》，中国工人出版社 1994 年版，第 55 页。

话，官官相护不好，这样正气就没有了。"①

1980 年 6 月 20 日，国务院副总理万里同志提到"渤海二号"事件，他说："相关责任人当然要坐监狱。事情搞清楚了，要在《工人日报》上大干。"②

在领导鼓励下，《工人日报》决定进行报道。经过精心组织和准备，从 1980 年 7 月 22 日起，《工人日报》刊发关于此事消息、评论共 20 多篇，还在 7 月 25 日报道中点名批评了石油部部长宋振明。③ 后来相关责任人都受到了惩处：宋振明被解除石油部部长职务，国务院主管石油工业的副总理康世恩也被记大过。"渤海二号"沉没事件报道，打破了长期以来我国应对突发事件"报喜不报忧"的习惯做法，呈现了改革开放时代我国媒体思想改革的新动向，具有鲜明的时代价值。④

图 2－1　1980 年 7 月 22 日《工人日报》头版

①　《工人日报四十年》，工人日报新闻研究所出版社 1989 年版，第 111 页。
②　同上书，第 430 页。
③　刘宪阁：《渤海二号沉船事故报道之台前幕后》，《新闻记者》2012 年第 8 期。
④　同上。

"渤海二号"的披露和报道，在突发事件报道方面实现了众多突破：一是突破了对重大事故和重大决策失误不公开报道的做法；二是突破了对先进典型的缺点错误不作公开报道的做法；三是突破了对高级领导干部的错误不作公开批评报道的做法。① 此后，商业部部长在饭店吃喝不付费等官员腐败现象，也被《人民日报》等中央媒体一再曝光。这种前所未有的舆论监督力度，明显得益于"渤海二号"事件中媒体报道所创造的宽松的舆论环境。②

20 世纪 80 年代，随着我国社会开放领域的扩大，政府也逐渐给予媒体更多报道空间，管理越来越规范化。

1987 年 7 月 18 日，中宣部、中央对外宣传小组、新华社发布《关于改进新闻报道若干问题的意见》，其中第五条规定："重大自然灾害（如地震、水灾等）和灾难性事故，应及时作报道。"③

1989 年 1 月 28 日，国务院办公厅、中宣部下发《关于改进突发事件报道工作的通知》规定：为了争取新闻报道的时效，可分阶段发稿，先对最基本的事实作出客观、简明、准确的报道，然后再视情况发展作出后续报道。④

90 年代以后，各种突发事件频频进入媒体报道的视野，报道客观性和透明度不断上升。如 1994 年克拉玛依市大火、1998 年长江特大洪水、2001 年中美军机相撞以及南丹矿难安全事故等。这个时期，政府新闻发布制度建设开始起步，还存在诸多问题。突发事件发生后，要么是沉默无语，要么是即使召开新闻发布会也是发布虚假信息。政府信息公开程度相对较低，往往引发公众不满。

---

① 方汉奇主编：《中国新闻传播史》，中国人民大学出版社 2009 年版，第 380 页。
② 刘宪阁：《渤海二号沉船事故报道之台前幕后》，《新闻记者》2012 年第 8 期。
③ 张君昌：《中国媒体报道突发事件政策法律法规之变迁》，《电视研究》2009 年第 5 期。
④ 石长顺、徐锐：《媒介话语机制的历史性超越与进步》，《视听界》2008 年第 7 期。

由于历史和思维惯性，我国一些地方政府在突发事件中的舆论引导存在诸多问题。1994 年浙江"千岛湖"事件，地方政府封锁和拖延信息，让中国政府相当被动。2003 年非典，因为政府信息披露法律方面不完善以及对地方政府媒体严密管控，媒体在 4 月 20 日前毫无作为，完全没有发挥预警和环境监测作用，社会也遭受了巨大损失。

为了研究需要，本书对千岛湖事件和非典相关研究成果进行了资料整理和分析，所收集资料截止日期为 2016 年 12 月 31 日。以千岛湖事件为关键词在中国知网搜索，查到相关论文 8 篇，成果相对较少。一些论文涉及对事件本身的回顾与反思，如《震惊两岸的"千岛湖事件"》（游欣蓓）①、《千岛湖事件引起的思考》（王在希）② 等。一些论文探讨千岛湖事件对旅游、经贸及海峡两岸关系的影响，如《千岛湖事件后的两岸经贸关系》（李树义）③、《"千岛湖事件"与李登辉"台独"思想大曝光》（张亦民、杨宁一）④、《从"千岛湖事件"与"闽平渔事件"的比较看两岸对和平统一的诚意》（陈玲）⑤。真正谈及千岛湖事件中媒体报道及舆论引导方面的只有 2 篇，数量非常少。

《面对"封锁"——"3·31"千岛湖事件采访追记》（《文汇报》万润龙），主要讲述了《文汇报》记者万润龙在千岛湖事件中，突破浙江当地政府层层封锁报道事件的经过。先后采写了两篇长篇通讯，详细反映了此案全过程。后来写的内参引起中央领导高度重视，在中央领导

---

① 游欣蓓：《震惊两岸的千岛湖事件》，《台声杂志》1994 年第 6 期。
② 王在希：《千岛湖事件引起的思考》，《台声杂志》1994 年第 6 期。
③ 李树义：《千岛湖事件后的两岸经贸关系》，《台声杂志》1994 年第 7 期。
④ 张亦民、杨宁一：《"千岛湖事件"与李登辉"台独"思想大曝光》，《资料通讯》1994 年第 10 期。
⑤ 陈玲：《从"千岛湖事件"与"闽平渔事件"的比较看两岸对和平统一的诚意》，《团结》1994 年第 4 期。

干预下，当地新闻封锁解除。① 记者作为事件采访亲历者，其回忆展示了事件的完整详细过程，真实可信，具有较高史料研究价值。

《负面新闻舆论引导思考——关于"千岛湖劫案"、"SARS"事件、"3·14"拉萨动乱、汶川地震报道实例经验的比较分析》（陈霄雪），该文对几个突发事件媒体报道进行了评析，提出了几点建议：政府需要注重事实，鼓励公开信息；保证传统媒体做好纠偏角色；掌握对外话语权。② 该文具有一定参考价值。

总体而言，关于千岛湖事件相关研究成果较少，涉及新闻报道及舆论引导的仅有2篇。这2篇当中一篇是采访追记，另一篇是案例比较分析，关于此事件政府舆论引导相关研究空缺。

以"非典"为关键词在中国知网搜索，自非典发生到2017年的今天，10多年间相关研究论文数量达到15960篇。研究领域覆盖卫生、政治、行政管理、公安等各个领域，庞大数量证明了非典事件对社会各个领域的巨大影响力。在新闻传媒领域，研究论文为317篇。总体而言，国内学界和业界对非典的研究非常重视。

非典中信息传播及其变异引起了国内学者极大关注，此方面研究成果非常集中，代表作品及解读如下。

《流言传播背后的结构性因素——以"叫魂"和"非典"为例》（胡冀青），关注人际传播的结构性因素。文中以"叫魂事件"和"非典事件"两个流言研究案例说明，结构性因素暗藏在一切人际传播背后，这值得学者深入剖析和研究。③

---

① 万润龙：《面对"封锁"——"3·31"千岛湖事件采访追记》，《新闻记者》2000年第3期。

② 陈霄雪：《负面新闻舆论引导思考——关于"千岛湖劫案"、"SARS"事件、"3·14"拉萨动乱、汶川地震报道实例经验的比较分析》，《新闻传播》2012年第7期。

③ 胡冀青：《流言传播背后的结构性因素——以"叫魂"和"非典"为例》，《新闻与传播研究》2008年第3期。

《"非典"流言的传播学透视》（蔡骐），文中指出非典流言在农村与城市表现不同，其根源在于不同媒体传播方式及信息环境。在信息不透明的农村地区，流言传播更容易有生存土壤。[①]

相当一部分学者关注非典事件中的信息公开。《人民的知情权与社会稳定——由非典疫情信息的披露说开去》（陈力丹），指出人民在危机时刻的知情权非常重要，能否保证人民的知情权得到落实，将导致截然不同的后果。[②]《从"非典"事件看信息公开的价值》（邓胜利），首先，从"非典"事件入手，引出了公民的知情权与政府信息公开问题。其次，从信息时代和政府两方面分析了信息公开和信息自由的必要性。最后，从这次事件中提出了三条建议：把《政府信息公开条例》上升为《政务信息公开法》；政府不仅要有信息公开，而且要有信息预警；实现媒介和公众权利与义务的对称。[③]《从非典危机看新闻自由和保守国家秘密》（孙旭培），指出处理报道自由和国家秘密，必须要做到减少行政干预，逐渐做到法无禁止即自由。[④]

部分学者还将其他突发事件和非典事件中的媒体报道和舆论引导实践进行比较，试图寻找其差异性。《不同理念导致不同实践——"非典报道"与禽流感报道的比较研究》（孙旭培、王勇），指出在突发事件报道问题上存在两种理念：一种是负面信息封锁理念，另一种是负面信息疏导理念。传媒向社会公众提供及时、准确、全面的信息能够避免社会恐慌、化害为利。[⑤]《公共危机中的信息传播"失衡"

① 蔡骐：《"非典"流言的传播学透视》，《国际新闻界》2003 年第 5 期。

② 陈力丹：《人民的知情权与社会稳定——由非典疫情信息的披露说开去》，《新闻知识》2003 年第 7 期。

③ 邓胜利：《从"非典"事件看信息公开的价值》，《图书与情报》2003 年第 4 期。

④ 孙旭培：《从非典危机看新闻自由和保守国家秘密》，《新闻与传播评论》2004 年第 1 期。

⑤ 孙旭培、王勇：《不同理念导致不同实践——"非典报道"与禽流感报道的比较研究》，《当代传播》2004 年第 3 期。

现象及其应对策略——从"非典"危机到汶川大地震的考察》（梅琼林、连水兴），文中考察"非典"危机和汶川大地震中不同信息传播方式发现，公共危机中发生信息传播"失衡"现象将导致危机严重恶化，政府应当主动引导，信息公开，才能有效解决危机。①

此外对非典新闻传播学研究主要集中在对媒体报道实践的研究，如《非典时期新闻传媒的角色审视》（童兵）②、《导向·时效·深度——从"非典"报道看央视对突发事件新闻报道的组织实践》（杨明）③ 等；中外媒体报道非典的差异研究，如《中外媒体报道突发事件报道价值取向差异原因探析——由防"非典"新闻发布会上国外记者对疫情信息数字的关注谈起》（姜秀珍）④ 等；"第五媒体"手机短信在非典事件中传播特性研究，如《广州"非典"事件中的手机短信——关于"第五媒体"传播特质的思考》（朱家麟）⑤ 等；重大突发事件中国际话语权争夺，如《重大突发事件报道的国际话语权的争夺——从"非典"到"7·5"事件的观念转变到效果提升》（杨羽西）⑥；以及突发事件中新闻机制建立，如《如何建立应对突发事件的应对机制——从抗击非典看媒体在突发公共事件中的应对策略》（陆彩荣）⑦ 等。

---

① 梅琼林、连水兴：《公共危机中的信息传播"失衡"现象及其应对策略——从"非典"危机到汶川大地震的考察》，《社会科学研究》2008 年第 5 期。

② 童兵：《非典时期新闻传媒的角色审视》，《现代传播》2003 年第 5 期。

③ 杨明：《导向·时效·深度——从"非典"报道看央视对突发事件新闻报道的组织实践》，《中国广播电视学刊》2003 年第 7 期。

④ 姜秀珍：《中外媒体报道突发事件报道价值取向差异原因探析——由防"非典"新闻发布会上国外记者对疫情信息数字的关注谈起》，《国际新闻界》2003 年第 5 期。

⑤ 朱家麟：《广州"非典"事件中的手机短信——关于"第五媒体"传播特质的思考》，《当代传播》2003 年第 3 期。

⑥ 杨羽西：《重大突发事件报道的国际话语权的争夺——从"非典"到"7·5"事件的观念转变到效果提升》，《青年记者》2010 年第 8 期。

⑦ 陆彩荣：《如何建立应对突发事件的应对机制——从抗击非典看媒体在突发公共事件中的应对策略》，《中国记者》2003 年第 7 期。

总体而言，国内新闻传播学界和业界对非典进行了较为深入透彻的研究和思考，从很多层面进行了学理性反思，提出了诸多非常有价值的意见和建议。但是，这些研究多关注信息公开、信息传播过程和变异以及媒体舆论引导实践等，较少涉及政府如何在突发事件中进行舆论引导，也没有谈及舆论引导路径选择，关于舆论引导效果评估则没有学者涉及，这些领域的研究成果，到目前还非常少。

2.3　2004 年至今政府对突发事件的舆论引导

2003 年非典事件，给我国政府和媒体带来了深刻教训。在社会各界强烈呼吁和要求下，我国政府开始了突发事件和信息公开立法工作。之后数年，我国相继出台了一系列法律条文，为突发事件应对和舆论引导提供了法律保障：2006 年 1 月 8 日，《国家突发公共事件总体应急预案》颁布；2007 年 4 月 5 日，《中华人民共和国信息公开条例》颁布；2007 年 8 月 30 日，《中华人民共和国突发事件应对法》颁布。各个省市也根据中央要求和当地实际情况，出台了相应的信息公开、突发事件应对方面的法律和法规。

10 多年来，我国政府应对突发事件的舆论引导成效总体是成功的。政府部门信息公开程度越来越高；新闻发布已经成为各个部门常态，突发事件能在第一事间发布；政府积极运用新媒体，如政府网站、政务微博、政务微信等多重方式，对公众进行舆论引导，以实现传播全覆盖……典型例子当然是 2008 年汶川地震中我国政府成功的舆论引导。

取得成绩的同时，我们也要看到，在某些事件如西藏"3·14"事件、湖北石首事件、贵州瓮安事件中，我国各级政府舆论引导还是存在很多问题：政府舆情预警和监测体系没有发挥作用；事件初期信息公开程度不够，造成社会信息不明；新闻发布时效性太差等。这些客观存在的问题，需要我们今后努力克服。

10 多年当中，发生了很多有代表性的突发事件。这些突发事件，成为研究我国新时期政府突发事件舆论引导的观察样本。本书以这些代表性事件为关键词在中国知网上进行检索，截止日期为 2016 年 12 月 31 日。由于本研究为新闻传播领域，所以以下研究论文均为新闻传播类论文。为了更直观显示，本书按照论文篇数多少制作了表 2 - 1。

表 2 - 1　　　2004 年至今典型突发事件新闻传播类论文篇数

排名	突发事件	新闻传播类研究论文篇数
1	2008 年 "5·12" 汶川地震	653
2	2008 年三鹿奶粉事件	59
3	2009 年躲猫猫事件	52
4	2008 年贵州瓮安事件	50
5	2011 年温州动车事故	33
6	2009 年湖北石首事件	44
7	2008 年西藏 "3·14" 事件	35
8	2009 年新疆 "7·5" 事件	34
9	2008 年南方雪灾	21
10	2008 年奥运圣火传递	11
11	2005 年松花江水污染	9

表 2 - 1 清晰反映了 10 多年来我国学界突发事件案例研究分布。10 多年来两个突发事件最为吸引学界和业界关注：一个是非典型性肺炎（SARS）（前面提到，相关研究论文 327 篇），另一个就是汶川地

震。这两个事件自身具有极强代表意义，一个是我国应对突发事件从旧模式向新模式转变的关键转折点，另一个是新模式成功运用的典型例证。遥遥领先的研究论文数量，证明了这一点。

从表2-1中可以看到，一些影响颇大的公共卫生事件、社会安全事件，相关研究非常热络，一些自然灾害类事件则研究成果相对较少。不同论文数量对比，说明了学界和社会关注热点高度契合。正是因为社会对公共卫生事件和社会安全事件的高度关注，导致学界研究也倾向于这个领域。下面分别对不同突发事件案例研究成果进行论述。

关于汶川地震，研究成果数量极多，研究涉及领域也非常广，如具体媒体报道实践研究、媒体报道框架研究、中外媒体报道差异研究、政府信息公开研究、新闻报道伦理研究、媒体报道议程设置研究、境外媒体记者参与突发事件采访研究、非政府组织参与研究、电视直播突发事件报道研究等。因为涉及论文篇数太多，这里就不一一举例。在这300多篇论文中，有几篇论文非常值得关注。

《公共危机状态下的媒体控制探析——以四川地震为例》（王建华），该文作者为四川省委党校教授，论文披露内容极具价值。该文指出汶川地震发生后，中央政府和四川省政府迅速向媒体发出了报道的具体指示，要求明确一个基调，确立一个主题，提出"两个第一"，突出四个重点。[①]这个指示方案，及时迅速全面对媒体报道进行了指导，在我国媒体得到全面贯彻和执行，政府舆论引导取得了成功。这

---

① 王建华：《公共危机状态下的媒体控制探析——以汶川地震为例》，《探索》2009年第5期。指示具体内容为：明确一个基调，即"坚持团结稳定鼓劲、正面宣传为主"；确立一个主题，即"抗震救灾、众志成城"；提出"两个第一"的要求，即"第一时间报道、第一现场报道"；突出四个重点，即党和政府抗震救灾的决策部署，灾区党委政府全力抢救和妥善安置受灾群众的具体措施，军队和武警官兵、公安干警为抢救人民生命冲锋在前、连续奋战的感人事迹，以及灾区群众互帮互助、舍己为人的精神风貌。

个论文面世，也使外界公众第一次知道在汶川地震这样的重大突发事件中，我国政府对媒体报道有明确指示和要求。

《汶川地震报道，践行政府信息公开条例》（陈力丹、于庆浩），该文指出汶川地震中中国反应迅速，允许外国媒体报道灾情，学会和西方媒体和谐共生。但在取得巨大进步的同时，仍然能够看到信息公开和惯性思维的遗迹（如媒体延续了审查和自我审查的习惯：上级批示之后才能报道。结果国内媒体报道汶川地震比境外媒体报道晚了10多分钟）。①

《通往公开之路：汶川地震的传播学遗产》（杜俊飞），该文指出汶川地震最宝贵的传播学遗产，是我国新闻传播领域前所未有的开放政策，具有了政治文明的本质和里程碑式的意义。②

此外，值得关注的还有研究突发事件对我国传媒体制变迁起到推动作用的相关成果，如《危机传播推动中国媒介制度的变迁——从汶川地震看危机事件与媒介制度创新的内在关联》（邵培仁、潘祥辉）。③

三鹿奶粉事件50多篇研究论文主要集中在对新闻媒体报道过程的观察和回顾，以及对媒体记者职业道德的思考和反思。最为典型的是简光洲的文章《我为什么要率先公布问题奶粉三鹿的名字——从"三聚氰胺"事件看市场化大潮中媒体的责任和操守》。该文回顾了他从获取信息线索到最后点名报道三鹿全过程。某搜索引擎公司私下收取三鹿公司现金，为其进行新闻公关保护。他对某些媒体的社会责任

---

① 陈力丹、于庆浩：《汶川地震报道，践行政府信息公开条例》，《今传媒》2008 年第 7 期。

② 杜俊飞：《通往公开之路：汶川地震的传播学遗产》，《国际新闻界》2008 年第 6 期。

③ 邵培仁、潘祥辉：《危机传播推动中国媒介制度的变迁——从汶川地震看危机事件与媒介制度创新的内在关联》，《现代传播》2008 年第 4 期。

和职业操守表示了深深担忧。①

躲猫猫事件相关研究论文主要集中于网络舆论传播及网络舆论引导方面，也有少数谈及该事件中的新闻发布、新闻发言人应对等。典型的如《躲猫猫事件中政府新闻发布的教训和启示》（靖鸣、王尧），他们指出该事件中信息不透明，舆论监督缺位，不称职的新闻发言人影响了新闻发布效果。②

2011年温州动车事故，研究论文大多将研究重点集中于微博在事件中的传播特性及影响。如《无"微"不至的微博力量——从温州"7·23"动车事故看微博的传播作用》（肖国强），用详尽事实指出微博在事件发生以及后续的救援过程中发挥的巨大作用。③《重大突发事件的媒体声音——论"7·23"甬温铁路特大事故舆论引导的作用》（汪铭），提出主流声音，权威发布，引导社会舆论；议题设置，准确聚焦实现议题引导；两个舆论场，互补互通，畅通民意，提升民气。④

贵州瓮安事件和湖北石首事件，作为群体性事件，其研究论文成果基本分布在如下几个方面。

群体性事件中的信息公开问题。群体性事件之所以频频发生，一个很重要的原因是突发事件中地方政府信息不公开、不透明。如《6·28瓮安事件与信息公开——关于群体暴力事件的分析》（权姣），指出必须进一步提高舆论引导水平，突发事件中，第一时间发布信息引

① 简光洲：《我为什么要率先公布问题奶粉三鹿的名字——从"三聚氰胺"事件看市场化大潮中媒体的责任和操守》，《新闻记者》2008年第10期。
② 靖鸣、王尧：《躲猫猫事件中政府新闻发布的教训和启示》，《新闻与写作》2009年第5期。
③ 肖国强：《无"微"不至的微博力量——从温州"7·23"动车事故看微博的传播作用》，《新闻实践》2011年第9期。
④ 汪铭：《重大突发事件的媒体声音——论"7·23"甬温铁路特大事故舆论引导的作用》，《新闻爱好者》2011年第12期。

导舆论，对突发事件处置至关重要。① 群体性事件，由于信息传播渠道不畅，导致谣言和不实消息四处传播，这种传播往往会成为事件扩大和失控的催化剂。

《谣言传播与社会冲突的内在逻辑探析——从瓮安"6·28"群体性事件中的谣言说起》（黄毅峰），结合瓮安事件指出谣言贯穿于众多突发事件全过程，谣言止于政府信息公开。②

《群体性事件中的谣言：形成、传播与作用机制及其控制——以湖北石首事件为例》（彭涛、陈丽），以湖北石首事件为例，对这一事件中谣言的形成演变机制进行了探讨，提出具体控制措施：及时、全面地公开信息，主导舆论走向，建立起与群众的对话机制，法治监管。③

在很多群体性事件中，当地政府都缺乏对事件发生的有效预警，因此建立起信息预警制度，便成为一些学者的研究重点。《建立应对群体性突发事件的舆情信息管理制度——以贵州6·28群体性突发事件为例》（杨海华），结合贵州瓮安事件，指出构筑一个有效舆情信息管理制度，是我国政府亟待解决的问题。④

非利益相关者参与到群体性事件中，这种现象也引起了学者关注。中国社会科学院教授于建嵘首先注意到这一社会现象，并结合瓮安事件发表了研究成果《社会泄愤事件中群体心理研究——对"瓮安事件"发生机制的一种解释》。指出社会泄愤事件的发生，在中国具

---

① 权姣：《6·28瓮安事件与信息公开——关于群体暴力事件的分析》，《东南传播》2008年第9期。

② 黄毅峰：《谣言传播与社会冲突的内在逻辑探析——从瓮安"6·28"群体性事件中的谣言说起》，《理论与现代化》2010年第3期。

③ 彭涛、陈丽：《群体性事件中的谣言：形成、传播与作用机制及其控制——以湖北石首事件为例》，《柳州师专学报》2010年第6期。

④ 杨海华：《建立应对群体性突发事件的舆情信息管理制度——以贵州6·28群体性突发事件为例》，《政治文明》2010年第6期。

有复杂的群体心理原因，解决社会泄愤事件的关键是防范和疏导。[①]

华中师范大学王赐江在其博士学位论文《基于不满宣泄的集群行为——对 2008 年贵州"瓮安事件"的考察分析》中指出，"瓮安事件"的发生机制用"不满—刺激—攻击"来描述，更为准确、细致和全面。这种基于不满宣泄的集群行为，在我国众多群体性事件中也颇为常见。[②]

松花江水污染等事件，研究焦点在于突发事件中的信息公开及其障碍分析，以及媒体报道实践研究。如《松花江水污染事件中的信息流障碍分析》（陈力丹、陈俊妮），以信息流程图方式，对信息流遇到的重重障碍进行了分析，并在文后提出了相应对策。[③]

纵观我国 2004—2016 年这 13 年来重大突发事件案例论文成果，有以下几个特点。

第一，信息公开得到了研究者的高度重视。汶川地震、贵州瓮安事件、湖北石首事件、温州动车事故等诸多事件中，信息公开都成为研究重点。这说明学界对突发事件信息公开的重视，这种重视从非典之后即开始出现，之后贯穿于每个突发事件中。汶川地震中政府信息的公开透明得到了学界高度肯定，并希望这种信息公开能够延续下去，成为我国政府突发事件中的常态。贵州瓮安事件、湖北石首事件等突发事件，当地政府信息公开受到了学界批评。学界的重视，推动了我国政府信息公开条例的出台。

第二，对突发事件中信息传播及信息传播变异的研究。突发事件

① 于建嵘：《社会泄愤事件中群体心理研究——对"瓮安事件"发生机制的一种解释》，《北京行政学院学报》2009 年第 1 期。
② 王赐江：《基于不满宣泄的集群行为——对 2008 年贵州"瓮安事件"的考察分析》，博士学位论文，华中师范大学，2010 年，第 8 页。
③ 陈力丹、陈俊妮：《松花江水污染事件中的信息流障碍分析》，《新闻界》2005 年第 6 期。

由于事发突然，信息的传播往往具有很强的不确定性。在此期间，如果信息传播出现变异，将会极大地影响突发事件发展走向，妨碍政府和媒体救援和舆论引导。汶川地震中，因为信息及时公开，政府和媒体强有力引导，基本上未出现信息传播变异。瓮安事件、石首事件、动车事故中，由于信息发布迟缓或延误，导致信息传播出现了不同程度变异，谣言不同程度出现，直接影响了政府应对和舆论引导效果。

第三，微博在突发事件中的传播特性和作用，越来越受到学界重视。微博历史不长，2010年才大规模得到应用，当年也被称为"微博元年"。但它一出现，便在众多突发事件中屡屡体现出强大的传播威力，如2011年温州动车事故，微博全程参与了消息传播，起到了良好效果。2012年"7·21"北京暴雨，微博构建起了暴雨中的生命通道，受到了高度肯定。2011年至今的6年多时间里，众多突发事件中，微博的强大功能正越来越受到关注。毫无疑问，今后突发事件中微博的表现还会受到密切关注。

第四，对媒体报道突发事件的框架、媒体舆论引导的机制、模式等研究较多，而对政府应对突发事件舆论引导的研究成果极少。众多研究者集中于研究突发事件中媒体报道框架、新闻记者职业伦理、职业道德，以及媒体舆论引导机制、模式等，但是对政府应对突发事件舆论引导，却研究得极少。政府应对突发事件舆论引导主体自身有什么问题，政府应对突发事件舆论引导路径有哪些，政府应对突发事件舆论引导受众特征如何，政府应对突发事件舆论引导效果如何评估等，这些领域相关研究较少，这些研究空缺需要相关学者积极探索。

3

政府应对突发事件舆论引导
历史的相关思考

回顾 60 多年来我国政府应对突发事件舆论引导历程，结合上一章梳理和典型事件剖析，本书主要有以下几点思考。

3.1 突发事件中党和政府保持着对媒体的控制

梳理历史可以看到，中国共产党不管是新中国成立前作为革命党，还是新中国成立后成为执政党，在突发事件中都保持了对媒体的控制。本书查阅到新中国成立前中共对突发事件的舆论引导实践。因为中共许多政策在新中国成立前后具有很强延续性，因此，新中国成立前的这些历程有助于我们理解这一特殊历史。

早期中国共产党小组已注重利用报纸对工人阶级遭受的灾难进行报道，以鼓动他们联合起来为改变受压迫地位团结斗争。中共成立之后，中共媒体如新华社、《新华日报》《解放日报》等，也经常刊载各地发生的各种天灾人祸消息，用以揭露国统区人民水深火热的生活及日本帝国主义者在中国犯下的滔天罪行。[①] 在艰苦的战争环境下，中共宣传部门以文件形式，要求各地宣传部门以正面宣传为主。1948年10月，《人民日报》刊发以"全区人民团结斗争战胜各种灾害"为题的长篇新闻，文中用2/3的篇幅描写饥荒的场景，并把原因归结为"长期战争"和"土改中政策过左"。文章刊登后，受到中宣部严肃批评，后登报公开检讨，此次事件使正面宣传模式再次得以强化。

从1921年建立到1949年新中国成立，中国共产党经历了28年艰苦斗争。在艰苦卓绝、异常复杂的国内国际环境中，争取斗争胜利成为中共所面临的最大挑战，中共所有工作都围绕此中心任务展开。在此前提下，我们可以理解中共对党的媒体的管理方式。由于党的媒体工作者中早期存在着一些非政府主义、资产阶级思想，中共通过不断整风和政治学习消除其影响。同时通过学习党的领导人讲话，以及其他各种文件通知指示对媒体进行管理，强化其党性，使其成为舆论宣传的强有力武器。

在革命战争时期，中共已经形成了应对突发事件的固定模式：在突发事件发生后，突发事件信息在组织内部传播，依据这样的信息，组织得以了解事件真相，同时对事件进行紧张处理。在残酷的斗争环境中，对突发事件如灾荒等的客观报道，尽管从新闻内容上讲是真实的，但由于不符合舆论引导需要，被批评是正常的。

舆论引导正面化，目的是瓦解和消灭敌人，夺取斗争胜利。新中国成立前中共对突发事件舆论引导方式有其历史必然性。但不可否认的是，长期施行也带来一些负面影响，如对新闻规律不尊重，新闻报

---

① 田中初：《当代中国灾难新闻研究——以新闻实践中的政治控制为视角》，博士学位论文，复旦大学，2005年，第22页。

道模式固化，挫伤了一部分媒体工作者的积极性等。

新中国成立后，这些做法继续被沿用。同时苏联斯大林模式的新闻体制开始引入中国，并不断得到强化。"报纸国家化""报道宣传化"等特征的斯大林模式新闻体制，对突发事件评判的唯一标准是该事件是否有利于宣传。如果不利于宣传社会主义国家优越性，即使该事件再重要，也不会被报道。这一模式对中国新闻思想影响极其深远。我国党和政府在突发事件中对媒体的控制，也越来越强化，1957—1976 年这 20 年中达到了巅峰。1978 年改革开放之后，极少数媒体出现了意识形态方面的偏差，这种偏差在 1989 年风波中造成了极坏的社会影响。1989 年风波之后，我国党和政府屡屡强调四项基本原则，以及舆论引导的重要性。突发事件中，党和政府对媒体的控制又得以确立和强化。

这种控制好处是媒体置于党和政府的统一安排之下，成为应对突发事件系统的一部分，有利于议程设置和舆论引导效果最大化。如唐山大地震等事件中，这样的引导方式确实发挥了正面效果。

当然，需要注意的是，突发事件中党和政府对媒体的控制，在有利于舆论引导的同时，也会带来一些负面因素，如媒体即使发现了危险信息，在没有得到政府部门许可情况下，也不能作出预警预报；或者是媒体在突发事件发生过程之中，或者之后不能进行适当的、具有建设性的反思等，这些在非典和汶川地震中体现得非常明显。要克服这些负面影响，需要政府能在保持对媒体管控的前提下，逐渐给予媒体一定的自主活动空间。

3.2 政府信息公开的程度逐渐提高，但在某些领域还是不能满足公众的期望

中国共产党在革命战争时期出于信息保密的原因，长期执行信息内部传播的做法，新中国成立后很长时间还是如此。这种保密的做法在新闻领域非常常见。如关于我国高级官员及其家庭的情况。在新中国成立后很长一段时间里，国人对我国高级官员的家庭情况、配偶情况、子女情况了解非常少。除了能知道一些高级官员的配偶姓名之外，其他的如其工作单位、兴趣爱好、子女情况等，我国媒体一概不报道。这种保密做法，确实不适合信息时代政府形象传播的需要。与此对照的是，美国和一些西方国家领导人及其家人，其形象时常出现在媒体上，工作、爱好等，世人一目了然。习主席上任以来，我国媒体对高级官员如习近平主席、李克强总理等的家庭和子女情况已经开始较为详尽报道和介绍，神秘面纱被揭开，这些报道拉近了国家领导人和公众的距离，收到了良好传播效果。

新中国成立初期，由于国内国际政治环境的影响，我国政府信息公开程度相对较低，这种低层次信息公开给我国带来了深刻教训和巨大损失。

1949年7月24日，上海解放刚刚不过两个月，强台风袭来，造成巨大人员和财产损失。当地报纸没有提前报道台风信息预警。事后查明，原来根据市军管会秘三字第六号令的规定，报纸不得刊登气象消息，以防止敌特利用公开发布的天气预报进行空袭，因此，台风警报这类敏感的气象信息当然属于机密文件，不能随意公

之于众。①

一场台风，给上海带来了巨大人员和财产损失，起因居然是"防止敌特利用公开发布的天气预报进行空袭"。政府信息公开是进行舆论引导的基本前提，事关人民生命财产安全的台风信息都不公开，而且理由也根本站不住脚（当时国民党军队在长江口附近有军舰，他们也能预报上海天气），这个教训是惨重的。②

新中国成立后，政府信息公开工作一直在推进。但由于客观因素的影响，在改革开放之前，我国政府信息公开工作进展不大，仍停留在一个较低层次。新中国成立后很多事件信息被新华社以及各地媒体所获取，由于我国特殊的传播体制限制，很多突发事件信息被写成内参，以内参的形式在党政机关一定层级内部传播。这种传播方式固然使政府官员获知了最新重大事件，同时也封锁了信息对公众公开的渠道，剥夺了公众的知情权。

改革开放之后，外界新观念和思想开始涌入，在对外交流过程中，我国政府和媒体开始学习外界先进理念，政府信息开放也就提升了议事日程。20世纪八九十年代，我国政府相继出台了一些规定，推进了信息公开进程。但由于信息公开影响一些地方政府利益，导致一些地方政府在信息公开上仍然持较为消极态度，典型的如千岛湖事件。

2003年非典事件可谓我国政府信息公开的历史性转折点。非典前期政府信息不公开导致社会混乱，带来巨大人员伤亡和财产损失。4月20日之后，政府信息公开全面铺开，新闻发布及时，信息导向迅速，信息全面公开给事件解决提供了条件。

---

① 张姚俊：《1949，台风肆虐下的伤害》，东方网（http://sh.eastday.com/m/2012 1015/u1a6922107.html），2012年10月。

② 同上。

非典之后，我国政府顺应公众呼声，出台了信息公开条例、突发事件应对法等。我国的信息公开程度越来越高，各级政府部门包括国家部委，每年都要定期公开部门信息，以供公众查询监督。

在政府信息公开程度越来越高的情况下，某些领域的政府信息公开仍然达不到公众期望和要求。如近年来我国社会安全事件频发，但在众多社会安全事件媒体披露中，很多关键信息被有意无意略去，引起公众不满。一些政府日常领域，如"三公"经费信息公开，很多地方政府要么以机密为由不予公开，要么公开也只是一个粗略的账单，没有明细，毫无价值。类似信息公开，显然未能满足公众期望。

3.3　政府应对突发事件舆论引导的路径越来越多样化

新中国成立初期至改革开放前，我国政府应对突发事件引导方式比较单一。由于新闻发布会的形式没有得到采用，我国政府在突发事件中一般采用的舆论引导方式是利用传统媒体（报纸、广播）进行引导。政府根据事件的重要性和应对需要，安排这些媒体进行报道。在近30年时间里，报纸和广播基本成了当时我国政府应对突发事件舆论引导的主要形式。1958年才出现的中国电视事业，由于发展缓慢，用户极少，基本没有在突发事件舆论引导中发挥作用。

改革开放之后，政府应对突发事件舆论引导手段开始多元化。20世纪80年代开始，我国开始逐步建立新闻发布制度。新闻发布在我国外交部等政府部门开始逐渐得到运用，新闻发布频率越来越高，形式也越来越规范，新闻发言人培养也逐渐走上轨道。后来，国务院和中央各部委相继建立了新闻发布制度，定期进行新闻发布。在遇到突发事件时，还会酌情紧急进行新闻发布，以公开信息进行舆论引导。

20世纪90年代以来，随着网络在我国普及，各级政府开始尝试利用新媒体进行突发事件舆论引导工作。政府网站开始在我国各级政府建立，随着微博微信的出现，政务微博、政务微信也方兴未艾地发展起来。在突发事件中，这些网络平台都给我国政府舆论引导带来了巨大便利。

全球化时代，我国政府还积极加强国际合作，利用国外媒体进行舆论引导。如2008年汶川地震及2009年新疆"7·5"事件，事件发生后，我国政府第一时间开放现场，允许或邀请境外记者到现场采访。通过境外记者报道，传播真实事件信息，驳斥了西方极少数媒体的不实报道，获得了良好传播效果。

60多年来我国政府舆论引导路径越来越多样化。应对突发事件，政府可以有多重选择，用多种路径的舆论引导对国内外受众进行全方位覆盖。

3.4 我国政府应对突发事件舆论引导存在的问题

突发事件中我国政府舆论引导取得了进步和成绩，也还存在着许多问题。这些问题如下。

第一，政府部门自身需加强建设。政府作为突发事件舆论引导主体，如果自身有问题，引导效果可想而知。我国政府自身存在的问题很多，这些问题主要表现在政府公信力亟待加强，已有法律法规需要落实和完善，需要建立健全舆情预警预测机制，需要加强政府新闻发言人培养，需要提升官员媒介素养等。

第二，政府舆论引导路径太少，急需开拓新路径。长期以来，突发事件中我国政府主要是依靠媒体，或举办新闻发布会，其他舆论引导途径很少涉足。其实，除了新闻发布之外，还可以利用政府网站、政务微博、政务微信、手机短信，或是开展积极危机公关，开展国际合作，积极利用国际媒体等。作为舆论引导核心，我国政府还可以借助企业、非政府组织、名人等进行舆论引导。

第三，欠缺突发事件政府舆论引导效果的评估指标。长期以来，我国政府应对突发事件舆论引导效果评估，缺乏严谨的量化指标，导致事后评估缺失，这个问题急需解决。

这三个方面问题的存在，严重制约和影响了我国政府在突发事件中的舆论引导效果。寻求解决之道，即是本书研究的初衷。

4

应对突发事件舆论引导主体
政府自身的建设

突发事件舆论引导，政府是引导主体。主体的好坏，直接决定着舆论引导效果。作为舆论引导主体的我国政府，迫切需要加强政府自身建设，以迎接网络时代复杂舆情的挑战。具体而言，主要有以下六点。

4.1 落实和完善已有的法律法规

4.1.1 中央政府和地方政府已经出台的涉及突发事件的法律法规

长期以来，我国对突发事件及突发事件相关法律存在认识上的不足。如 1982 年我国宪法中没有突发事件所造成的"紧急状态"表述，用的是"戒严"。到了 2003 年 12 月，全国人大常委会公布了十届全国人大常务委员会立法规划，在宪法及宪法相关法栏目的第二项提出要制定《紧急状态法》。后来由于社会各界呼吁，特别是非典对中国社会的巨大冲击，国家的立法资源着眼于解决急迫需求，于是拟制定的《紧急状态法》转为制定《突发事件应对法》。①

此后数年，我国相继制定了一系列法律法规：

2006 年 1 月 8 日，我国政府颁布《国家突发公共事件总体应急预案》，从发布之日起实施。

2007 年 4 月 5 日，我国政府颁布《中华人民共和国信息公开条例》，自 2008 年 5 月 1 日起施行。

2007 年 8 月 30 日，我国政府颁布《中华人民共和国突发事件应对法》，自 2007 年 11 月 1 日起施行。

截至 2016 年 12 月底，我国已出台涉及突发事件应急的法律 30 多件、行政法规 30 多件、部门规章 50 多件；还出台中央、国务院及部门文件 100 多件。

4.1.2　落实和完善已有的法律法规

法律法规的颁布，使公众可以更加便捷地获取政府相关信息，同时也给我国各级政府应对突发事件提供了法律依据。几年来，这些法律法规确实发挥了一定效果，但问题也非常突出。

如《中华人民共和国信息公开条例》，尽管有条例作为规范，但还是存在诸多问题：政府信息公开理念尚未固化、政府信息公开缺乏广度和深度、缺乏信息公开的有效监督激励机制、信息公开立法层次较低等②。

---

① 陈泽伟：《〈突发事件应对法〉解读：最大限度地保证民主自由》，《瞭望新闻周刊》2006 年 4 月 27 日，第 36 页。
② 顾继光：《我国政府信息公开存在的问题及对策》，《情报科学》2010 年第 6 期。

　　该法实践当中，众多问题一一暴露出来，实践中公开范围被缩小，不予公开的没依据没标准，相关司法解释一拖再拖。从 2008 年 5 月 1 日该法开始施行到现在已有数年，我国政府信息公开情况仍然不理想，推动信息公开还需要强力推手，进行全新制度设计。据统计，国务院下属机构的信息公开情况，普遍不理想，及格率仅为 20.9%。而且有一点需要指出的是，越是处于垄断地位的机构，公开动力和意愿就越缺乏。如"三公"信息，在社会和公众多年的倒逼之下，中央和部分地方政府才开始公布"三公"信息。但从这些部门公布的"三公"信息来看，总体而言还是信息量偏少，不能让人满意。能主动进行信息公开和披露的政府部门不多，很多政府部门信息都是被动公开的。①

　　对于《中华人民共和国突发事件应对法》，中国政法大学副校长马怀德指出，这部法律存在责任规定刚性不够，部分责任规定不够周延，责任主体有所缺失，影响了该法实施效果②。中南财经政法大学博士陈文明指出该法诸多问题，建议建立各级应急管理委员会作为突发事件的领导机关，理顺应急预案与《突发事件应对法》的关系，删除突发事件逐级报告的有关规定，建立指定责任制度和相互协商确定处置责任方原则③。

　　对于该法数年来的实践和落实情况，华中科技大学赵振宇教授一直保持高度关注。他多次指出，《国家突发公共事件总体应急预案》第 3.4 条信息发布，第 5.3 条责任与奖惩，对新闻发布、责任认定有

---

　　① 魏铭言、郭少峰：《政府信息公开条例施行 4 年执行难，完成率不足 2 成》，《新京报》2013 年 5 月 15 日第 A6 版。

　　② 马怀德、周慧：《〈突发事件应对法〉存在的问题与建议》，《公共治理》2010 年第 7 期。

　　③ 陈文明：《修改〈突发事件应对法〉的几点建议》，《法制与经济旬刊》2012 年第 12 期。

明确规定。但是实施数年，一些地方官员出现迟报、瞒报、谎报等行为，却极少受到处罚，法律法规具体条文亟待落实。①

法律法规出台只是开始，一方面要加以落实，另一方面当社会实践证明这些法律法规存在缺陷时，政府应该根据社会实际需要，与时俱进修订有关法律法规，使其更加科学合理，更加具有操作性。

4.1.3　政府关于信息公开、突发事件舆情发布的新进展

国务院办公厅于 2016 年 11 月 10 日印发了《关于全面推进政务公开工作的意见》实施细则。细则中明确对政务公开工作中的决策、执行、管理、服务、结果全链条公开进行细化。

细则中指出，涉及特别重大、重大突发事件的政务舆情，要快速反应，最迟要在 5 小时内发布权威信息，在 24 小时内举行新闻发布会，有关地方和部门主要负责人要带头主动发声。② 这是我国政府首次对于重大、特别重大突发事件的舆情反应提出了时间要求。对于督促各级政府按照意见要求公开政务信息，及时准确发布突发事件信息具有重要意义。

根据中央政府文件要求，各省市区结合当地实际积极推出适合本省市的突发事件发布细则和要求。

湖北省 2016 年 11 月 17 日发布通知，对于涉及特别重大、重大突发事件的舆情，最迟应在 24 小时内举行新闻发布会，这一点和中央要求保持一致。该通知的亮点是：对于出面回应的政府工作人员，也

---

① 赵振宇：《保障公民知情权和表达权中政府及媒体的责任》，《新闻记者》2009 年第 4 期。

② 《国务院办公厅印发〈关于全面推进政务公开工作的意见〉实施细则的通知》，中华人民共和国中央人民政府网，2016 年 11 月（http://www.gov.cn/zhengce/content/2016 - 11/15/content_ 5132852. htm）。

要给予一定的自主空间，宽容失误。①众所周知，因为突发事件关系重大，涉及面广。之前在突发事件新闻发布中，一些发言人因为怕发布出现纰漏，对一些信息或细节缄口不言，造成外界不良观感。湖北省特别指出可以给予发言人一定自主空间，宽容失误，全面彻底给突发事件政府新闻发言人卸下了心中压力，可以让他们自由、全面发布信息，而不用担心事后追责。这种做法，值得其他省市效仿和学习。

安徽省、四川省等其他省市出台的细则基本都是按照国家要求制定，24 小时开新闻发布会，对其他舆情 48 小时之内回应。

2017 年 3 月 30 日，黑龙江省发布本地实施细则，要推进"五公开"（决策公开、执行公开、管理公开、服务公开、结果公开），及时回应关切，强化平台建设，扩大公众参与，强化保障措施。对于重大突发事件，严格按照国务院要求 5 小时内发布。②

4.2 建立健全舆情预警预测体系

4.2.1 建立健全舆情预警预测体系的重要性和必要性

改革开放 30 多年，中国已经成为世界第二经济大国，国家工业化进程如火如荼，制造业产值占 GDP 比例超过了 45%，总额一跃超过美国，成了世界第一工业大国。但急速工业化，也给我国带来了诸多社会、经济、环境问题。德国社会学家贝克认为，现代工业社会也

---

① 《湖北发布通知：重大突发事件舆情 24 小时内须开新闻发布会》，新浪网（http://news. sina. com. cn/c/2016 – 11 – 18/doc – ifxxwsix4028431. shtml），2016 年 11 月。

② 《关于全面推进政务公开工作的实施意见》，《黑龙江日报》2017 年 3 月 30 日第 6 版。

是风险社会，在这种类型的社会中，工业社会积累起来的财富总被各种各样的风险所包围，极易诱发各种社会突发事件。2003 年非典事件，2008 年雪灾、汶川地震，以及贵州瓮安、湖北石首等事件，都给我国政府敲响了警钟——我国已经进入了突发事件高发期。应对这些突发事件，建立舆情预警监测机制绝对必要。

不同类型的突发事件（自然灾害、事故灾难、公共卫生、社会安全）其自身发生原因可能有区别，但其都存在危机演化周期（潜伏期、爆发期、蔓延期、恢复期）。演化周期时间或长或短，这就给政府部门舆情预警监测提供了干预先机。

政府部门要建立此类舆情预警监测体系，需要完善政府预警组织体系，加大政府预警资金和技术装备投入[①]。做好以上这些，应对突发事件才可以收到事半功倍的效果。

4.2.2　重视对网络舆情的预警和监测

突发事件从其生成到消解，可视为一个生命周期。这个周期一般可分为五个阶段：潜伏成长期、显现爆发期、持续演进期、消解减缓期和解除消失期。在传统社会里，突发事件周期之间演化需要漫长过程。现代信息技术特别是网络技术的介入，犹如添加了催化剂一般，极大地加快了突发事件不同阶段之间的演化。一个突发事件一旦被网络关注，可能会爆炸性演进，演变成极具影响力的网络事件，如前几年颇有代表性的"华南虎""躲猫猫"事件等。

2017 年 3 月 28 日，中国互联网信息中心发布数据，截至 2016 年 12 月底，我国网民数量达到 7.31 亿，手机上网人数达到 6.95 亿，占

---

① 罗二鹏：《中国地方政府应对突发事件预警机制问题探讨》，硕士学位论文，长安大学，2010 年，第 15 页。

比达到 95.1%。① 在新媒体时代，每个人都是新闻源，在进行信息收集和发布。庞大网民群体中即使只有万分之一关注某一事件，也是几万人。如果这些人不断置顶和跟帖，网络舆情形成和演变就会急速推进。

政府要加强对网络舆情监测，还可以借助媒体加强对网络舆情监测。媒体拥有强大资源和数据库，庞大的线人网络，高素质的专业人才团队，这些都是建立网络舆情监测的极好条件。国内媒体已经有了很好的尝试，如新华社"中国网事"栏目，对互联网重大事件相关舆论保持密切关注。2008 年，《人民日报》专门组建了人民网舆情监测室②，发表"地方政府应对网络舆情排行榜"等诸多分类排行榜。此外，还定期发布《中国社会形势分析与预测》系列蓝皮书等③。

加强对网络舆情的监测，获得第一手网络舆情，可以使政府对突发事件舆论场和网络舆论场保持密切关注。切中突发事件舆情演变走向，针对性地进行引导，其效果肯定要好得多。

4.3 提升政府自身的公信力

4.3.1 公信力、政府公信力的内涵界定

"公信力"是描述主客体之间相互作用关系的一个概念，即"公众对于人或者组织的信用存在期望，而人或组织根据此期望努力获得

---

① 《第 39 次〈中国互联网络发展状况统计报告〉发布》，中国网（http://www.china.com.cn/cppcc/2017-03/28/content_40513461.htm），2017 年 3 月。

② 陈芳：《再谈"两个舆论场"——访外事委员会副主任委员、全国人大常委会委员、新华社原总编辑南振中》，《中国记者》2013 年第 1 期。

③ 人民网舆情频道（http://yuqing.people.com.cn/）。

公众信任"①。

政府公信力的基本定义，不同学者给予不同解读，本书观点是：政府公信力是指在社会公共生活中，掌握公共权力的政府面对社会差异和利益分配，通过公正、高效、廉洁、民主、负责等途径获得公众普遍性信任的能力。②

4.3.2　我国政府公信力的现状

传统观念认为，政府是一切合法化权力的集合体，政府公信力与生俱来，名正言顺。随着我国 30 多年社会改革的持续推进，整个社会在政治、经济、文化等诸多方面都发生了深刻变化，各种各样矛盾随之凸显。处理不当，往往会损害政府公信力。2003 年"非典"事件之后，我国政府公信力现状也成为政府和学者关注的话题。

放眼全球，尽管服务型政府的理念在西方国家已经成为普遍共识，但是政府公信力弱化已经成为一个普遍现象，一些国家政府甚至面临合法性危机。

为了解我国政府公信力现状，学者们分别用实证分析和理论论证方法进行了深入研究。研究数据表明，我国公众对政府持"不信任"态度的约占80%，超过 80% 的公众认为官员信用最差。③尽管各种类型调查或统计存在一定程度的随机性和误差，但总的来说，它们反映出一个问题，即目前中国政府在不同层次存在不同程度的公信力下降趋势。

---

①　郝玲玲：《政府公信力若干问题研究》，博士学位论文，吉林大学，2010 年，第24 页。

②　同上书，第26—27 页。

③　《中国信用小康指数 60 分，官员信用度最差农民最高》，搜狐网（http：//news. sohu. com/20070801/n251361023. shtml），2007 年 8 月。

4.3.3　我国政府公信力弱化的危害

政府公信力弱化，危害是多方面的。就突发事件而言，表现为毁坏政府声誉，诱发群体性事件。政府公信力弱化会严重影响政府的良好声誉，破坏政府和公众的相互信任，导致政府和公众之间形成一种不健康的非合作博弈关系。[①]

我国改革开放不断深入，各种各样矛盾呈现，当矛盾没有得到及时有效解决时，进行利益诉求的群体性事件便越来越多。公安部统计数据表明，1993 年至 2003 年的 10 年间，我国发生的群体性事件数量急剧上升，每年发生次数达到数万次。[②]数量巨大的群体性事件给各级政府带来了巨大压力，为了减少群体性事件，一些地方政府还出台政策将群体性事件数量纳入地方官员考核当中。如广东省通过文件，将每十万人群体性事件数纳入广东 21 个地市官员考核评比中，该指标为逆指标体系，即每十万人中发生群体性事件的数量越高，则其分值越低。[③]

政府应对突发事件进行舆论引导，政府部门是舆论引导主体。但如果这个引导主体自身公信力缺失，舆论引导效果可想而知。我国近年来一些突发事件，地方政府舆论引导工作铺天盖地，全面覆盖，可是效果却微乎其微，有时候甚至还激起反效果。根本原因在于地方政府平时施政简单粗暴，对群众利益多有损害，又没有给民众反映渠道，民众积怨甚深。政府承诺无法兑现，政府部门公信力荡然无存。

---

① 吴光芸、李建华：《地方政府公信力：影响区域经济发展的重要因素》，《当代经济管理》2009 年第 5 期。

② 杨敏：《群体性事件之政府答卷》，《决策》2009 年第 1 期。

③ 张林：《广东将群体性事件数量纳入地方官员考核》，《羊城晚报》2013 年 7 月 17 日第 7 版。

一个没有公信力的政府，无论有多好的应对突发事件的政策、制度、方法，其结果都是徒劳。

4.3.4 提升政府公信力的根本途径：制度约束和有效监督

首先，是体制改革和制度完备。在影响政府公信力的诸多因素中，行政体制是影响政府公信力的最重要因素。我国改革开放已经进行了 30 多年，经济领域改革早已展开，并取得了举世瞩目的成果。政治领域改革，虽然有一些进展，但进展不大，政府行政体制改革同样进步不大。体制改革滞后影响了政府效能发挥，降低了政府公共产品提供能力，造成了公众对政府的不满。要改变这种情况，必须进行适当的体制改革，健全相应制度。只有拥有完备的体制和制度，政府才能廉洁高效施政，政府公信力才能建立。

其次，是公众舆论与非政府组织监督。现代政府拥有着大量行政资源和海量社会信息，占社会总体信息的80%以上。政府触角涉及公众生活的方方面面，政府每一项决策和政策的施行，都与公众生活息息相关。因此，公众必然会关注政府的一举一动，希望政府尽可能公开信息资源，公众能通过这些信息了解政府及政府官员施政，对他们的行为作出评判和监督。

最后，在现代社会里，非政府组织也是一个重要组成部分。在西方国家，常年活跃着数以万计的非政府组织，这些组织是西方国家民众参与所在国家地区甚至全球事务的重要途径。在中国，也存在着数万个非政府组织，这些组织起着政府和企业所起不到的一些作用，成了连接政府和公众的桥梁和纽带。由于中国的特殊国情，中国的非政府组织还存在着很多问题，如对政府的依附、力量较为弱小、规模偏小、活动能力偏弱等。尽管如此，它们也是中国公众参与政治生活的重要途径和方式。它们和公众一起，对政府行为进行监督和约束，对提升政府公信力还是有所助益的。

提升政府公信力是一个长远过程，不可能一蹴而就，但有了方向，开始行动就是良好的。

4.4　加强政府新闻发言人的培养

4.4.1　我国新闻发言人应对突发事件存在的问题

长期以来，我国新闻发言人存在一些问题：如新闻发布内容不明确，程序不规范，新闻发言人素质参差不齐，存在对媒体的选择等。从新闻发言人设置层级来看，我国新闻发言人基本上设置在中央及省市级政府部门，数量庞大的县及乡镇则基本没有设置新闻发言人。新闻发言人自身专业素养和技能存在不足，在一些突发事件中，政府新闻发言人往往进退失据。

2009 年 2 月 8 日，云南晋宁县在押人员李荞明被同监室在押人员殴打、拳击头部后撞击墙面，导致受伤、死亡。面对这一突发事件，晋宁县公安局相关新闻发言人屡屡犯错。2009 年 2 月 13 日，在尸检报告尚未完成的情况下，通过媒体宣布李荞明是擅自玩危险游戏"意外死亡"（即"躲猫猫"）。消息传出，舆论一片哗然，公众强烈要求公安部门进行澄清。在之后新闻发布中，组织者又限制记者在会场内进行采访，同时对记者提出的很多关键问题以"保密"，"违规"回避回答。新闻发布时，相关领导和发言人要么语焉不详，思路不清，要么强词夺理，信口雌黄。

2011 年"7·23"甬温线动车追尾事故发生后的 26 小时，官方新闻发布会在温州召开，时任铁道部发言人王勇平被问到"为何救援宣告结束后仍发现一名生还儿童"时，他称："这只能说是生命的奇迹。"之后，被问到为何要掩埋车头时，王勇平又说出了另一句话"至于你信不信，我反正信了"。这句话迅速成为网络流行语，有人将该句式称为"高铁体"。这次新闻发布，也成为这位从 2003 年首期中国新闻发言人培训班走出的部委发言人的"滑铁卢"。

图 4−1 温州动车铁道部新闻发言人王勇平回答记者提问

2015 年天津"8·12"特大爆炸事故发生后，天津当地政府组织的前 6 场新闻发布会，相关发言人对于记者所提的人员伤亡、危险品处置、现场救援情况等问题，屡屡用"不清楚""不了解""不掌握"等回复。电视直播过程莫名中断，放起了歌曲和电视剧，让观众大跌眼镜。本来可以通过新闻发布纾解舆情危局的新闻发布会，却造成了多个次生舆情危害，各种谣言遍地，为后续中央政府舆论引导工作带来了困扰。

4.4.2　培养我国政府新闻发言人的途径

政府新闻发言人培养是一个系统工程，主要有如下几点。

首先，选拔体系的建立，依靠这个体系选拔合适的新闻发言人。政府新闻发言人选拔，应该建立起一个科学完整的体系。明确选拔的人才范围及其必须具有的基本条件。

美国等西方国家行之多年的成熟政府新闻发言人模式可为借鉴。在美国等西方国家，政府新闻发言人很多来自媒体行业，这些人往往拥有数十年媒体从业经验。这些丰富的从业经验，为他们工作中更好地和媒体交流起到了重要作用。我国政府新闻发言人，绝大部分都来自政府部门内部，目前只有北京、上海等极少地区任命媒体人来担任政府新闻发言人。

此外，西方国家政府新闻发言人不是一个人孤军奋战，后面还有一个为之服务的信息团队。这个团队日常收集国内国外重要新闻、策划媒体活动、评估新闻发布效果等。这样专业而高效的团队，作用举足轻重。我国目前政府新闻发言人，基本上还是一个人在"孤军作战"，没有完善的信息团队辅助。很多时候都是事件发生了，仓促上阵，对信息的掌握、跟进、发布等必然存在一些不足。

其次，专业技能的培养。新闻发言人要具备一定专业技能，如新闻知识、媒介常识、仪态礼仪等。与媒体进行沟通和交流，不具备一定的新闻传媒知识，不了解媒体运作规律，不知道媒体关切是不行的。同时，发言人还要具有良好仪态和礼仪，能和外界进行良好互动，充分展示其自身部门风采。这些都需要进行专业系统培养。

最后，建立与政府部门上层紧急联系的渠道。新闻发言人一般身处所在部门中层，了解一些信息，但不全面。在中国目前的政府运作体制下，如果没有和上层的紧急沟通渠道，遇到突发事件，自身得不到全面信息会使其提供的信息不全面，信息量很少。更严重的是，由于信息量不足，有的发言人会加上自己的理解和想象，发言结果只会偏离事实。另外一个解决沟通渠道的办法就是提升新闻发言人层级，让其直接跻身政府部门上层，能够参与到相关重大事务决策中，这样其新闻发言可靠性更加能得到保证。

4.5　提升政府官员的媒介素养

4.5.1　媒介素养的内涵

1992 年美国媒体素养研究中心对媒介素养下了如下定义：媒介素养就是指正确地、建设性地享用大众传播资源的能力，能够充分利用媒介资源完善自我，参与社会进步。主要包括公众利用媒介资源动机、使用媒介资源的方式方法与态度、利用媒介资源的有效程度以及对传媒的批判能力等①。

4.5.2　我国政府官员媒介素养的现状

近年来网上火爆流传一些官员的雷人雷语，可谓层出不穷。"替党说话，还是替老百姓说话""为什么不公布老百姓财产""我只为领导服务，你们算个啥""你们无权了解真相""没有强拆就没有新中国""请报道正面新闻，否则我可以不接待"……如此多雷人雷语

---

①　媒介素养，百度（http：//baike. baidu. com/view/360750. htm）。

出现，除了说明某些官员群众意识淡薄、封建特权意识作祟之外，还有一个很重要的原因，他们缺少基本媒介素养。

为弄清楚我国政府官员媒介素养现状，国内一些学者进行了大量调查分析和研究。学者袁军等通过分析在重庆、天津、太原等城市所做的"政府官员媒介素养进行调查"所得数据，对当前政府官员媒介认知和使用进行初步描述，重点关注其在媒介与政府工作和突发事件媒体应对方面的态度和行为，得出了一些较为有价值的资料和数据。

在个人媒介认知及行为方面研究发现，当前政府官员获取信息的渠道具有多元化和立体化特征。尽管新媒体不断涌现，但政府官员对传统媒体还是更加青睐，原因是他们觉得传统媒体公信力更高。

在媒介与政府工作方面，在实际工作中，还是有相当数量的人不能完全处理好与政府之间的关系。如在记者主动要求采访的时候，采取避而远之、敷衍了事的人占到了34%。

在突发事件媒介应对方面，针对"媒体可以在危机事件中发挥积极作用"的选项，65%的受访者选择了"同意"，31.7%的受访者选择了"比较同意"，两项合计达到了96.7%。可见政府官员对危机事件中媒体所起到的积极作用持肯定态度。但具体到自己或自己所在单位时，数据又出现了大的落差。被调查官员表示，他们大多数不会在第一时间表态或者发布信息，10%的受访者表示要"初步处理后再对外公布"，45%的受访者表示要"查清原因后，再对外公布信息"。不选择第一时间公布信息，是担心这样做会使其陷入被动①。

南京大学副教授邓欣对南京700名处级以上干部的媒介素养调查，其成果也具有较高参考价值。调查发现，在日常与媒体打交道

---

① 袁军、王宇、陈柏君：《政府官员的媒介素养现状及提高途径》，《现代传播》2009年第5期。

中，经常与媒体打交道的官员仅占 21.64%，很少和从未与媒体打交道的官员分别占 27.09% 和 3.82%。大部分政府官员表示只是偶尔为之。这表明政府官员与媒体联系不够紧密，参与意识不强。面对突发事件时，政府官员对及时性重要程度的认知明显未满足危机处置及时性原则的要求①。

一份 2015 年的研究报告显示，我国基层官员媒介素养依然堪忧：基层官员对媒体功能的认知存在偏差，媒体参与具有单一性和被动性，对新媒体传播规律知之甚少。②

从这些报告中可以看到，我国政府官员接触媒体较多，而且对媒体相关传播特性也比较了解，对于媒体舆论监督也大多持欢迎态度。但是在应对突发事件方面，很多官员或是受习惯的影响，或是受政绩观制约，多采取一些较为被动的方式去应对媒体，一部分官员还习惯用传统的"内紧外松"模式去处理这些事情。

4.5.3　提升我国官员媒介素养的途径

官员媒介素养低下会带来诸多方面负面影响：影响执政为民理念的确立，影响政策试探功能的发挥，影响社会预警机制的完善，影响政府对舆论阵地的占有，影响政府公众形象的塑造。

提升我国官员媒介素养，可以采取如下路径：建立信息传播制度，建立新型选官制度，聘请媒体传播顾问，系统进行新媒体教育和培训，完善案例学习机制③。

---

① 邓欣：《政府官员：一个特殊群体的媒介认知及其应对行为研究——以 700 名处级以上干部的媒介素养调查为例》，《新闻与传播研究》2008 年第 3 期。
② 韩英军、王晓阳、韩继伟：《基层政府官员媒介素养分析》，《新闻战线》2015 年第 8 期。
③ 骆正林：《官员媒介素养的提高和政府执政能力的建设》，《皖西学院学报》2009 年第 12 期。

建立信息传播制度。即改变以前我国那种新闻传播领域无法可依的现状，国家专门制定信息传播法律，规范突发事件发生后信息发布、信息传播环节，使官员运作有法可依。

建立新型选官制度。传统官员选拔容易产生小圈子弊端，为了消除这些弊端，我国一些地方政府已经开始了全新尝试。如2004年江苏省对省管干部进行了公推公选，江苏卫视还进行了直播报道。整个活动分为演讲、辩论、民意测评等诸多环节，场外还有观众投票参与。2008年6—7月，重庆市也举行了官员辩论赛，市内16支代表队参与，这个比赛也有选拔新人的意思。当然，江苏、重庆这些做法只是一些地方性尝试，建立新型选官制度还需要不断实践。

聘请媒体传播顾问。官员在公众场合出现，一言一行代表的不仅是个人形象，还代表着所在部门形象。一些官员由于对传媒特性不了解，不知道如何面对媒体进行传播，这就需要聘请媒体传播顾问。美国在20世纪30年代已经开始实行，一些总统如尼克松通过聘请媒体传播顾问为其政治领域加分不少。在这方面，我国应该积极大胆地尝试。

系统进行新媒体教育和培训。在新媒体时代，新的传播知识和传播科技不断涌现，官员如果对新的传播业态不了解，很难应对种种挑战。因此，定期召集官员进行系统的新媒体教育和培训，使其了解最新传媒知识，熟悉微博、微信等不同传媒的传播特性，很有必要。

完善案例学习机制。世界各国政府官员应对媒体实践，有成功案例，也有失败教训。如果不加以收集和整理，这些案例就会被时间遗忘，起不到启迪后人的作用。因此，建立完备而且不断更新的案例库非常必要。这个案例库将收集世界各国政府应对媒体的相关典型案例，按照成功和失败进行不同分类。成功案例找出成功原因，失败的找出失败教训。然后将这些案例编列成库，供官员学习和讨论。真实的"实战"案例，将会给官员学习提供裨益。

把应对媒体能力作为官员考核内容，列入官员考核指标中。以具体细化的、刚性的条文来约束官员，促使他们自觉去学习和接触媒体、使用媒体。这方面，一些地方已经开始了尝试，2015 年 3 月，江苏省沛县国土资源局修订了绩效考核办法，新闻宣传工作首次被纳入绩效考核之中，并特别规定，新闻宣传工作如果连续两年排名末尾，责任人要被免职。[①] 江苏沛县这一做法对基层政府官员媒介素养提出了刚性、制度化的要求，可为其他地方借鉴和采用。

官员媒介素养提升是一个长期过程，不可能一蹴而就。上述这些提高途径如果能得到全面执行，我国官员媒介素养必将得到提升。

4.6 加强对民族地区突发事件形成原因的研究

4.6.1 加强对民族地区突发事件形成原因研究的必要性

我国是一个统一多民族国家，全国有 55 个少数民族，少数民族人口占全国总人口的 9.44%，民族自治地方行政区域面积占全国总面积的 64%，近年来我国很多重大突发事件都发生在民族地区。

2008 年造成近 9 万人死亡的"5·12"汶川地震，震中汶川县羌族人口约 30 万，占全县人口的 26.69%，是我国四个羌族聚居县之一。2008 年 6 月贵州瓮安事件，发生地瓮安也为少数民族聚居区。2008 年西藏"3·14"事件，发生地西藏自治区是以藏族为主体的民

---

① 韩英军、王晓阳、韩继伟：《基层政府官员媒介素养分析》，《新闻战线》2015 年第 8 期。

族自治区，除藏族外还有汉族、回族、门巴族、珞巴族等。2009 年新疆 "7·5" 事件，发生地新疆维吾尔自治区，人口分布更是多样，现有汉族、维吾尔族等 47 个民族。①

全世界 200 多个国家，绝大多数都是多民族国家，很多国家民族数量达到数百个。如何正确处理和看待各个民族，在民族地区施行何种制度，就成为各个国家面临的一个重要课题。20 多年来，世界上一些有影响的国家如苏联、南斯拉夫发生了解体。这些国家分裂有众多因素，其中很重要的一个原因是民族问题没有处理好。

由于历史原因，我国民族制度很大程度上是学习苏联模式。在实践当中，我国根据中国国情对民族制度进行了很多修正，使其更加符合中国现实需要。随着社会发展，和我国其他地区一样，民族地区也出现了各种各样的矛盾和问题，民族地区突发事件增多的背后，可能隐藏着众多深层次矛盾和问题。找出这些矛盾和问题，研究其产生根源非常必要。

4.6.2 重点加强对新疆、西藏等民族地区突发事件形成原因的研究

近年来，新疆的社会安全事件频频发生，引起外界关注。涉及民族因素的群体性社会安全事件，主要是指这类突发事件或者发生在民族地区，或者参加者是少数民族群众，或者事件的起因涉及民族利益等。② 事件起因不一，有信仰习俗差异引起的，有经济利益冲突引起

---

① 新疆、西藏，百度（http：//zhidao. baidu. com/question/245059017. html）。
② 许安平：《对当前我国涉及民族因素事件的浅析》，《中央民族大学学报》（哲学社会科学版）2009 年第 4 期。

的，也有政府政策执行不当引起的，还有境外敌对势力挑拨引发的。这些矛盾大部分属于人民内部矛盾，也有少部分属于敌我矛盾，还有一小部分矛盾最初是人民内部矛盾，但由于各种外界因素影响，转化为敌我矛盾。

据统计，从1989年到2009年的20年间，新疆发生了多起有预谋有组织的涉及民族问题的动乱以及上百起暴力恐怖案件。新疆的社会安全事件除了和其他地区的社会安全事件有一些共性（群体性、公开性、违法性）之外，还有民族地区独有的特点，那就是潜在的涉外性、敏感的民族性、较强的宗教性和偶尔的敌对性①。

西藏的社会安全事件也比较典型和突出。如发生在20世纪80年代末期的1987年、1988年、1989年三次大的骚乱，以及发生在2008年的"3·14"打砸抢烧暴力事件等，此外还有发生于各地的一些自焚等事件。

新疆和西藏两地面积总和达到近300万平方公里，约占中国国土总面积的1/3，其稳定直接关系到我国西北、西南地区以及整个国家长治久安。由于复杂的历史和宗教原因，两地社会安全事件频频发生。原因有一些共同点，如境外势力介入、民族因素影响等。除了这些明显因素，还要关注现代化发展中所带来的问题。

"经济发展、工业化和现代化不能自动消除弱势民族承受的不利和不平等。"社会的现代化进程，会导致社会优势群体和弱势群体差距加大。由于在市场竞争中落伍，弱势群体感觉到强烈的被剥夺感。社会现代化发展到一定阶段，这些弱势群体就会向强势群体发起挑战。这种挑战在不同社会会有不同表现，同质性社会表现为

---

① 阿迪力·买买提：《论转型期涉及民族因素的群体性社会安全事件及应对——以新疆为例》，《黑龙江民族丛刊》（双月刊）2011年第1期。

阶级与阶级之间的对抗，多民族社会则可能表现为民族与民族之间的对抗。① 政府应组织学者进行全方位、多元化的理论研究，找到真正适合应对新疆、西藏突发事件的理论和方法，寻求从根本上解决这一问题。

———————

　　① Joseph Rothsehild，*Ethnopolitics*：*A Concertual Frame – work*，Columbia University Press，1981，p. 234.

5

应对突发事件政府舆论引导路径研究

应对突发事件，政府舆论引导途径选择决定引导效果。在对中外政府应对突发事件相关者资料进行分析整理后，本书认为，我国政府舆论引导的途径主要有如下七个。

5.1 利用政府网站进行舆论引导

5.1.1 政府网站概念界定

国务院办公厅 2006 年 12 月 29 日颁布《国务院办公厅关于加强政府网站建设和管理工作的意见》，对政府网站职能进行了明确界定："政府网站是各级人民政府及其部门在互联网上发布政务信息、提供在线服务、与公众互动交流的重要平台。"①

政府网站其实可以细分为两种：一种是各级人民政府网站，另一

---

① 《国务院办公厅关于加强政府网站建设和管理工作的意见》，中华人民共和国中央人民政府网站（http://www.gov.cn/gongbao/content/2007/content_ 521577.htm），2007 年 2 月。

种是各级人民政府下属的各部门网站。在本书中，上述两种类型网站都包含在内。

5.1.2 我国政府网站的发展历程

20世纪90年代开始，随着网络引入和普及，我国开始启动"政府上网工程"。1996年海南省创建了我国首个政府网站，到2006年中央人民政府网站开通，我国政府网站建设经历了10年时间。到2013年1月，我国各级政府网站普及率已经达到了较高水平。中央和省级政府网站普及率达到了100%，地市级达到了99%以上，区县超过了85%。① 到2016年年初，中央和省级政府、地级市政府网站普及率均达到了100%，区县超过了90%。

除了政府网站普及率提升之外，政府网站功能建设也日趋完善。10多年来，我国各级政府网站更加重视公众需求，满足民生需要，给企业提供完善服务。同时，网站内容可用性、可读性、与网民互动性明显提升，服务特质更加得到彰显。政府信息公开力度加大，很多以前政府部门视为机密的信息在网上公开，公众参与政府的决策途径更加通畅，意愿也更加强烈。

总体而言，这10多年，是我国各级政府网站发展的黄金时期，我国政府网站基本实现了由"内容型"向"服务型"的巨大转变。

5.1.3 我国政府网站应对突发事件进行舆论引导的实践

突发事件给政府和社会带来巨大冲击和考验，同时也考验着我国政府网站。近年来，我国政府网站在应对突发事件舆论引导实践中，

---

① 《中央和省级政府网站普及率100%，我们离"政务云"有多远》，《人民日报》2013年1月16日第5版。

有值得我们总结的经验，也有一些亟待完善之处。

2005 年九江地震，九江当地政府网站第一时间刊登省领导赶赴地震现场的新闻，并在网站上开辟专栏，公布救灾、善款筹措等信息。对于余震谣言，网站及时进行了辟谣。此后数天，发布相关信息 50 多条，将中央和省政府的指示告知社会，起到了良好舆论引导效果。

2009 年，上海市闵行区发生"倒楼事件"，闵行区政府网站连续 15 天，每天发布"倒楼事件"后续进展及国家和上海市各级政府的最新消息。公开信息的同时，还安排工作人员上门做相关人员工作，化解矛盾，取得了良好效果。

2012 年 1 月，广西柳州龙江河发生镉污染，柳州市政府网站采访当地环保局领导，详细介绍龙江河镉污染对柳江河影响情况，对污染情况进行及时有效传播，起到了一定效果。

以上这些实例说明，在突发事件中政府网站确实可以起到一定作用，利用政府网站可以进行事前预警，事发后可以传达各级政府应对措施，对民众进行安抚。在我国各级政府网站普及率超过 90% 的情况下，各网站对突发事件积极应对，配合政府和媒体以及其他方式的舆论引导，应该会收到较好效果。

5.1.4　我国政府网站突发事件舆论引导存在的相关问题

我国各级政府网站在突发事件舆论引导中发挥了较大作用，也取得了良好实效，但还是存在不少问题。这些问题主要有以下几个方面。

5.1.4.1　公众对政府网站的访问量少、认知度低、满意度低

统计网站的访问量，国际上最为知名的网站是 Alexa，它是一家

专门发布网站访问量世界排名的网站。① 笔者于 2016 年 12 月 11 日在 Alexa 上按照国别"China"进行搜索,该排行榜囊括中国大陆网站访问量前 500 名。排名前十的网站分别是百度、淘宝网、腾讯网、搜狐、新浪网、新浪微博、人民网、优酷网、网易、土豆网。前十名网站中,没有一个政府网站。排名前 500 名的网站中,政府网站仅 5 个,仅占 1%,在前 100 名网站中仅有 2 个政府网站。

访问量少带来的影响显而易见。突发事件发生后,公众选择了其他途径如一些商业网站去获取信息,放弃选择政府网站,导致政府网站边缘化和舆论引导效果弱化。与访问量少相伴随的是,公众对政府网站认知度和满意度都不高。

《2006 年中国政府网站绩效评估报告》指出,我国公众对于政府网站认知度只有 7%,满意度更不到 1%②。2007 年 12 月计世资讯发布的调查报告显示,中国 57.5% 的公众从未访问过政府网站,"不需要"和"没听说过政府网站"是两大重要原因,分别占 55.7% 和 29.0%③。

2008 年,中国青年报社会调查中心通过新浪网对 1110 人进行的一项调查显示,85.6% 的人曾访问过政府网站,但其中仅有 28.3% 的人经常访问,57.3% 的人偶尔访问,还有 14.4% 的人从来没访问过政府网站。同时,61.3% 的受访者对政府网站感到不满意,32.0% 的人感觉一般,不到 7% 的人表示满意④。

---

① Alexa,百度百科(http://baike.baidu.com/link? url = cDkdPEM4tQZAGncyVA_p7fJOL6ScIrntyDsKNJ_ NxKd0NvdCnplDyak7R0Xk9LpajC0G6oe3JkwUwusWPkGqHa)。

② 《2006 年中国政府网站绩效评估报告》,商务部网站(http://www.mofcom.gov.cn/article/zt_ jxpg/)。

③ 殷国安:《谁来唤醒沉睡的政府网站》,《中国青年报》2009 年 2 月 11 日第 5 版。

④ 韩姝:《85.6%网友访过政府网站 61.3% 的人不满意》,《中国青年报》2008 年 12 月 16 日第 2 版。

可想而知，这些网站自身存在的访问量少、认知度低、满意度低等问题是亟待克服的。

5.1.4.2 我国政府网站区域发展不平衡

如同经济领域一样，我国政府网站发展也出现了发展不平衡现象。我国所有省级政府，99%以上地市级政府都拥有政府网站，但这些政府网站发展现状出现了巨大差距。

中国软件评测中心联合人民网、腾讯网，从2002年开始每年对全国中央、省级政府、地市级政府、区县级政府网站进行绩效评估，并每年发布政府网站绩效评估报告，报告清晰呈现了我国各级政府网站区域发展不平衡现状。

2010年评估结果：

> 省级政府网站绩效排名前三名分别是北京、广东、上海。
>
> 地市级政府网站绩效排名前五名分别为江苏省苏州市、广东省佛山市、江苏省无锡市、广东省中山市、山东省潍坊市。
>
> 区县政府网站绩效前十名分别为大兴区、仪征市、罗湖区、东城区、余姚市、西城区、宝安区、思明区、崂山区、余杭区。[①]

2011年评估结果：

> 省级政府网站绩效排名前三的分别是北京、上海、浙江。排名靠后的分别是宁夏、新疆、内蒙古、贵州、广西、西藏、甘肃。
>
> 地市级政府网站绩效排名靠前的分别是江苏省无锡市、广东省佛山市、浙江省温州市、广东省江门市、浙江省绍兴市。

---

① 《2010年中国政府网站绩效评估总报告》，人民网（http：//politics. people. com. cn/GB/8198/189185/index. html），2010年5月。

区县政府网站绩效排名前十位分别是东城区、罗湖区、思明区、朝阳区、宝安区、大兴区、静安区、崂山区、禅城区、西城区。①

2012 年评估结果：

省级政府网站绩效排名前三的分别是北京、上海、海南。排名靠后的省级政府网站是甘肃、内蒙古、河北、新疆、新疆生产建设兵团、西藏、宁夏。

地市级政府网站绩效排名靠前的分别是广东省佛山市、江苏省无锡市、广东省中山市、福建省南平市、江苏省宿迁市。

区县政府网站绩效排名前十的分别是罗湖区、西城区、思明区、东城区、禅城区、福田区、朝阳区、余姚市、静安区、崂山区。②

2017 年 3 月 29 日公布的《2016 年中国政府网站绩效评估》显示，省级政府网站绩效排名前三的分别是北京、上海、广东。地级市政府网站排名靠前的是广东省佛山市、江苏省苏州市。③

从这数年发布报告中可以看到，我国各级政府网站绩效发展不平衡。就省级政府网站而言，北京、上海、浙江、广东等长期位居前三。排名靠后的基本上都是西部或者南部的一些经济比较落后的边疆省份。在地市级暨区县级政府网站层面，结果也同样如此。位居前列

---

① 《2011 年中国政府网站绩效评估结果发布》，人民网（http：//politics. people. com. cn/GB/8198/223646/），2011 年 12 月。

② 《2012 年中国政府网站绩效评估结果发布》，人民网（http：//politics. people. com. cn/GB/44160/51694/353001/index. html），2012 年 12 月。

③ 《2016 年中国政府网站绩效评估结果出炉》，中华人民共和国商务部网站（http：//www. mofcom. gov. cn/article/zt_ jxpg2016/），2017 年 3 月。

的基本上都是沿海发达地区的各级政府网站，位居末尾的基本上都是中西部经济较为落后地区的政府网站。

区域发展不平衡给我国各级政府网站突发事件应对带来了巨大挑战。近年来我国很多突发事件，相当比例发生在中西部省区，如贵州、拉萨、新疆等地，恰恰这些地方政府网站发展较为迟缓。在突发事件来临之际，这些网站能否正常有效发挥作用，进行有效舆论引导，实在令人担心。

5.1.4.3 政府网站内容方面存在的诸多问题

媒体是"内容为王"的产业，具有强大吸引力和竞争力的新闻产品，才是媒体的核心竞争力。现实情况是，我国政府网站从内容到形式都存在不少问题。

不少网民不喜欢，或者是很少接触政府网站，一个很重要的原因是政府网站信息量较少，而且界面不是那么友好。政府网站有政务公开、在线办事等版块设置，但是存在很多问题，不能满足公众需要。在公众参与渠道建设方面，很多网站开设了领导信箱、民意调查、嘉宾访谈、民意征集等子栏目，提供了公众网上参与政府施政决策的途径和渠道。但是，在一些网站实际运作中，由于各种原因干扰和影响，公众对一些敏感热点问题的咨询，相关政府部门网站要么沉默不言，要么顾左右而言他，影响了政府网站在民众中的可信度和威信（如上海"倒楼事件"）。

还有一个很突出的问题，就是内容更新速度太慢，新闻时效性差，互动反馈迟缓。一些地方政府网站，信息更新不及时，网站服务功能也不健全，公众的意见和建议往往是有去无回、石沉大海，被网友戏称为"僵尸网站"。如 2013 年 8 月 10 日媒体报道，广西柳州部分政务网站、微博长达半年不更新，群众戏称其为"僵尸网站""僵尸微博"。①"僵尸网站"不是个别现象,在一些基层政府网站普遍存在。一般来说,政府网站层级越高,网站信息更新频率相对会快一些。在全国众多政府网站中,笔者发现我国中央政府网站,也存在着信息资料更新不及时问题。如突发事件案例栏,最新案例是 2009 年 8 月的,距现在已经 7 年多。如此慢的更新速度,实在说不过去。

图 5-1 中华人民共和国中央人民政府网站截图

2014 年 12 月,国务院制定了《国务院办公厅关于加强政府网站信息内容建设的意见》,指出建好管好政府网站是各级政府及其部门的重要职责。2015 年 12 月最新评估报告指出,我国政府网站仍然存在四个明显不足:基层政府网站的可用性和更新及时性有待提升;服务实用性有待改进;政府网站的建设管理模式有待创新完善;网站安全形势依然严重,不容乐观。②

---

① 黄远来、赵本高:《柳州部分政务网站、微博成"僵尸"》,《南国今报》2013 年 8 月 10 日第 7 版。

② 《政府网站绩效评估:2015 年政府网站存在四大不足》,《中国青年报》2015 年 12 月 9 日第 5 版。

5.1.5 政府利用政府网站进行突发事件舆论引导的举措

第一，国家要积极进行扶持和规划，减少地区网站发展不平衡。经典"木桶理论"告诉我们，一个木桶盛水多少不是由那块最长木板决定的，而是由那块最短木板决定，这块最短木板即木桶的"短板"。同理可知，全国 30 多个省市区，一些省市因为经济条件较好，拥有雄厚经济实力和人才储备，能够做好当地政府网站。一些西部边疆省区，因为经济相对落后，人才匮乏，导致在政府网站经营和管理上出现很多"短板"。这个差距一直存在，如果不加以改变，以后只会越来越大。中央政府必须进行全国性规划，出台类似"对口援藏"一样的政策，让一些先进省市拿出资金和人才，援助西部。通过资金和人才援助，加强其网站建设和维护水准，弥合国家内部各地政府网站之间的差距。

第二，在政府网站绩效评价指标中，加大对突发事件舆情引导的权重。2012 年政府网站绩效评估报告中，省级政府网站中"网络舆情引导能力"所占权重仅为 3.6%，副省级城市、省会城市、地市政府网站"网络舆情引导能力"所占权重为 4%。相比其他项目，这一块权重确实不大。在设计政府网站绩效评估时，相关部门应当适当增加此部分权重，促使各级政府网站更加重视和落实。

第三，政府网站要采取各种方法提高网站的访问量和知名度。要改变访问量少、认知低、满意度低的现状，需要政府网站加大新闻产品更新频率，同时新设一些栏目，加快与公众互动频率。此外，如果有条件，要利用各种机会（如举办活动、组织一些策划等）加大对政府网站自身宣传，使其走入公众的视野，提升公众认知度和满意度。

第四，各级政府网站要在内容上更加重视突发事件引导。各级政府网站在开设突发事件应对、突发事件相关法律法规介绍、突发事件网上舆情引导等栏目基础上，对这个领域更加重视，不断学习和引进先进做法，促使网站引导效果提升。

5.2 利用政务微博进行舆论引导

5.2.1 政务微博的概念界定

政务微博，是指中国政府部门推出的官方微博账户，力行"织博为民"。政务微博在社会管理创新、政府信息公开、新闻舆论引导、倾听民众呼声、树立政府形象、群众政治参与等方面起到了积极作用。①

政务微博有两个主要功能：一是发布政府部门的各种信息和通知；二是提供了一个群众及时参与渠道。

5.2.2 我国政务微博的发展历程

21世纪初，我国微博开始迅猛发展，名人微博、草根微博、企业微博纷纷出现，一些政府部门认识到这个新的传播方式，开始了积极尝试，我国政务微博在此背景下产生。

2009年下半年，湖南省桃源县官方微博"桃源网"出炉，成了我国第一个官方微博。2009年到2011年，仅仅两年多时间，我国政务微博就迎来了大发展。截至2011年12月10日，新浪网、腾讯网等

---

① 政务微博，百度百科（http://baike.baidu.com/view/5725316.htm）。

四家门户网站微博客网站上认证的政务微博客总数已经超过了 50000 大关，达到了 50561 个。① 2011 年也因此被称为我国"政务微博元年"。

2011 年，上海《新闻记者》杂志刊发了复旦大学"舆情与传播研究实验室"实施并完成的国内第一份《中国政务微博研究报告》，该报告对 2011 年中国政务微博有着极为精准的调查和评析。报告指出全国政务微博主要特点如下：官员微博数量少于机构微博；公安机关微博所占比例最高；高层官员微博数量比例极小，但其微博更具关注度和影响力。②

这个研究报告分析具有相当前瞻性、较强预判性。2013 年 3 月，《2012 年中国政务微博客评估报告》披露，截止到 2012 年 12 月 20 日，我国政务微博账号数量已经超过了 17 万个，较 2011 年增长了近 2.5 倍。③ 不到两年时间，虽然政务微博数量猛增，但其基本特征却没有发生大的变化。最新数据显示，截至 2015 年 12 月 31 日，微博平台认证的政务微博达到 152390 个。其中政府机构官方微博 114706 个，公务人员微博 37684 个。2015 年，政务微博总发博约 2.5 亿条，原创发博总数近 1 亿条，总阅读量超过 1117 亿次。微博平台朝良性化、健康化方向发展。④

开通政务微博，是我国各级政府"网络问政"走向理念深入和具体运用的一个重要标志。政务微博在社会管理创新、政府信息公开、

---

① 《2011 年中国政务微博客评估》，《中国日报》2012 年 6 月 13 日第 5 版。
② 张志安、贾佳：《中国政务微博研究报告》，《新闻记者》2011 年第 6 期。
③ 盛卉：《我国政务微博数量超 17 万，县处级机构所占比重最高》，人民网（http://politics. people. com. cn/n/2013/0327/c1026 - 20936595. html），2013 年 3 月。
④ 《2015 年人民日报·政务指数微博影响力报告》，搜狐网（http://mt. sohu. com/20160316/n440594864. shtml），2016 年 3 月。

倾听民众呼声、树立政府形象、群众政治参与等方面起到了积极作用。①

5.2.3 我国政务微博应对突发事件舆论引导的实践

政府微博的勃兴，成了沟通政府和民众的又一座桥梁。它可以及时迅速告知公众最新信息，对公众进行舆论引导，纾解公众情绪，全面提升政府公共职能。

政务微博产生以来，在突发事件中进行舆论引导的案例很多。如四川会理县领导"PS 事件"、上海地铁追尾事故、甘肃正宁县小车事故、北京"7·21"暴雨灾害等事件中，政务微博都发挥了巨大作用。下面详细举例说明。

5.2.3.1 北京"7·21"暴雨政务微博的舆论引导

2012 年 7 月 21 日，北京遭遇特大暴雨袭击。这场暴雨给北京带来了巨大人员伤亡和财产损失，抗击暴雨灾害、抢救民众生命成为整个社会重中之重。在这场战争中，政务微博发挥了巨大作用，搭建了特别生命通道。

7 月 21 日 12 时至 22 日 12 时，北京相关政务微博密集发布了 754 条微博，这些微博被转发评论 50 余万次。北京市气象局官方微博"气象北京"全天候滚动播报"天气快报""地质灾害预警"等信息，做到每小时发布一次"雨情信息"；北京市水务局官方微博"水润京华"公布全市各防汛指挥部值班电话，此条微博被迅速转发超过 2000次；北京市交通委员会官方微博"交通北京"，也第一时间公布多条

---

① 蔡斐：《重庆市政务微博研究报告（2011）》，《西南政法大学学报》2012 年第 2 期。

地铁运营信息。① 针对有网友谣传房山区一个敬老院 200 名老人被困伤亡的消息，房山区政府借助微博及时调查取证，直播灾害救援工作。调查之后，及时告知网友该敬老院没有老人死伤，而且这些老人都已经被转移到安全地带。② 据统计，微博发布信息占全部相关信息发布总量的 95%。③

此次北京暴雨，北京各个政务微博在接到群众上报之后，在传统媒体和新媒体还没来得及反应之前迅速反应。各政务微博分工协作，聚合有力发布相关灾害及预警信息，微博及时回复，网络和救援工作联动，充分发挥了微博多层裂变的传播效果，在抗击暴雨灾害中发挥了巨大作用和功效。

5.2.3.2　三亚宰客事件政务微博的舆论引导

2012 年 1 月 28 日，微博实名认证用户罗迪发布微博称，在海南三亚吃海鲜，3 个普通菜被宰近 4000 元。

1 月 29 日下午，三亚市政府新闻办对此事件连发 3 条微博进行回复。其中第三条微博称三亚春节期间零投诉，这个"零投诉"表述引起网友普遍不满和嘲讽，一些网友还现身说法，以自己亲身经历说明当地确实存在宰客现象。一时之间，三亚被推到了风口浪尖之上。

1 月 30 日，三亚政府新闻办微博对前日发布的"零投诉"说法给予澄清，指出不是指所有摊点，而是特定种类的营业摊点。2 月 1

---

① 桂杰：《王慧：暴雨中，微博成为特别的生命通道》，《中国青年报》2012 年 7 月 27 日第 6 版。

② 朱明刚：《北京"7·21"暴雨灾害事件舆情分析》，人民网（http://yuqing.people.com.cn/n/2012/0824/c210118 - 18826783.html），2012 年 8 月。

③ 蒲红果：《借助微博提高舆论引导的传播力和有效性——以北京"7·21"特大自然灾害舆论引导为例》，《新闻与写作》2012 年第 8 期。

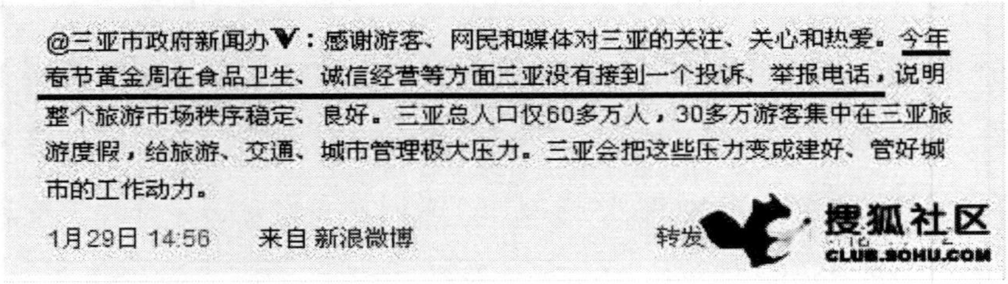

@三亚市政府新闻办 V：感谢游客、网民和媒体对三亚的关注、关心和热爱。今年春节黄金周在食品卫生、诚信经营等方面三亚没有接到一个投诉、举报电话，说明整个旅游市场秩序稳定、良好。三亚总人口仅60多万人，30多万游客集中在三亚旅游度假，给旅游、交通、城市管理极大压力。三亚会把这些压力变成建好、管好城市的工作动力。

1月29日 14:56　来自 新浪微博　　　　转发　搜狐社区 CLUB.SOHU.COM

图 5－2　海南三亚政府新闻办微博截图

日，三亚市政府举行了记者招待会，三亚市委书记就三亚海鲜大排档、出租车及部分景点宰客现象向公众表示道歉。至此，事件才得以最终平息。

5.2.3.3　武汉"6.11"黄雾事件政务微博的舆论引导实践

2012 年 6 月 11 日上午，湖北武汉大部分地区被一片黄色烟雾笼罩，空气中弥漫着一股刺鼻酸味。武汉市中心气象台于上午10：30发布大雾黄色预警信号"武汉市现在出现了能见度小于 500 米、大于等于 200 米的雾，未来 3 小时仍将持续，请注意防范"。

在民间，由于初期信息不明，对于黄雾出现原因，流传出不同版本。在网上，有人散播出现黄雾的原因是因为"青山一工厂氯气泄露""武钢一锅炉爆炸"等，一时弄得公众人心惶惶。由于空气质量关系到每个人身体健康甚至生命安全，武汉以及周边地区不少人纷纷涌进药店、商场购买口罩，造成很多店铺口罩脱销。还有众多民众四处打电话、发短信，网上联系亲朋好友，询问相关传言是否属实。谣言和传言满天飞，短暂信息混乱给政府应对构成了严峻挑战。面对此突发情况，武汉各个政府部门政务微博（以及一些相关企业微博）紧急行动起来，纷纷发布信息、引导舆论、安抚民众、澄清事实，获得了较好效果。

图 5-3 "武汉气象"政务微博截图

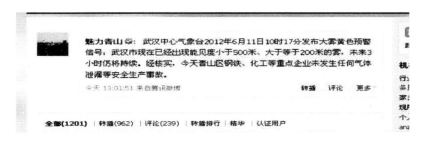

图 5-4 武汉市青山区政府政务微博截图

新浪政务微博 2012 年报告对此事件给予了高度评价，认为武汉各个政府政务微博在此事件中有 4 个方面经验值得借鉴：（1）处理谣言危机，遵循黄金四小时原则；（2）善用微博新媒体平台；（3）借用当地媒体，传播事实真相；（4）多方共同回应，形成"集团作战"效应。① 这个评价，相当中肯。

2013 年，我国各级政府政务微博在各种突发事件舆论引导中，起到了较大作用。3 月上海禽流感事件、4 月 20 日芦山地震抗震救灾，政务微博表现突出。

---

① 《2012 年上半年新浪政务微博报告》，新浪网（http：//news. sina. com. cn/z/2012 sinazwwbbg/）。

5.2.3.4 上海踩踏事件政务微博的舆论引导实践

2014 年 12 月 31 日 23 点 35 分，众多市民聚集在上海外滩迎接新年。在黄浦区陈毅广场通往外滩台阶上有人跌倒，之后发生严重踩踏事故，人员伤亡惨重，总计有 35 人死亡，42 人受伤，而且伤亡者大部分为在校大学生。

事件发生后，网上开始流传踩踏事件发生原因是现场有人"抛洒美金"，引发众人哄抢。针对这种谣言，上海市公安局微博——警民直通车·上海马上发布信息，披露事件真相，指出现场视频监控显示，"抛洒美金"是在拥挤踩踏事件发生之后。

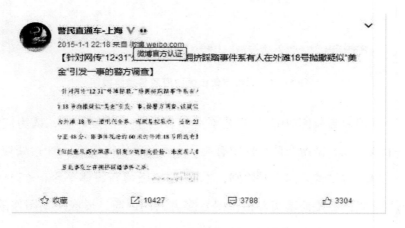

图 5-5 警民直通车·上海微博截图

上海市政府新闻办公室官方微博也在 2015 年 1 月 1 日凌晨 4：01 发布了第一条关于踩踏事件人员伤亡信息。之后一二十天连续发布伤员救助情况、现场救援情况、家属联系渠道方式、踩踏原因等微博信息，有效引导了舆论舆情。

图5-6 上海发布微博截图

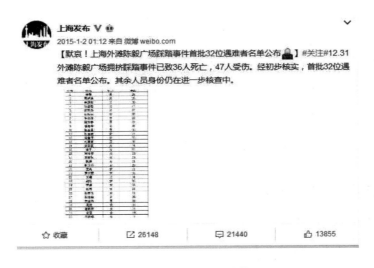

图5-7 上海发布微博截图

除了报道上海当地政府处置情况和措施，上海政务微博也及时和其他新媒体特别是中央新媒体互动，转发中央领导对此事件的重视。

数年实践表明，政务微博已经成为很多突发事件发布的优先渠

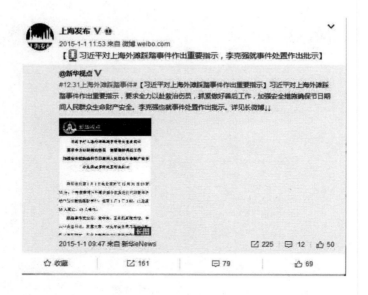

图5-8 上海发布微博截图

道，众多突发事件中政务微博的突出表现也一再证明了这一点。政务微博的作用，引起了一些地方政府的注意。2011年南京市出台了《关于进一步加强政务微博建设的意见》，明确规定，对于灾害性、突发性事件，要在事件发生后的一小时或者获得信息的第一时间之内，通过微博发布。①

5.2.4 我国政务微博存在的问题

5.2.4.1 我国政务微博发展的不均衡

我国政务微博从2009年诞生到现在，经过了7年多时间的发展。短短几年间，政务微博发展已经充分体现不均衡，体现在三个方面。

---

① 《南京政务微博意见：突发事件一小时内要发布》，《京华时报》2011年7月1日第7版。

首先，党政机构政务微博地域分布不均衡。

2011 年复旦大学发布的《中国政务微博研究报告》有权威数据：截至 2011 年 3 月 20 日，全国共有党政机构政务微博 1708 个。拥有党政机关政务微博数量位居前三的分别是江苏省（278 个）、福建省（208 个）、广东省（135 个）。这三个省在全国 30 多个省区市中占比不到 10%，拥有政务微博总数却占到全国政务微博总数的 36% 以上。政务微博超过 100 个的有 5 个省，全部是南方省份。一些西部省区只有区区几个政务微博，差距很大。

到 2012 年年底，党政机构政务微博地区分布不均衡现象依然没有多大变化。江苏省政务微博数量达到了 6222 个，占全国政务微博总数的 1/10，是我国政务微博数量最多的省份，同时也是我国政务微博数量唯一一个超过 6000 的省份。在地区分布上，江苏、广东、浙江、山东四省政务微博数量仍居前四位，四省政务微博数量占全国总数的比例仍然超过了 34%，遥遥领先于一些西部省区。

2013 年 7 月 31 日发布的《2013 年新浪政务微博报告》披露，相较于 2012 年年底，我国党政机构政务微博总数又增加了 37%，但前三名位置没有任何变化，江苏、广东、浙江三省政务微博总数依然占据了我国政务微博 30% 以上份额。排名靠后的青海、西藏等省区政务微博数量仅仅只有几十个，数量不到江苏省的 1%。[1]

党政机构政务微博地域差距，不光表现在数字上，而且还表现在影响力上。数年来，北京、上海、广州等地党政机关政务微博影响力一直高居前列。

其次，不同部门政务微博数量不均衡。

---

[1] 《2013 年上半年新浪政务微博报告》，新浪网（http://news.sina.com.cn/c/2013 - 07 - 31/090527818107.shtml），2013 年 7 月。

公安机关政务微博数量从有统计分析数据以来，一直遥遥领先。2011 年，所占比例超过了 70%。2012 年年底统计中，公安机关政务微博数量突破 10000 个，所占比例已经下降，但还是占据 30% 以上。2013 年上半年的数据也如此。公安政务微博大量出现有其自身合理原因，它适应了公众需要。但是，在公安政务微博一枝独秀的同时，一些公众强烈需要的政府部门却没有开设政务微博，不能不说是个缺憾。

最后，政府部门干部微博分布不均衡，这种不均衡主要表现为两个方面。

一个是工作单位分布不均衡。和党政机构政务微博数量分布不均衡一样，发布微博的干部工作单位也同样不均衡。干部工作单位最多的是公安部门，其次为旅游、团委、医疗卫生、司法、交通、涉外、工商税务、市政等部门。

另一个是行政级别不均衡。这种不均衡在 2011 年的《中国政务微博研究报告》中已经有所说明，在全部 720 个政府官员微博中，省部级的仅有 19 个，县处级有 238 个，县处级以下有 333 个。县处级及其以下占据了 80% 以上比例。但现实恰恰是，往往是级别越高的官员微博，其影响力越高，传播效果越好。

5.2.4.2 政务微博时效性差

政务微博作为政府部门和公众沟通的桥梁，要求内容丰富，互动迅速。现实情况是，一些地方政府政务微博长期缺乏维护更新，最新一条微博可能是几个月前，甚至是一年前发布的。群众的提问和反馈，也如泥牛入海，长时间没有任何回复。这样的政务微博被网民戏称为"僵尸微博"。"僵尸微博"的存在，严重影响了该部门在群众中的形象和声誉。

5.2.4.3 我国政务微博在突发事件应对上存在的问题

在应对自然灾害（如洪水、火灾、地震等）以及公共卫生事件（如禽流感）等方面，我国政务微博应对可谓可圈可点。但是在应对一些社会安全事件方面，政务微博的表现就很难让人满意。

在面对敏感突发事件时，一些政务微博面对公众的热切期盼，却往往保持沉默，以至于群众称它们"患上了痴呆症，又聋又哑，自言自语"①。特别是面对如群体性事件时，本来群众迫切希望能从政府微博那儿获知相关信息和政府的态度，结果政府微博装聋作哑。

5.2.5 政府利用政务微博应对突发事件舆论引导的举措

第一，政府出台措施，减少政务微博地区发展不平衡。国家要进行整体规划，促使一些沿海地区省市在资金、技术、人才等方面，给予西部地区省市支持，缩小其与发达地区的巨大差距。

第二，出台政策，鼓励高级官员开设微博。资料显示，我国省部级官员开设微博比例非常少，但这些微博更具关注度和影响力。高层官员微博更加受到公众关注，在中国有着深厚历史原因。中国民众很少能够直接接触高层次官员，但他们又希望将自己生活中遇到的困难告知官员，希望他们能够帮助解决。在这种情况下，我国政府应该出台政策，鼓励高级官员开通微博，并出台奖励措施。

第三，建立评估和反馈机制，每年对各地政务微博开展情况进行奖惩。组织专家研究，建立政务微博科学评估和反馈机制。每年对各地政务微博进行评估，依据评估结果分别给予奖惩。

---

① 钱桂林：《政务微博面对突发事件不能哑言》，新浪网（http：//news. sina. com. cn/o/2012 - 11 - 05/000225509274. shtml），2012 年 11 月。

5.3 利用政务微信进行舆论引导

5.3.1 政务微信的概念界定及发展

政务微信是政府利用微信平台，向公众提供信息公开、政务互动、实施管理和服务的一种电子政务手段，是目前微信公众号的一种特殊类型。①

政务微信自2012年8月出现之后，数量快速增长。2014年3月，数量达到了5043个；到2014年年底，达到40924个，覆盖全国31个省、自治区、直辖市的党政部门；到2015年年底，数量超过10万个，政务微信已经成为各级政府发布信息的重要平台。②涉及公安、交通、旅游、环保等各个领域。截至2016年2月，我国微信公众号数量超过了1000万，影响力受到社会各界广泛关注。国务院办公厅曾专门下文指出"政务微信是新媒体政务信息发布和与公众互动沟通新渠道"。

5.3.2 我国政务微信应对突发事件舆论引导的实践

政务微信通过用户自主订阅，信息可以直达用户"桌面"。和一对多的传播方式不同，这种传播方式信息指向性非常明确、精准。在突发事件发生期间，政务微信可以通过及时、准确的信息传播，实现

---

① 王芳、张璐阳：《中国政务微信的功能定位及公众利用情况调查研究》，《电子政务》2014年第10期。

② 黄巧：《中国政务微信公号数量已突破10万》，中国新闻网（http://www.chinanews.com/cj/2016/01 – 18/7721824.shtml），2016年1月。

澄清事实真相、缓解公众情绪、传达政府举措等功能。近年来，我国政务微信在突发事件舆论引导中发挥了重要作用。

　　案例1　2013年4月20日四川雅安发生地震，地震级别达到里氏7.0级，100多公里外的成都市有明显震感。仅仅19分钟后，由成都市政府新闻办管理的"微成都"的公众号，就发布了关于此次地震震级、震源深度、影响范围等信息，13万关注了"微成都"的用户，第一时间收到了来自政府发布的权威信息，紧张情绪得以缓解。

图5-9　"微成都"政务微信页面

　　案例2　2014年3月1日，昆明火车站发生暴恐事件。事件发生后，我国各地公安政务微信纷纷发布信息。如"平安密云"发布"公民防范恐怖袭击手册"，传授公众防范恐怖袭击的有关知识；"商丘公安"等发布一些政府权威信息，进行辟谣；"济宁公安"等政务微信发布"昆明，我们和你在一起"，为遇难者默哀祈福，并传递全国公众的关怀和问候。从3月1日到10日，我国各地公安政务微信共发布相关信息 100 余条，有效缓解了社会情绪。

案例 3　2015 年 12 月 20 日，深圳市光明新区发生滑坡事故。经过一个多月现场抢险、施救，最终确认 73 人遇难，4 人失联。深圳政务微信群（包括深圳发布、深圳政协、深圳公安、深圳交警等 55 个政府部门政务微信）自事故发生后，全方位进行了介入和报道。报道了政府相关部门的施救过程、现场群众安置状况、政府对事件进行的调查进展、后续善后措施等。密集有效的信息发布，有效引导了社会舆论。

5.3.3 我国政务微信存在的问题

第一，地区、部门分布不均衡。

我国已经有政务微信超过 10 万个，与之前政务微博类似，我国政务微信也存在不同省市区、不同部门之间分布、发展的不均衡。

2015 年 4 月，腾讯发布了《"互联网 +" 微信政务民生白皮书》（简称白皮书），白皮书指出广东省政务微信总量占全国比例达到 15%，居全国第一位。浙江省政务微信数量占比为 14.8%，以微弱差距位居次席。江苏政务微信总量居第三位。

在地区分布上，位居前十的省市区中有 7 个位于东部地区。而在后十名榜单上，西部地区占据了 6 个。很明显，占据榜单前列的广东、浙江、江苏、北京、上海等地社会经济较为发达，与当地政务微信、电子政务等的数量形成正向比例关系。

在公安、教育、旅游、医疗等众多政府部门政务微信中，公安、医疗、党委政府办公室位居前三名。这些部门因为与公众联系较为紧密，在政务微信数量上遥遥领先。[①]

---

① 《广东政务微信数量居全国第一》，《南方日报》2015 年 4 月 23 日第 A11 版。

第二，后期维护缺乏，僵尸号频现。

2012 年国内政务微信兴起后，许多地方政府纷纷开设政务微信号，拥抱这一潮流。热情过后，一些地方政府政务微信号或由于职责不分，导致后期维护缺乏；或由于定位不清晰，导致影响极小；或由于当地实在没有信息发布，长时间没有发布新信息，成为"僵尸号"。如 2015 年湖北省公布当地政务微信调查报告，在 2015 年第一季度，"武穴消防大队""青春麻城""江岸车辆段""当阳市财政局"等 10 个政务微信号没有发布一条消息，被用户讥讽为标准的"休眠"账号、"僵尸"账号①。这种情况，必然会影响政府与公众的沟通以及政府部门形象。

第三，内容与公众兴趣点匹配度较低，以信息发布为主，互动不足。

新媒体时代，移动用户的喜好，永远是媒体需要研究的领域。大部分公众兴趣点往往集中于自己的生活领域、娱乐资讯、便利信息等。如果政府部门政务微信内容与这些兴趣点不匹配，就会影响公众使用和接受。

中央国家机关政务微信内容一般较为严肃，而省级政府及城市、行业系统政务微信内容较为丰富，语言较为活泼。研究发现，中央国家机关政务微信公众号，推送信息前三位是新闻热点类、政策解读类和生活服务类。用户实际阅读情况是，新闻热点类信息阅读量较低，平均每篇阅读量不足 3 万次；政策解读类阅读量相对较高，达到 6.5 万次；生活服务类信息最受欢迎，平均每篇阅读量超过 7 万次。推送

---

① 肖双：《"指尖时代"的政务微信研究——基于生活政治的视阈》，《视听》2016 年第 4 期。

量最多的新闻热点类信息，阅读量却最低，生活服务类信息最受欢迎①。原因很容易理解，普通公众在实际生活中，更加关注自己身边的服务类信息，希望从这些信息中找到一些有价值的信息为自己所用。这种信息发布和用户兴趣点不匹配带来的冲突，一定程度上会影响政务微信的传播效果。

此外，一些政务微信以信息发布为主，和公众互动不足。政务微信一个优势在于精准个人化传播，但一些政府部门政务微信由于各种原因制约，互动性亟待加强。

5.3.4 政府利用政务微信应对突发事件舆论引导的举措

第一，注重大数据分析，找到用户需求，提升政务微信传播效率。大数据时代，用户在互联网上的使用痕迹，都会被清晰留存。利用发达大数据资源，挖掘和分析海量政务微信用户使用习惯、阅读偏好等不是难事（国内知名的"今日头条"早就在做了）。一旦了解用户使用习惯和使用偏好，找到用户需求，了解受众取向，在政务微信信息传播中进行针对性调整，传播效率必将大大提升。

第二，加强政府部门之间协调和联动，做强政务微信矩阵。政府部门信息发布往往涉及不同部门、不同媒体平台，如报纸、广播、电视、政府网站、政务微博等。在突发事件应对处理中，需要加强政府部门之间协调和联动，尽可能统合政府各个部门资源，做到集中发布、强势传播，力求使政务微信的矩阵群强强联合，做到对不同用户群体全面覆盖。

第三，招纳新媒体人才，对运营人员定期进行业务培训。一些地

---

① 朱颖、丁洁：《互动仪式链条下政务微信与用户的互动研究》，《新闻大学》2016年第4期。

方政府政务微信之所以出现长时间不更新，成为"僵尸"微信号，一个很重要的原因是这个部门没有会操作的新媒体人才。在新媒体技术发展日新月异的时代，没有强有力人才支撑，长期运营只能是一句空话。在招纳人才的同时，对于已有的运营人员，也要请业界人士定期来进行业务培训，全面提升他们的业务水平。

第四，出台措施，将政务微信运营效果列入政府部门考核体系。应对突发事件舆论引导，政务微信和其他媒体发布平台一样，都是重要一环。为了促使地方政府更加重视，建议地方政府根据当地实际情况出台措施，将政务微信的运营效果列入政府部门考核体系中去。定期进行考核，优秀的给予奖励，问题严重的给予警告或者相应处分。

5.4　利用手机短信进行舆论引导

手机短信具体可以分为两种：一种短信是用户通过手机或其他电信终端直接发送或接收的文字或数字信息，用户每次能接收和发送短信的字符数，是 160 个英文或数字字符，或者 70 个中文字符。另一种是彩信，它最大的特色就是支持多媒体功能，能够传递功能全面的内容和信息，这些信息包括文字、图像、声音、数据等各种多媒体格式的信息。[①]

手机短信在现代社会应用于短信服务平台、旅行社、保险公司、商场超市、票务信息、证券营业部、企事业单位、政府管理部门等各个领域。

---

① 手机短信，百度百科（http：//baike. baidu. com/link？ url = MyXkxOj7etwL＿MsX3DAPa7TIgC23ziC79ZvNdVWIiU8ORaNgooarahb2rD2ScYHgTnMA84ljoxTxsk ＿ sApVBNXPr-za9kZkTMlMPpfWAPVd＿ GqaEfXED2eF6cb6z89YXe）。

5.4.1 手机短信进行舆论引导的优势

突发事件舆论引导中，手机短信有着独特优势。

第一，几乎百分之百的公众覆盖率。手机是社会公众普遍使用的通信工具，我国拥有庞大使用人群。截止到 2016 年 10 月末，我国移动电话用户总数达到 13.21 亿户，全国人口约为 13.70 亿人，相当于每 100 人拥有 96.5 部手机①。手机发送短信数量蔚为可观，2004 年全年为 2200 亿条，2012 年增长到史无前例的 9000 亿条。之后由于微博、微信等新媒体冲击，数量有所减少，2015 年我国手机短信发送条数为 6992 亿条。②

相比其他一些媒体类型，手机覆盖率高是实实在在的。我国报纸每天发行 1 亿多份，覆盖人数不到 10%。广播电视覆盖率名义上达到了 90% 以上，但实际上收听广播的人已经很少，现在收听的人群主要集中于老年群体、都市驾车一族，比例不大。电视的日常开机率仅有 20%—30%，众多年轻人正在远离报纸、广播、电视这些传统媒体。新媒体如博客、微博、微信等，尽管市场被看好，但由于市场竞争激烈，单个媒体在市场中占比并不高。如新闻 APP，国内目前最为知名的今日头条，截止到 2016 年 8 月，其用户数达到了 5.5 亿户，看起来很可观，其活跃用户仅为 6000 万。③ 这 6000 万占全国人口的比例不到 5%，还有超过 95% 的公众并不在其覆盖范围之内。一旦突发事件发生，覆盖人群范围非常有限。

---

① 李华：《工信部：我国 4G 用户数已经达到 7.14 亿户》，手机中国（http://www.cnmo.com/4g/564101.html），2016 年 11 月。

② 《2015 年中国手机用户共发送 6992 亿条短信》，搜狐网（http://mt.sohu.com/20160217/n437668299.shtml），2016 年 2 月。

③ 《今日头条 5.5 亿用户大数据解读中国人时尚观》，网易（http://news.163.com/16/0913/10/C0RABJ3100014AEE.html），2016 年 9 月。

第二，移动性、及时性、准确性、免打扰性、非强制及时获取等。不管手机用户处于什么地方，也不管用户是静止还是在移动，只要是服务范围之内，手机短信都会发送到用户手机上，不耽误对方工作和生活。

发送时效也非常快，基本可以做到几秒钟之内到达。手机短信发送模式可以多样设置：可以一对多发送，也可以一对一发送，同时可以保证信息的准确性。

免打扰性，指用户在接收信息时，可以同时做其他事情，不会对其他工作造成影响。非强制及时获取，用户收到短信后，可以当时查看，也可以之后查看阅读。

第三，操作简单，利用短信群发平台可以在短时间内将重要信息发送给数百万用户。

不同于一些新媒体，如政务微博等，短信发送操作很简单，操作人员可以根据需要自主撰写短信内容，进行修改。利用和中国移动、中国电信等移动电信商合作建立的短信群发平台，政府部门可以及时快捷地把重要信息如台风来袭、洪水灾害等，发送给当地手机用户。

5.4.2 手机短信进行舆论引导的案例

手机短信在我国各地地方政府应对突发事件舆论引导中，得到了广泛运用，具体案例如下。

案例 1　2005 年天津市塘沽区牛奶投毒事件。

2005 年 3 月 10 日晚，天津市塘沽区锦绣园小区一对夫妻中毒身亡，后证实是有人在某超市散装海河牌牛奶中投毒。天津市政府为了避免其他市民喝到这些有毒牛奶，紧急采取手机短信方式向塘沽区居民发送事件信息。

14 日凌晨 3 时 31 分，塘沽区居民都收到了 1860 发送的短信，内容为："紧急通知：凡于今年 3 月 9—12 日，在塘沽上海道乐购买的散装海河牌袋装牛奶，存放期间因受到严重污染，请停止使用。塘沽区人民政府"。①

在发出短信的同时，为了保证天津市民身体健康和安全，天津市政府还用其他方式发出警示信息，通过当地广播电视台播放紧急通知，同时动员当地居委会、街道干部和社区民警挨家挨户敲门告知。在多方努力下，之后再没有发生一起居民中毒事件。

案例 2 2007 年 8 月广东湛江辟谣。

2007 年 8 月上旬，受台风影响，广东湛江等地迎来持续暴雨和特大暴雨，广大人民群众生命财产安全受到严重威胁。社会上流传出"湛江大暴雨后马上要发生大地震"的谣言，引发公众恐慌。

在此情况下，广东省气象局决定利用气象局手机短信应急平台，向湛江 140 余万手机用户发去辟谣信息："湛江市地震局、气象局特别提醒您：近日没有发生地震，今天早上 4 点钟左右，湛江市雷州等地出现地震谣言，请大家不要恐慌。"之后又加发了一条短信，"湛江市气象局特别提醒您：未来两天天气仍然不稳定，有阵雨，局部大雨，请注意做好防御，并可随时随地拨打 12121 密切关注最新天气"。②

280 万条短信发送给湛江市民之后，有效稳定了当地市民情绪，

---

① 郭建光：《天津发生超市投毒事件两人中毒身亡》，《新京报》2005 年 3 月 18 日第 3 版。

② 孙晓红：《突发公共事件中手机短信的积极作用》，《中华新闻报》2008 年 1 月 23 日第 5 版。

维护了社会稳定。

　　手机短信在国外突发事件中也得到了广泛运用。如印度尼西亚在海啸之后，建立了一套气象局即时气象预警信息发布系统，特定地区手机用户在灾害到来之前会受到预警信息，及时逃离现场。伦敦爆炸事件中，由于通信线路的拥挤问题，很多民众打手机打不通，反而是手机短信成为现场传递信息的唯一渠道。

5.4.3　各地对手机短信进行突发事件舆论引导的重视及相关政策文件

　　手机短信在突发事件中的重要作用，引起了我国各地政府重视。各地纷纷建立公共短信服务平台、出台相关政策文件等，把手机短信作为突发事件舆论引导的重要工具。

　　2007 年 3 月，甘肃省政府发布公告，从 3 月 14 日起，甘肃省境内若发生重大公共事件，全省手机用户将通过短信在第一时间收到政府发布的权威信息。这个新的手机信息平台，由甘肃省委宣传部、省政府新闻办、省移动公司等共同建立。①

　　2008 年 12 月，重庆市政府经过半年筹备的公开短信服务平台建立了。该平台有 7 项重要职责，其中第一项就是发布需要市民或者特定范围内市民周知或提醒注意的突发事件信息和预警、预报信息。此外还需要以正视听，澄清事实，避免市民听信谣言、传播谣言等。②

　　2012 年 9 月，宁波市制定了《宁波市人民政府办公厅关于印发宁波市突发事件应急短信发布工作暂行办法的通知》。通知中对于市级

---

　　① 赵健：《甘肃重大公共事件将通过手机短信告知市民》，搜狐网（http://news.sohu.com/20070314/n248720333.shtml），2007 年 3 月。
　　② 张建军：《重视手机短信在突发事件中的作用》，《中华新闻报》2005 年 9 月 28 日第 6 版。

有关部门、市应急办、市通信管理局、电信运营企业的职责分工、发布程序作了详细规定。①

2012 年 12 月,陕西省人民政府办公厅发布了《陕西省人民政府办公厅关于重大特别重要突发事件手机短信发布工作规范的通知》。对发布总则、相关职责、工作流程、有关要求做了详细规定。② 2013 年 6 月,陕西省汉中市也制定了重大、特别重大突发事件手机短信发布工作机制。

2013 年 2 月,西安市下发了《关于重大特别重大突发事件手机信息发布规范》,要求建立高效通畅的手机短信发布机制,最大限度减轻各种突发事件造成的不良影响,保护人民生命安全和维护社会稳定。③

2014 年 1 月,合肥市建立重大突发事件"短信发布机制",政府专门设立一个账户,每年拨一笔钱,遇到重大突发事件就群发一次。④

2016 年 11 月贵阳市下发通知,明确全市将建立分区突发事件预警短信手机用户库。如遇突发事件,各部门要按照"归口管理、加强联动、快速传播"原则,负责突发事件信息发布工作。⑤

其他可以查到的公布突发事件手机信息发布机制(包括含手机短信发布的突发事件预警信息发布)的省市还有:广东省(2011 年 10 月发布《关于进一步加强突发事件预警信息发布工作的意见》)、安徽

① 《宁波市人民政府办公厅关于印发宁波市突发事件应急短信发布工作暂行办法的通知》,《宁波市人民政府公报》2012 年第 10 期。

② 《陕西省人民政府办公厅关于重大特别重大突发事件手机短信发布工作规范的通知》,《延安市人民政府公报》2013 年第 2 期。

③ 程慧:《西安规范手机短信发送 重大突发事件将第一时间告知公众》,《西安晚报》2013 年 2 月 9 日第 3 版。

④ 《合肥将设立重大突发事件"短信发布机制"》,《新安晚报》2014 年 1 月 9 日第 A5 版。

⑤ 肖达:《遇突发事件 短信发布预警》,《贵阳晚报》2016 年 11 月 16 日第 3 版。

省（2012 年 9 月发布《安徽省人民政府关于印发安徽省"十二五"突发事件应急体系建设规划的通知》）、湖南省（2016 年 9 月发布《湖南省突发事件预警信息发布管理办法》）、河南省［2016 年 4 月发布《河南省人民政府办公厅关于印发河南省突发事件预警信息发布运行管理办法（试行）的通知》］、陕西省安康市（2013 年 2 月发布《安康市人民政府办公室关于重大特别重大突发事件手机短信发布工作规范的通知》）等数十个省市。

5.4.4　手机短信突发事件舆论引导的相关建议和思考

手机短信在突发事件舆论引导中受到各级政府高度重视，在实践中也得到了充分运用。如何更好地进行舆论引导，本书有几点建议和思考。

第一，应该制定突发事件信息手机媒体和其他媒体联动发布机制，实现覆盖范围和传播效果最大化。

传统的突发事件信息发布，政府在下属媒体发布层面上，往往是各自为政：报纸发布报纸的，广播做广播的，电视做电视的，博客、微博、微信，各种 APP 等各有各的发布内容和途径。这就导致各自覆盖一部分受众，造成传播重复和资源浪费。

如果将这些传播媒体平台在突发事件信息发布中整合起来，一键发布突发事件信息，所有媒体都同步传播，传播时效和效果就好得多了。国内一些地方如北京已经有了较好实践，值得我们学习和借鉴。

2014 年成立的北京市预警中心，拥有"北京发布"、北京市预警一键式发布平台、12379 预警短信发布平台、国突平台、预警传真发布平台等五个平台。公共卫生、气象、洪水、地震、安全生产、交通、环保、森林火灾、地质灾害等 18 种 45 类突发事件预警信息和重

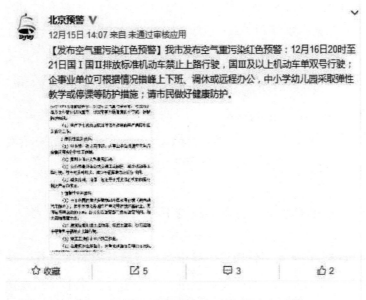

图 5 - 10　北京预警中心的预警信息发布截图

要提示信息同步发布。①

第二，尽快有效治理虚假信息、垃圾信息、色情信息等，给手机短信突发事件舆情引导创造一个良好环境。

手机短信中虚假信息对很多国人来说可谓司空见惯。近年来，一些由虚假手机信息引发的"舆论风暴"，很多人还记忆犹新。

2008 年 10 月中下旬，很多人都收到一条柑橘生蛆的手机短信："告诉家人和朋友暂时不要吃橘子，今年广元的橘子在剥了皮后的白须上发现小蛆状的病虫，四川埋了一大批，还撒了石灰。"这条短信经过公众不断转发，迅速传遍全国，很多人不敢购买和食用橘子。

2008 年 10 月 21 日，四川省农业厅专门就此事召开新闻发布会，澄清当地大规模柑橘虫害是谣言。但由于之前虚假短信传播，众多橘

---

①　张静：《打造首都防灾减灾新引擎——北京市突发事件预警信息发布中心建设纪实》，《中国气象报》2015 年 9 月 11 日第 2 版。

图 5 - 11　柑橘生蛆的手机短信

农还是蒙受了巨大经济损失。

2010 年 4 月 23 日,不少民众收到一条短信:"从今天到 28 日,不要淋到雨。750 年一次的酸雨,被淋到后患各种皮肤病的概率很高。因为欧洲的一个火山的大爆发,向高空喷发了大量硫化物,在大气层 7000 至 10000 米的高空形成了浓厚的火山灰层,强酸性。"不少城市刚好那段时间雨下得比较频繁,很多市民开始担心这些雨是否真的对身体有伤害,从而不敢外出。

图 5 - 12　冰岛火山灰信息手机短信

后来媒体采访国内专家，专家给出了权威解释，冰岛火山灰对中国并没有任何影响：一是火山爆发级别不高。之前菲律宾火山爆发的能量比它高 100 倍，对中国也毫无影响；二是距离中国万里之外，即使有一些灰尘，也在漂移过程中沉淀、过滤掉了，不会飘到中国来。专家的解释，有效消除了公众的疑虑和担心。

手机短信中的垃圾信息、虚假信息，对于手机用户来说更加屡见不鲜。不少手机用户每天都会收到很多垃圾信息。资料显示，我国每年垃圾信息数量达到 2000 多亿条，中国手机用户每周收到 10 多条垃圾信息，平均每天 1 条多。这些垃圾信息中，夹杂着色情信息，严重影响了公众工作和生活，造成不好的社会影响。有的手机用户为了避免这些垃圾信息、色情信息干扰，设置了垃圾信息拦截和过滤。在突发事件发生后，如果政府部门发来短信，很有可能被这些拦截和过滤软件拦截掉，传达不到公众手中。

政府部门应出台相关规定，规范我国电信运营商短信发送行为和模式，细化手机短信发送和接收规则，最大限度地避免虚假信息、垃圾信息、色情信息传播，营造良好传播环境。

5.5　及时权威的新闻发布

5.5.1　新中国成立以来我国政府新闻发布历史沿革

新中国成立初期我国政府新闻发布主要是新华社对外的电讯，很少用新闻发布会或者记者招待会的形式来进行新闻发布。这个时期的典型新闻发布是 1965 年 9 月 29 日陈毅外长召开的一次新闻发布会，邀请了美国、日本、香港等地记者参加。背景是 1964 年 10 月中国第一颗原子弹成功爆炸，外界希望打探中国对外政策和发展走向。

1966 年至 1976 年，由于"无产阶级文化大革命"影响，媒体运作完全受到政治控制，真正意义上的新闻发布一片空白。

1977 年至 1983 年，为我国政府新闻发布制度形成之前的过渡阶段。改革开放以后，党和政府越来越意识到新闻发布的重要性。1980 年我国政府举办了两次新闻发布会，一次是"渤海 2 号"石油钻井平台倾覆事故的调查结果及处理决定，另一次为审判"四人帮"的相关情况。1982 年，外交部召开记者招待会，发言人钱其琛针对中苏关系发表了三句讲话，没有回答记者提问就结束了这次新闻发布会。尽管如此，这次新闻发布会传达的信息却被苏联敏感地捕捉到了，从此之后中苏关系开始走向缓和。钱其琛这次偶然性的新闻发布，也就成了我国新闻发布制度化的一个历史起点。

1983 年，中央要求外交部以及一些外事部门建立起新闻发言人制度，各部门相继建立自己的新闻发言人队伍。1988 年，中央提出要逐步建立和完善新闻发布制度，从此我国的新闻发布开始步入制度化的轨道。

我国各部门中，最有代表性的非外交部莫属。1983 年 3 月，外交部正式建立发言人制度，在我国各部委中首开先河。30 年来，外交部新闻发布频率越来越高，由最初每周 1 次增加到每周 5 次。信息发布主动性、针对性和时效性都有极大提升。[1]

非典之后，公众知情权得到空前重视，信息公开已经成为不可阻挡的历史潮流。党和政府根据社会发展需要，重新审视了新闻发布制

---

① 《外交部新闻发布制度"升级"近距离阐释开放中国》，中国新闻网（http://www.chinanews.com/gn/2011/08 - 26/3287512.shtml），2011 年 8 月。

度，与时俱进地进行了完善。2003 年到 2013 年，我国的新闻发布发生了以下几个显著变化。

首先，政府新闻发布质量和数量有了大幅度提高。如非典事件，从 2003 年 4 月 20 日正式介入到 6 月 24 日，每天召开新闻发布会，连开 67 场，每天更新最新疫情和政府应对情况，起到了良好效果。2008 年汶川地震，政府新闻发布一场接着一场。温家宝总理在灾区指导抗震救灾，在一片废墟的映秀镇召开了中外记者招待会，成为国人永恒的记忆。

其次，政府新闻发布相关政策文件逐渐完善。2004 年，中共中央在下发的《中共中央关于加强和改进新形势下对外宣传工作的意见》中明确指出，要建立新闻发布制度。2006 年 3 月，温家宝总理在政府工作报告中指出，要大力推行政务公开，完善政府新闻发布制度和信息公开制度。

最后，是政府各个层级新闻发布建设的大幅推进。除外交部之外，公安部等多个部委也建立了新闻发布制度。国新办在 2006 年之前对全国所有省市区（除香港、澳门、台湾）政府新闻发言人进行了集中培训。这一时期可谓我国政府新闻发布制度建设的黄金时期①。

5.5.2 突发事件中我国政府新闻发布的典型案例

新中国成立以来我国政府在突发事件中的新闻发布历史，前文已经进行了全面回顾，这里就不再重复了，一些典型案例如千岛湖事件前面已经论述。下文主要谈及 21 世纪以来我国政府在突发事件中新闻发布的一些典型案例，由于 2003 年非典事件和 2008 年汶川地震中

---

① 李晓虎：《中国政府新闻发布制度研究》，博士学位论文，复旦大学，2007 年，第 29—35 页。

政府应对前面章节已经详细论述，此处就不再重复。

案例1　石家庄"3·16"特大爆炸事件：2001年3月16日凌晨4时16分至5时，石家庄四栋居民楼分别被炸药炸塌，造成108人死亡，38人受伤，其中5人重伤。①

这起重大刑事案件立刻引起了全国极大关注。为了破案需要，当地政府一开始并没有对外发布事件详细情况，也没有对外界一些不实传言进行澄清（制造该爆炸案的嫌疑人于3月23日，也就是案发8天后在广西北海被抓获）。结果一些媒体特别是境外媒体在得不到政府信息的情况下，自己寻找信息源，发布一些道听途说的新闻，造成舆情混乱，影响了我国政府形象和声誉。

当地政府在案件侦破之前沉默，导致西方用各种各样的方式对案件进行解读，一起爆炸联系到"大规模的失业、腐败、贪污、国企改革以及城市犯罪团伙等"。这些联系并不是该新闻应有之义，这样解读给我国政府带来的负面影响可想而知。

案例2　江西万载县"3·6"爆炸事件：2001年3月6日上午11时10分，江西省万载县谭铺镇芳邻村小学教学楼发生爆炸，正在上学的百余名学生和教师被砖石覆盖。爆炸共造成41人死亡（其中小学生36人），伤27人。

万载县爆炸事件引起了全国关注，30多家媒体赶赴当地进行采访。当地政府以破案为由，没有立即进行爆炸事件新闻发布，对前来采访的记者也采取各种限制措施，各种谣言向外传播。有传言称，爆炸是因为该学校利用学校场地加工烟花爆竹，甚至还发动学生以劳动课名义来参与生产，已经有4年多时间；还有传言称，当地某些政府

---

① 《石家庄"3·16"特大爆炸案》，百度百科（http://baike.baidu.com/view/2765392.htm）。

领导和该学校负责人，以及生产烟花的负责人存在不正当利益关系等。爆炸发生2天后的3月8日下午4点，江西相关方面公布了此案真相，此案为芳邻村一村民实施的有预谋刑事案件，发布时间距爆炸已经过去2天多。①

西方媒体在没有得到当地政府官方信息情况下开始了习惯性猜测和联想。《华盛顿邮报》报道说"被爆炸夷平的那所乡村小学学生被迫在午饭时制作烟花"。按照西方国家所谓的"人权"标准，如果果真如此，中国政府对国民特别是儿童人权的保护就会受到极大质疑。

爆炸案发生时刚好处于我国一年一度的"两会"期间。敏感的西方记者不断拿"爆炸案是否是学生在学校制作烟花爆炸而引发的"追问我国领导人，后来朱镕基总理还专门就此事在"两会"上进行了说明，指出这是一起有预谋的刑事案件，而不是西方某些媒体所报道的因小学生在学校制作烟花而引发的爆炸。一个大国总理，在事务无比繁忙的"两会"期间，还要回答一起刑事案件，回答之后，西方一些媒体还持质疑态度，认为我国没有告知真相。当地政府推迟2天多的新闻发布的恶果长时间难以消除。

案例3 哈尔滨水污染事件：2005年11月13日，中国石油吉林石化公司双苯厂发生爆炸事故，污染物排入松花江，流向下游城市哈尔滨。11月21日中午，得知污染水团将于30个小时后抵达哈尔滨时，迫在眉睫的哈尔滨市政府向社会发布公告，称全市自来水停止供水4天，理由是"管道检修"。

一个有400万人的大城市全城停水4天，理由是管道检修，谁也不会相信。因为即使是检修，也是分区分片进行，绝不可能一下子把

---

① 陈旭东：《万载县"3·6"爆炸案直击》，东方网（http://news.eastday.com/epublish/gb/paper148/20010309/class014800013/hwz331896.htm），2001年3月。

整个城市供水停掉，肯定有别的原因。于是"地震"和"污染"的说法在民间广为流传。哈尔滨各个交通枢纽，汽车站、火车站、飞机场到处是汹涌的人潮。一些市民在城市广场等空地搭起了帐篷。超市的矿泉水、纯净水等被市民成箱成箱地买走，有市民一口气买了价值5000元的矿泉水以备不时之需。①

面对公众强烈质疑，省市领导在21日午夜向媒体告知真相。22日凌晨，第二份公告发出，证实上游化工厂爆炸导致松花江水污染。市政府还出台多种措施帮助市民储备生活用水。在信息公开的情况下，社会逐渐稳定。

哈尔滨水污染事件中，当地政府新闻发布存在着诸多失误。上游化工厂发生爆炸后，哈尔滨市政府已经得知松花江污染真相，没有提前告知市民，以便市民早做准备；在污染水团马上要接近哈尔滨的时候，还在隐瞒真相，告知市民停水理由是"管道检修"。这些失误一个个叠加放大，造成的后果就是社会混乱和市民极度恐慌。

据媒体报道，当地政府早期隐瞒真相的原因是"怕公布真相，引起社会不稳定和市民恐慌"。这个理由在现代社会早已经过时，在关系到数百万人生命安全的重大危机面前，掌握信息和真相的政府部门首先是隐瞒事实，剥夺公众的知情权，造成市民恐慌。然后是虚报事实，发布虚假新闻信息。虚假信息不但不能安抚信息真空中的民众，反而让民众陷入更加严重的恐慌当中。哈尔滨水污染事件中，当地政府新闻发布一错再错，教训深刻。

案例4　"7·23"甬温线动车追尾事故：2011年7月23日晚，甬温线发生动车追尾事故，事故造成40人（包括3名外籍人士）死

---

① 《哈尔滨"水污染事件"反思》，《武汉晨报》2005年11月29日第15版。

亡，约 200 人受伤。①

几百人死伤的动车追尾事故，引起了全球强烈关注，众多海内外记者赶赴现场，调查事故发生原因、救援最新进展和事故责任认定。事故直接责任主体铁道部责无旁贷，成了记者关注焦点。铁道部于事故发生 26 小时之后的 7 月 24 日在温州召开了记者招待会，发言人王勇平公布了事故最新情况，并回答了记者提问。表面上看，新闻发布反应迅速，但实际新闻发布中却出现了不少问题，一句高铁体"反正我信了"一度成了网络流行语，引起极强负面效果。

当天新闻发布开场还是正常的。但是，当被问道"为何救援结束仍然发现一名生还儿童"时，王勇平回答说"这只能说是生命的奇迹"。之后被问道为何要掩埋车头时，王勇平引用了现场救援人员的解释。引用救援人员解释本来也没有什么问题，但画蛇添足的是王勇平在说完这些解释之后，又加了一句，"至于你信不信，反正我是信了"。如此回答，加上王勇平新闻发布时脸上带着的笑容，让媒体和公众感到更加不满和质疑。8 月 16 日，铁道部表示，王勇平因为"7·23"甬温线动车追尾事故首次新闻发布会上言辞不当被停职，后赴波兰首都华沙担任铁路合作组织中方委员。②

此次新闻发布，发言人成了最大的败笔。死伤数百人的事故现场发布会，脸上居然带着不合时宜的笑容；面对媒体质疑，不能提供合理说法，反而强词夺理。从此事例可以看出，新闻发言人的选拔和培

---

① 《7·23 甬温线特别重大铁路交通事故》，百度百科（http：//baike. baidu. com/link？url = N0xQxcsD6_ iR4VM4nbzA26sBrK73SRrVmWhIY_ mp6 - L3pkFXDd7U95odlOmO5UxJD2aKn1nCU - ul2YyT0LwG4fWIeHNZ9WGYA_ Vk9jcqlod27aWgPjGfBttM - iKqJpGDNxRXMgUc_ YpHBTaVUZ7LLMn0s5tm - 8wtal_ t - RL7CD0 - f7gfL3mFffwBfmrEoIQ4w02j73phqgzxghv5mV GehbQEk4vAcowsCDzt1T6xtmwiw8z1zvU2QVe8GaBd89nA）。

② 王勇平，百度百科（http：//baike. baidu. com/link？url = gIMDpSYAZzqNyP8AT8FdY4 RivZV1XEROaFc9dUK3Cx4_ X - s5aMh4jnh8h8K6YVjgGVF7h38U3nT_ 7JV7RcS T2G7IOBjTsRrfn C93bJx_ WVBwxKvaWTkmD5EYFC74oYwi）。

养，在新闻发布制度中占据重要位置。如果要对此新闻发布会失败原因给予更深层面解读，原因主要有下面四点①。

第一，铁道部、高铁形象的制约。事故发生前 5 个月里，铁道部包括部长在内的多位高官落马，这些落马高官所牵扯的众多腐败渎职细节也一一曝光，严重影响了铁道部形象。加上近年来高铁大跃进式发展，一味求快，外界早就质疑安全性，此次严重事故的爆发似乎给予了佐证。公众形象负面化，导致国内外媒体在事故发生后，会以质疑和批判的态度参与采访。情绪相互传递，必然会导致新闻发布和新闻采访效果大打折扣。

第二，新闻发布主体失当。如此严重事故，铁道部作为当事部门，既为运动员，又为裁判员，新闻发布客观性必然会受到质疑。铁道部相关领导没有出场，参与救援的相关人员也没有代表在场。一个发言人如果只是位居所在组织中层，他是很难接触核心信息的。如果他接触不到核心信息，这个发言人如何进行新闻发布？相较之下，救援人员的发言，更加具有专业性，也更有说服力，可惜没来。

第三，网络舆论推波助澜。动车事故中，网络全程参与，并形成了独特的网络舆论场。在动车救援过程中，关于遇难者具体人数的讨论，关于车头被匆匆掩埋的猜测等，形成了一股强大的质疑声浪。加上前期铁道部自身众多问题，以及第一次新闻发布中王勇平出现的严重问题，网络舆论几乎是一边倒批评铁道部，质疑政府公布数据和事故原因的真实性。

第四，新闻发言人表现不当。发言人不是以内疚、谦卑的态度出场，而是带着职业性微笑；过于自信，说话过于强势，一再强调铁道部第一时间赶往现场进行施救、昼夜不停等。在媒体和公众看来，这

---

① 叶皓：《对温州高铁事故新闻发布的反思》，《现代传播》2011 年第 10 期。

样的说辞简直是自我表功，第一时间施救本来就是你应该做的，你有什么好说的。最后是表达技巧出现了问题。说小孩生还是生命的奇迹，说不管你信不信，反正我信了。在几百人死伤的事故中，如此的说辞怎不让人愤怒。

上述这些案例，充分暴露出我国政府新闻发布制度上的问题，具体有以下几个。

首先，一些不合理法律和规定，严重阻碍了信息公开，公众知情权受到漠视。20 世纪 90 年代千岛湖事件以及本章提到的石家庄特大爆炸案、江西万载县小学教学楼爆炸案、江西九江连锁投毒案，当地政府和警方之所以迟迟不公布案情和相关信息，是因为新中国成立初期我国政府的一项"不破不报"的规定。①

这个 20 世纪 50 年代发布的规定，新中国成立 60 多年来，一度成为全国各地政府和警方不成文的"规矩"。这个"规矩"在现代社会，特别是网络社会越来越受到公众强烈质疑。突发事件发生了，公众强烈希望能从政府部门那儿获取事件真相。尽管可能原因不明，但政府公布的信息至少能让公众了解事态发展，采取相应措施。在一些恶性刑事案件中，如果犯罪嫌疑人潜逃，公众还可以在自身提高防范、减少伤害的前提下，给予警方大力协助。如果政府部门仍然按照老做法"捂盖子"，公众自然会通过网络等寻找信息的蛛丝马迹，结果是谣言满天飞。

2003 年之后，我国许多地方政府部门已经开始打破这个旧规，只要有事件发生，就第一时间发布，根据事件发展持续报道最新进展。

---

① 1950 年 7 月，中央人民政府公安部《关于发布公安新闻的规定》指出：发布新闻要有明确的目的性，不是所有案件均可以发布，也不是凡发布的案件都需发布全部内容，要选择已经结案并无其他牵涉的可资教育群众的案件，慎重考虑发布的内容和时间。此后，刑事案件"不破不报"成为公安机关报道刑事案件的基本原则，也成为新闻报道的一个基本要求。

高效而透明的新闻发布方式，获得公众好评和赞许。如 2003 年 2 月 25 日，正值全国"两会"召开前夕，清华大学、北京大学学生餐厅相继发生爆炸，9 名学生受伤。敏感时刻发生爆炸震惊全国，引起了北京市委、市政府高度重视，中央领导也给予了高度关注。北京警方第一时间就公布了爆炸案详细细节、学生受伤情况等，有效澄清了事实，引导了舆论，网上没有出现与案件相关的谣言。12 天后，案件告破，犯罪嫌疑人被抓获，事情得到圆满解决。在 2017 年的今天，刑事案件等突发事件一旦发生，政府第一时间进行新闻发布已经成为常态。

其次，政府新闻发布相关配套法律还需完善。近几十年来，我国法律体系不断完善，信息公开、新闻发布方面法律法规不断出台。标志性事件是，2007 年国务院常务会议审议通过了《中华人民共和国信息公开条例（草案）》。1992 年至 2006 年，我国各省市颁布的关于新闻发布相关的通知、规定或暂行办法超过 57 个①。但是，在实际运作中还是存在诸多问题。在很多突发事件中，地方政府或担心影响当地政府形象，或者担心公布实情，引发公众担忧，或是担心公布会影响政府政绩等，普遍采取惯有做法去操作：要么报喜不报忧，最为关键的问题不说，要么睁着眼睛说瞎话；最常见的是不发布，沉默不语，或是希望事件能平息掉，或者希望能内部悄悄处理掉，所谓"内紧外松"，等处理好了再告知外界。2016 年 11 月国务院办公厅印发的《关于全面推进政务公开工作的意见》实施细则，明确要求遇重大突发事件，最迟 5 小时之内发布权威消息。各地也纷纷出台了当地实施细则，有了规章制度的约束，政府新闻发布走上了规范化道路。

---

① 李晓虎：《中国政府新闻发布制度研究》，博士学位论文，复旦大学，2007 年，第 32 页。

5.5.3　美国、欧洲新闻发布制度给我国的启示

美国、欧洲各国的新闻发布制度，可以供我国学习和借鉴。

美国新闻发布很有代表性。从新闻发布理念上看，它是"主权在民"逻辑下的政府信息公开和民众知情权满足。它的基础理念是民主权利，目标是塑造良好的外部环境和塑造政府形象。

从发布规则上看，美国相继出台了一系列新闻发布法律制度。信息公开相关法律成了政府新闻发布的法律基础，政府新闻发布成了这些法律的制度延伸。

从新闻发布实践上看，美国政府新闻发布覆盖联邦政府、州政府各级政府部门，并涵盖行政、立法、司法等各个部门。政府新闻发布层级完善，新闻发布方式多种多样，如新闻发布会、新闻吹风会、记者招待会、广播和电视直播、互联网上发布、组织记者随团采访等。[①]

欧洲国家新闻发布制度也有许多值得借鉴的地方：首先，新闻发布制度化。无论是政府机关还是学校，新闻发布已经制度化了。其次，新闻发布是一种专业化运作。欧洲国家把新闻发布看作一项专业化程度很高的职业，所以在人员、资金等方面都给予重视。最后，新闻发布常态化。新闻发布机构定期发布信息，而且还利用新媒体等手段进行发布。[②]

美国和欧洲完善的新闻发布体制给我国诸多启示。如美国政府新闻发布，以信息公开和民众知情权满足为理念前提，以完备的相关法

---

① 李晓虎：《中国政府新闻发布制度研究》，博士学位论文，复旦大学，2007 年，第90—95 页。

② 程曼丽：《欧洲三国新闻发布制度的启示》，《新闻记者》2010 年第 7 期。

律作为基础，并拥有丰富的新闻发布实践，值得我国借鉴和学习。欧洲国家新闻发布制度，因为其发布制度专业化、发布过程专业化、新闻发布常态化，同样值得我国学习和借鉴。

5.5.4 完善我国新闻发布制度应对突发事件舆论引导的举措

突发事件中，要做到及时权威地进行新闻发布，需要有一套完善的新闻发布机制。只有完善机制保证，才能保证整个系统正常运转。完善我国新闻发布机制，要做到如下几点。

第一，继续修正和落实已有法律法规。依法治国，是各项事业成功的根本。我国已经出台了突发事件、信息公开等相关法律法规。但这些法律法规还存在一些问题，有的概念定义不清晰，有的条款缺乏操作性。因此，要继续修正和落实已有法律法规，通过不断修正，使法律更加符合我国社会需要，更加具有实效。

第二，完善舆情监测机制，健全沟通协调机制。做好新闻发布，需要提前对相关事件有所了解，并掌握事件发生发展的最新动态。这就需要政府部门完善舆情监测机制，对一些事件资料，分门别类加以收集整理，以备不时之需。对于一些重点事件，更要加强舆情监测，特别是网上舆情监测，随时随地掌握事件最新发展态势。在条件许可情况下，可以安排专人从事这项工作，负责舆情监测、资料收集和整理。同时还要指出的是，现代社会政府部门众多，每个政府部门都有相应分管职责。应对突发事件时，有一些事件涉及范围可能超出单个部门所辖范围，这就需要政府部门和部门之间，建立起良好沟通和协调机制，定期或者不定期进行资料沟通和材料共享。

第三，规范新闻发布程序。没有规矩不成方圆，没有一定的新闻发布程序也不行。程序具体涉及新闻发布整个流程，也就是新闻发布前、新闻发布中和新闻发布后的具体工作。要制定具体操作细则，规范新闻发布。

第四，建立新闻发布的信息反馈和评估机制。新闻发布效果如何，外界对此新闻发布是否满意，这是衡量新闻发布是否成功的重要指标。要得到这些外界信息，就需要建立相应的信息反馈机制和评估机制。在信息反馈机制的建设方面，可以利用各种资源如政府自身资源、个人资源以及专业舆情调查公司，收集和分析外界对新闻发布的意见和建议，分析得出结论。建立专业的评估要素，用细化的评估指标，对新闻发布进行全方位评估。

第五，完善新闻发言人选拔和培养制度。新闻发言人在新闻发布中的作用有目共睹，与西方发达国家很多新闻发言人或来自媒体，或曾经拥有丰富媒体经验或者公关经验不同，我国很多新闻发言人都缺乏媒介或者公关经验。他们一般来自所属部门，在做新闻发言人之前对新闻知识了解不多。成为新闻发言人之后，也只是上过一些基本培训课程。这种先天不足，反映到新闻发布上，就是不了解新闻媒体兴趣点，不善于和媒体搞好公共关系。因此，我国今后要完善新闻发言人选拔，可以考虑从媒体或者公关机构中选拔发言人，也可以送已有的新闻发言人到新闻机构进行系统学习。

第六，完善新闻发布的奖惩制度。在现代社会中，新闻发布已经成了一项日常工作。需要建立完善的奖惩制度，利用制度进行约束和规范。

5.6　积极进行国际合作，利用国外媒体

5.6.1　我国突发事件中利用国外媒体的历史回顾

突发事件，特别是重大突发事件往往超越国界，成为世界性事件。作为世界性事件，它不仅仅是单个国家、地区政府或者媒体关注焦点，而是全球关注焦点。因此，在条件许可的情况下，我国政府应该积极进行国际合作，最大可能利用国外媒体，利用西方媒体平台，更好报道突发事件，扩大事件影响，赢得西方国家政府和民众关注与支持，促使我国政府舆论引导效果实现最大化。

我党在新中国成立前，就已经有利用外国媒体进行舆论宣传的成功先例。1941 年 1 月 4—14 日，震惊中外的皖南事变发生。国民党政府一面诬称新四军为叛军，一面严密封锁消息，严防真相外泄。为了打破封锁，中共决定借助国外媒体。廖承志把皖南事变的真相告知了在香港的美国记者埃德加·斯诺，他于 1 月 18 日在香港发出了皖南事变的电讯，将真相刊登在有影响力的美国《先驱论坛报》和《星期六晚邮报》上，突破了国民党的新闻封锁，告知世界事件真相。①

从新中国成立到"文化大革命"结束之前近 30 年，由于意识形态原因，突发事件发生后，国外媒体长期被挡在我国国门之外，利用国外媒体无从谈起。改革开放之后，由于对突发事件处理上的惯性，我国对国内媒体管控仍然极为严格，往往采取统一发布形式。西方媒

---

① 刘叶：《外国新闻记者的报道在解决皖南事变中的作用》，《社科纵横》2013 年第 2 期。

体由于不能进入事件现场，只能从其他渠道获得一些信息，导致新闻往往失真。一些地方和部门对西方媒体和西方记者采取严防死守做法，一些西方媒体对中国的报道也往往从意识形态方面进行解读，双方对立和误解一直存在，有时还会加重。由于国际舆论"西强我弱"格局长期存在，这种做法导致我国政府和媒体很难在世界发出自己的声音，即使发出了也会被西方媒体声音所淹没。在这种情况下，进行国际合作，积极利用西方媒体进行突发事件报道，逐渐为我国政府接受。

2008 年 3 月 14 日，西藏拉萨发生打砸抢烧事件，暴徒在拉萨街头疯狂施暴，共造成数百人伤亡。事件发生后，中国外交部于 3 月 18 日第一次举办了关于"3·14"事件的新闻发布会，外国记者问的最多的问题就是"为什么现在外国记者不能去西藏采访"。之前几十名外国记者在去各地藏区采访的路上被一一截住，采访不得不中止。外交部发言人解释称不能前去采访的理由是安全问题，并承诺将于 26 日组织外国记者去西藏进行 3 天采访。但此时外国媒体已经出现了很多关于"3·14"事件的不实报道。最终，境内外 19 家媒体记者被批准前往。3 月 28 日至 29 日，我国政府还组织了驻华 15 国外交官赴西藏参访，让他们了解事实真相。①

尽管我国政府作出了巨大努力，但是由于西方某些媒体（如 CNN）的歪曲报道，我国在世界上的舆论环境仍然非常被动。扭转舆论被动局面除了海外留学生，还不得不提到一位外国记者——英国经济学家杂志社记者迈尔斯（Miles J.）。他在骚乱发生之前的 3 月 12 日就来到了拉萨，而后他幸运地成了"唯一一位得到中国官方许可在

---

① 《驻华外交官进西藏前后》，《世界新闻报》2008 年 4 月 11 日第 3 版。

拉萨进行采访的外国记者"①。他在现场发出了大量客观真实报道，用自己的观察发布暴乱真相，他的文章被大量西方媒体转载，客观上为我国进行了辩护。

2009 年 7 月 5 日，新疆乌鲁木齐发生打砸抢烧严重暴力事件。事件发生的第二天，中国政府就积极主动联系和组织外国记者进入现场报道事件真相。政府还迅速建立新闻中心，及时向外国记者发布消息。截至 7 月 9 日中午，前去采访的外国媒体有 107 家 120 多人，香港媒体 20 多家，全部记者达到 370 多人。为了适应新闻发布需要，新闻中心还组织了多场新闻发布会和集体采访，邀请宗教人士、学者和专家与记者交流，说明事件真相。②中国政府为外国记者前往采访提供各种便利，对记者的采访活动不予任何限制，这种前所未有的开放态度受到了美国、俄罗斯、印度尼西亚等国媒体的高度赞扬。美国全国广播公司评价中国对媒体的处理方式显得"熟练多了"③。西方媒体对"7·5"事件报道客观了许多（当然，仍然有极少数西方媒体由于意识形态原因发布一些歪曲事实的报道），中国政府舆论引导效果也得到显著改善。

2008 年汶川地震发生后，我国政府没有像以前那样封锁现场，禁止境外记者进入采访，而是空前开放，欢迎境外记者到地震灾区采访，并给他们提供各种协助。境外记者纷纷感叹这种做法史无前例。在地震灾区采访中，这些境外记者发出了众多反映中国政府和人民英勇抗震救灾的稿件，在西方媒体平台上展示了中国政府和人民的全新形象，获得了较好舆论引导效果。

---

① Miles，J.，"Interview with CNN"，*CNN Transcript*，Mar. 20，2008.

② 罗琪：《"7·5"事件后新疆接待 370 记者采访　网络限制适时解禁》，中国网（http：//www. china. com. cn/news/txt/2009 - 07/09/content_ 18103201. htm），2009 年 7 月。

③ 《国际舆论：中国政府处理新疆"7·5"事件开放透明》，《人民日报》2009 年 7 月 10 日第 3 版。

5.6.2 利用外国媒体的一些具体做法

在突发事件中，开展国际合作，利用好外国媒体进行舆论引导，是一种"为我所用"的做法。具体做法如下。

第一，政府应该出台相关政策，逐渐放宽境外记者采访限制。境外记者在我国采访，长期以来有诸多限制，这些限制时常引发境外媒体抱怨。为迎接北京奥运会，中国政府于 2006 年 11 月 1 日颁布了《北京奥运会及其筹备期间外国记者在华采访规定》，该规定自 2007 年 1 月 1 日起施行，2008 年 10 月 17 日自行废止。该规定将以前诸多限制条款全部取消，规定外国记者在华采访，只需征得被采访单位和个人同意。这一规定受到了外国记者热烈欢迎。在 2007 年"两会"及 2008 年"两会"报道、汶川地震报道、奥运报道等事件中，外国记者获得了充分报道自由。北京奥运会期间，国家新闻出版总署署长柳斌杰还曾对媒体说："中国对外媒开放大门不会在奥运结束后关闭。"[①] 但观察北京奥运至今 8 年，外国记者在华采访由于前述规定废止，远远没有奥运及奥运筹备期间便利。因此，为了更好开展国际合作，利用境外媒体，我国政府应该出台相关政策，逐渐放宽境外记者采访限制。

第二，重视西方媒体的同时，也要重视一些发展中国家媒体。全球媒体传播影响力不均衡由来已久，美国、欧洲、日本等发达国家几乎拥有全球最有影响力的媒体。长期以来我国对发达国家媒体非常重视，新闻发布会等一定要邀请这些媒体参加，对于一些发展中国家媒体有所忽略。美欧等发达国家媒体，由于意识形态等方面原因，关于

---

① 柳斌杰：《中国对外媒开放的大门不会在奥运结束后关闭》，新华网（http://news. xinhuanet. com/newscenter/2008 - 07/31/content_ 8875796. htm），2008 年 7 月。

中国的报道往往缺乏客观，影响中国的国际声誉和国家形象。因此，本书建议我国也要重视发展中国家媒体，毕竟全球 70% 以上的国家是发展中国家。政府部门应该尽可能给予发展中国家媒体照顾和扶持，让这些媒体亲历现场，发出客观的声音。

第三，除了政府层面，鼓励民间和外国媒体建立多层次友谊。长期以来国外媒体采访中国个人，要得到相关单位层层批准，程序非常麻烦，西方记者对此颇有怨言。国人因为担心在西方媒体上说错话或者用语不当引发政治影响，也很少愿意接受采访。两者叠加，导致中国民间人士极少出现在西方媒体上，民间和国外媒体的联系基本上都是通过官方进行。这种不正常现象，正在逐渐得到改变。2008 年北京奥运会期间，国外记者就被允许自由采访中国任何人而不用受到限制。事实上，对外传播是一个社会整体工程，对外传播的外国受众涵盖社会所有阶层。要做到有针对性地传播和引导，需要政府放开，鼓励民间人士和国外媒体建立起良好关系，通过民间力量影响这些媒体。

第四，重视驻华外国记者。驻华外国记者在中国是一个特殊群体，人数很少，显得颇为神秘。截止到 2012 年 1 月，共有 58 个国家的 421 个新闻机构向中国派出了常驻记者，人数突破了 700。[①]20 世纪 30 年代，在我国常驻的美国记者埃德加·斯诺，用他的报道和照片，第一次全面客观地向外界报道了中共的抗战历程，出版的著作《红星照耀中国》（中国出版改为《西行漫记》）在西方世界风靡一时，极大地支持了中国人民的抗日斗争事业。同时代与埃德加·斯诺一起蜚声中外的美国《纽约时报》驻华记者哈雷特·阿班，在中国常驻达15 年，共发回了 1100 多篇新闻稿，并出版了多部关于中国的书籍。有学者评价他说："中国历史这十余年来的每一次起伏、每一个皱褶，

①　刘杨：《驻华外国记者的关注和困惑》，《对外传播》2013 年第 3 期。

无不通过他的键盘，传递给《纽约时报》，传递给美国大众，全球大众，并影响各国决策及大政方略。"①一个记者的报道，能够"影响各国决策及大政方略"，这样的记者影响力及能量非常大。

400多家媒体700多名驻华常驻记者，要为其所在国所在媒体服务，这点自是当然。但是，重视这些驻华记者，了解他们的诉求和愿望，进行真诚沟通，建立起朋友关系，这些日常工作在突发事件发生后是有所助益的。可以设想一下，如果驻华记者能够再出一两个像埃德加·斯诺那样的记者，何乐而不为呢？

5.7　借助其他舆论引导主体（媒体、企业、个人、非政府组织）进行舆论引导

突发事件舆论引导，有政府、媒体、企业、个人、非政府组织五个引导主体。因此，在引导过程中，政府在利用自身渠道进行舆论引导之外，还应该积极和其他四个主体协调合作，借助其进行舆论引导。

5.7.1　借助名人微博、名人博客进行舆论引导

5.7.1.1　自媒体时代名人强大的影响力

自媒体时代，一些个人特别是一些名人影响力大得惊人，因为他们拥有数以百万计、千万计粉丝。"想让500万人看到你的高见吗？

---

① ［美］哈雷特·阿班：《民国采访战——〈纽约时报〉驻华首席记者阿班回忆录》，杨植峰译，广西师范大学出版社2008年版，第2页。

找个有 500 万粉丝的博主帮你转发就行了。"腾讯微博粉丝超过千万的李开复如是说。由于"名人效应"影响，名人微博一直是众人关注的焦点，一些微博名人关注程度之高让人咋舌。国内拥有超高人气的青年作家韩寒，开通新浪微博，发出的第一条微博仅仅只有一个字："喂"。但就是这一个字，却戏剧性地被转发了 5000 多条，相关评论更是过万。①

本书查看了 2016 年 12 月 15 日新浪微博名人人气榜，位居榜首的谢娜粉丝数达到了 8342 万，陈坤以微弱差距位居次席，粉丝数为 8021 万，演艺明星姚晨粉丝数为 7922 万，演员赵薇粉丝数为 7850 万，湖南卫视知名主持人何炅粉丝数为 7790 万，艺人 Angelababy 粉丝数为 7266 万，中国台湾演员林心如粉丝数为 6923 万，之后是郭德纲、林志颖。排在第十位的是香港著名作家张小娴，粉丝数为 6474 万。②

6274 万是什么概念？2016 年，全球 200 多个国家中，排名全球人口第 22 位的英国才 6100 万。如果这个数值拿到媒体领域，也同样惊人。中国 2016 年发行量最大的报纸《参考消息》也才 287 万份，很明显，如果以拥有传播受众数计算，中国有 360 多人的受众数量超过了《参考消息》（排名第 363 位的刘晓庆，其粉丝数为 288 万）。

名人微博影响力如何衡量，有学者给出了最新研究成果，设计了名人微博影响力评价指标体系，如图 5 - 13 所示。

分配各个指标相应权重进行计算之后得出：名人知名度和微博活

---

① 吴晓东：《名人微博不能成为"叫骂场"》，《工人日报》2011 年 7 月 29 日第 6 版。
② 新浪微博风云人气榜（http://data.weibo.com/top/hot/）。

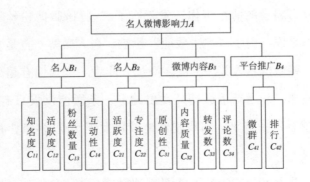

图 5 - 13 名人微博影响力评价指标体系

动是决定其影响力最重要的指标。① 韩寒的第一条微博，仅一个字"喂"，转发竟极富戏剧性地高达 5000 多条，评论更是过万，原因正在于此。

5.7.1.2 名人微博、名人博客参与突发事件舆论引导的
具体实践

20 世纪 40 年代，美国传播学者拉扎斯菲尔德提出"意见领袖"的概念，认为在人际传播网络中，一些人经常会为他人提供信息，同时也对他人施加影响。他们在大众传播中起到了中介或者过滤作用，将信息传递给受众，形成了事实上的二次传播。"意见领袖"在现代社会具有强大影响力，借助博客、微博这些新媒体，他们的影响范围超越国界。在新媒体时代，网络名人通过博客、微博发出自己的声音，如果他们关注突发事件领域，完全可以成为除政府和传统媒体之外的第三股强大力量。

名人微博、名人博客"意见领袖"作用体现在议程设置、舆论

---

① 刘雁妮、贺和平、彭文莎：《名人微博的影响力评价指标研究》，《武汉理工大学学报》（信息与管理工程版）2012 年第 12 期。

监督和舆论引导。通过对某些特定问题集中关注，引发社会公众参与，议程设置是传统媒体的常用方法，名人利用他们的传播平台同样可以做到这一点，而且有时候时效还更快。很多名人通过这些议程设置为他们的新作品、新电影、新电视剧、新歌曲做宣传，取得了较好效果。

对政府政策、方针的舆论监督，也较常见。如 2011 年 11 月 21 日，美国驻华大使馆微博发布北京 PM2.5 数据超过 500，属于"重度污染"。这个信息被国内博友大规模转发，经过潘石屹等转发引发关注。郑渊洁在微博上进行调查发现，89% 以上的网友说北京空气质量越来越差了。征集民意之后，他连发 7 篇微博质问北京市环保局不作为。后引起官方关注，北京市环保局开始在微博上每天公布最新数据，接受网民监督。2012 年 2 月，《环境质量国家标准》经国务院发布实行。

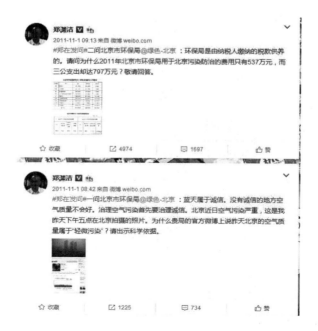

图 5－14 郑渊洁微博质问北京市环保局截图（1）

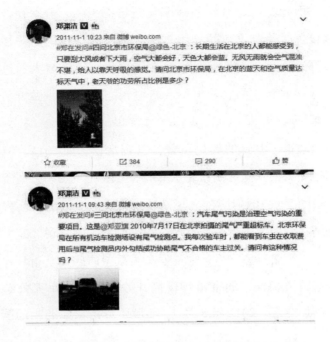

图 5 – 15 郑渊洁微博质问北京市环保局截图（2）

图 5 – 16 郑渊洁微博质问北京市环保局截图（3）

图5－17　郑渊洁微博质问北京市环保局截图（4）

　　最后是进行舆论引导。通过事件描述和观点表达，在事件发展中进行舆论引导。名人博客、名人微博在突发事件中，已经有一些成功的舆论引导实践。

　　"7·23"动车事故后，针对铁道部新闻发布会，在新浪微博上拥有20多万粉丝的北京大学人力资本研究所研究员易鹏，发表了自己的观点：一是铁道部发言人态度应该更谦卑一点，比如先鞠躬道歉。更专业一点，比如带上技术官员。二是记者情绪过于激动，角色定义为批评者而不是记录者。同时对规则和秩序也不遵守。三是这就是一个真实的中国，各方面都需要成长。但这种直播本身就是一种进步。①

　　动车事故后铁道部第一次举行新闻发布会，发言人王勇平在整个发布过程中出现了诸多问题。"这是一个生命的奇迹""不管你信不信，反正我信了"流传甚广，使公众对铁道部形成负面印象。在这种情况下，新浪微博名人易鹏，以一位学者的身份，客观公正地指出发言人存在的问题、记者存在的问题，以及我国还是发展中国家的现实。客观说理，使公众意识到整个事件不光是铁道部的问题，媒体也

---

　　①　易鹏新浪微博（http：//weibo.com/csljyp）。

需要改进，整个社会进步和完善是渐进式的，不可能一蹴而就，易鹏的微博确实起到了较好舆论引导功效。

5.7.1.3 借助名人微博、名人博客进行舆论引导的初步设想

我国微博名人博客、微博的"意见领袖"作用主要体现在议程设置和舆论监督上，对于舆论引导，特别是突发事件中的舆论引导极少涉及。

这有着复杂社会原因。美国的博客和微博是非常发达的政治和社交场所，许多重磅新闻都首先在这些媒介爆出，然后成为社会关注焦点。如20世纪90年代末轰动一时的克林顿莱温斯基绯闻事件，就是由当时美国一个名不见经传的个人博客网站"德拉吉报告"首先捅出；2001年的美国"9·11"事件，博客更是大放异彩；2002年12月，美国多数党领袖洛特因不当言行被博客网盯住，最后丢掉了乌纱；2003年6月，《纽约时报》主编和执行总编也被博客盯上，揭开真相后下台……①在中国，一些名人博客、微博上也有部分对公共事件的关注，但更多是自曝隐私、自我宣传甚至是互相叫骂，喧嚣而琐碎。

中美这种差异与国情有关。在中国当前政治环境和社会生态中，由于政治敏感性，在博客和微博上谈论政治仍被视为"禁区"。一些突发事件，由于初期信息不明，或者信息敏感，一些名人也会加以回避。

因此，在现实国情下，本书提出利用名人博客、名人微博参与突发事件舆论引导的初步设想。

第一，政府要加强对名人博客、名人微博的研究和管理。各大门

---

① 博客，百度（https://zhidao.baidu.com/question/1149778.html）。

户网站名人博客、名人微博在社会上拥有强大影响力。在已有政府网络管理机构基础上，建议政府要加强对名人博客、名人微博研究。通过和商业网站合作，随时掌握这些名人博客、名人微博最新动态，做好详细资料储备。

第二，政府在突发事件发生后，要适当透露相关信息给这些名人，以利于他们进行信息发布。突发事件发生后，政府如果有条件，在发布信息的同时，也同步给这些名人发去最新事件动态，以利于他们掌握信息，便于引导。

第三，政府部门应该和这些名人建立起一定情感联系，通过情感联系适当影响其博客、微博的舆论引导。政府部门应该和这些名人建立感情联系，通过频繁有效沟通，促其了解和认识到政府意图，改善对政府观感，认识到政府在处理某些事件中做法的合理性和正当性。一旦这种情感沟通长期有效，必然会对名人个人舆论产生影响。在突发事件中，名人由于对政府以及政府部门有了更深入了解，其博客、微博话语和态度自然会考虑到政府立场和态度，从而有利于政府舆论引导效果提升。

5.7.2　借助非政府组织（Non – Governmental Organization，NGO）

5.7.2.1　非政府组织的概念、成长历程

非政府组织长期没有确定概念，学术界也没有确定一致看法。不同学者，观察角度不同，给出的定义也就不同，其结果就是关于非政府组织概念的定义五花八门，林林总总。从时代发展角度看，非政府组织本身也随着时代发展而不断发生着变化，定义就更加难上加难。

联合国将非政府组织定义为：非政府组织是公民所成立的地方性、全国性或国际性非营利、自愿性组织，以促进公共利益为工作向导，提供多元服务，发挥人道功能，将人民的需求传达给政府，监督政府政策，鼓励民众参与地方事务；提供政策分析与专业技能，建构早期预警机制，协助监督与执行国际协定。有些非政府组织以人权、环保或卫生为宗旨而创立，各依其目标、管辖与授权不同，与联合国各局、署保持密切的关系。①

美国约翰·霍普金斯大学非营利组织比较中心主任莱斯特·萨拉蒙则从 7 个方面来定义非政府组织：非营利性、自治性、组织性、民间性、自愿性、非政治性、非宗教性。②这一定义囊括了非政府组织的诸多特性，但还是存在一些缺陷。如这个定义中非政府组织的非政治性，但是当一些非政府组织致力于追求人权、两性平等等目标时，毫无疑问，这个时候非政府组织的追求目标是带有政治诉求的，"非政府组织从本质上讲是政治性的"③。而在中东地区，一些非政府组织，其本身是具有宗教色彩的。

非政府组织的成长和发展有着复杂背景，下面主要从国际和国内两个方面进行论述。

就国际而言，第二次世界大战结束后全球进入了 40 多年的"冷战"。"冷战"结束之后，几十个新国家诞生，国际政治格局日趋复杂。在全球化时代，许多问题如核问题、艾滋病、人权问题、环境问题等，不是一个国家就能够解决的，而是超越了国界，需要世界各国共同面对。世界各国由于复杂利益纠葛，在许多问题上难以达成合作

①　非政府组织，联合国网站（http：www. un. org/Morelnfo/ingolink/calendar. htm）。
②　王名：《非政府公共部门研究》，《中国行政管理》2001 年第 5 期。
③　[美] 杰勒德·克拉克：《发展中国家的非政府组织与政治》，朱德米译，社会科学文献出版社 2000 年版，第 363 页。

和妥协，导致很多全球化问题长期得不到解决。在这种背景下，许多非政府组织应运而生。它们往往集合众多国家和地区的力量，共同协作。同时利用媒体和公关等手段，将急需解决的问题同各国政府沟通，促使问题最终解决。如美国人乔迪·威廉姆斯（Jody Williams），她致力于国际禁止地雷运动，通过不停游说，最终将 85 个国家 1300 多个非政府组织召集到国际禁止地雷运动（International Campaign to Ban Landmines，ICBL）旗下。最终于 1997 年，在加拿大渥太华，聚集全球 122 个国家，签署了《关于禁止使用、储存、生产和转让杀伤人员地雷及销毁此种武器的公约》，同年她也因此而获得诺贝尔和平奖。①

我国改革开放以来进行经济改革的同时，也面临着经济改革所带来的诸多矛盾和问题。政府在应对这些问题时，因为政府自身局限性，往往不能完全加以解决。市场由于其自身逐利性，在资源投入上往往会有所偏向，导致市场作用失序。在政府和市场之外，非政府组织作用就体现出来。它能弥补政府和市场不足，贴近社会实际，运用其自身组织和资源，去解决一些政府顾及不到而市场又不愿顾及的公共问题，缓解社会矛盾，促进社会和谐发展。

非政府组织在全球的成长历程，按时间划分的话，分为三个阶段。第一个阶段：20 世纪 20 年代到 50 年代。这个时期非政府组织主要应对战争破坏而自发产生，代表性的如牛津饥荒救济委员会（乐施会）、国际红十字会等。第二个阶段：20 世纪 50 年代到 70 年代。这一时期非政府组织在发达国家获得了快速发展，但在发展中国家遇到

---

① 乔迪·威廉姆斯，百度（http://baike.baidu.com/link? url = 9VBNit9a43LsUAa BnJ4_ 28k - K3O8MNCHVW4jBBeiVXM9Rc - cJ_ Tx10qojPuGw1VbmXQGrVi4cKIAlEBzgKuX fYaALM4EUqcJw1RXd3WoextUjTJ9 - NqoTF7mdxx5xBqpXvEf9Ga8typT9OZ2kHYmnVQiQMDx FAJm4s - VlccjCXC）。

了很多问题。第三个阶段：20 世纪 80 年代至今。这一时期全球非政府组织迎来了发展的黄金时代。许多国际性非政府组织开始出现，并对全球事务产生巨大影响力。①

非政府组织数量极为庞大。据一份 1995 年联合国关于全球管理的报告统计，有接近 29000 个国际非政府组织。国家级非政府组织就更多了，如美国统计过有两百万个非政府组织。在许多全球性会议中，经常能看到非政府组织的身影。如 2002 年在南非德班召开的世界可持续发展全球会议，就有 3500 多个非政府组织参加了这次全球大会。

5.7.2.2 我国非政府组织的发展历程

1949 年中华人民共和国成立以来，我国非政府组织发展可以划分为三个阶段：第一阶段：1949—1978 年。这个阶段为"高度或完全依附"阶段；第二阶段：1978—1998 年。这个阶段为"重建依附与摆脱依附"阶段；第三阶段：1998 年至今。这个阶段为非政府组织"多样化依附"阶段。②

据我国民政部统计，截至 2007 年年底，仅仅在民政部门登记的我国各类非政府组织数量就达到了 38.7 万个，其中社会团体 21.2 万个，民办非企业单位 17.4 万个，基金会 1369 个，涉及教育、卫生等领域。③ 出现了如自然之友、中国扶贫基金会、中华慈善总会等众多拥有较大社会影响的非政府组织。在社会生活各个领域，都能看到我

---

① 蒲瑶：《非政府组织与阿富汗战后重建——简论阿富汗公民社会》，博士学位论文，西北大学，2009 年，第 46—50 页。

② 张钟汝、范明林：《政府与非政府组织合作机制建设——对两个非政府组织的个案研究》，上海大学出版社 2010 年版，第 6 页。

③ 中国政务景气监测中心：《各类非政府组织达 38.7 万，鲁苏川数量居前》，《领导决策信息》2008 年第 24 期。

国非政府组织的身影。

为了规范境外非政府组织在我国境内的行为，第十二届全国人大委员会常务委员会第二十次会议于 2016 年 4 月 28 日通过了《中华人民共和国境外非政府组织境内活动管理法》，自 2017 年 1 月 1 日起施行。该法从登记和备案、活动规范、便利措施、监督管理、法律责任等诸多方面进行了详细规定和说明，为我国境外非政府组织境内活动提供了坚实法律依据。

5.7.2.3　非政府组织参与突发事件应对的实践

现代社会异常复杂，没有一个国家政府是全能政府。政府的资金、技术、人员装备等方面，在应对突发事件过程中往往会出现不足。这种不足，给非政府组织提供了施展空间。无论是突发事件发生前的预警、监测，还是事件中的救援、后勤，事件后的灾民安抚、重建工作，非政府组织都可以发挥积极作用。西方国家非政府组织有不少成功经验。

2004 年印度洋大海啸，大量非政府组织参与募捐救助工作，筹集到 600 多万美元援助和大量医疗卫生物资。[1] 2005 年伦敦遭遇连环爆炸，英国诸多非政府组织如英国红十字会、救世军、皇家志愿服务等发挥了巨大作用，为受伤者提供信息咨询和情感支持以及医疗救助。[2] 2008 年中国汶川地震，众多非政府组织参与到救援当中。10 万志愿者参与了救援，和救灾官兵数量不相上下。国内红十字会等组织筹集到数十亿元善款，有力支援了汶川灾区救援和重建。[3] 四川省 512 民

---

① 徐伟宏：《非政府组织参与突发事件管理的研究》，硕士学位论文，上海交通大学，2008 年，第 20 页。

② 同上书，第 26 页。

③ 谢炜聪：《汶川地震中非政府组织作用探析》，《湖南行政学院学报》2009 年第 3 期。

间服务中心，还通过其网站及时向外界发布灾区最新信息，起到了重要桥梁和纽带作用。

这些案例告诉我们，非政府组织相较政府而言，在参与应对突发事件中有其独特优势，如具有较快反应优势，专业化带来效率成本优势，贴近社会带来的资源动员优势等。[①]

5.7.2.4 我国非政府组织参与突发事件存在的问题及其根源

我国非政府组织自 2008 年汶川地震以来，已经多次参与应对突发事件，并且都取得了较好效果。但我国非政府组织在应对突发事件中还存在着先天不足：数量和质量不均、民间性不足、经费不足、沟通协调能力不足等。

一些突发事件中，我们可以看到非政府组织先天不足带来的影响。如 2007 年厦门 PX（二甲苯）事件，在经过长期沟通无效后，厦门数万市民以"集体散步"的方式迫使政府迁址。后来当地政府尊重民意，将该项目迁出厦门，事件得以圆满解决。需要指出的是，厦门登记在册的非政府组织有 1780 个，如此数量庞大的非政府组织群体在整个事件中起到的作用微乎其微。没有任何媒体报道过它们在其中起到何种作用，也几乎没有听到它们采取任何行动和举措，其功能在这次突发事件中完全没有得到体现。[②]

我国非政府组织先天不足有其独特根源。"（1949 年后）在新的社会建构体系下，社会完全被同时具有政治、经济、社会和文化功能的单位组织所化解、吞食，个体被这种单位组织纳入各种行政性集体

---

　　① 贾西津：《非政府组织应对突发事件优势独特》，《中国社会报》2006 年 7 月 5 日第 8 版。
　　② 范履冰、俞祖成：《公共危机中的非政府组织功能分析——以"厦门 PX 事件"为例》，《理论探索》2008 年第 5 期。

之中。失去了个体和社会自主，非政府组织的存在也就失去了基本前提和基础，其走向萎缩和空洞化的命运也就在所难免了。"① 新中国成立前的非政府组织，成立之后迅速消亡，这种萎缩和空洞化，从新中国成立一直持续到改革开放前。

改革开放之后我国非政府组织迅猛发展，这也对中国共产党执政和领导形成了现实挑战。从长远来看，要根本解决这一问题，在于中国共产党要逐渐改变长期以来以政党为中心的社会建构体系，要逐渐吸纳非政府组织，形成政党和非政府组织的合理结构体系。

5.7.2.5 我国政府借助非政府组织应对突发事件舆论引导的初步思考

应对突发事件，我国非政府组织也有舆论引导实践。在汶川地震中，四川省 512 民间服务中心通过其网站及时向外界发布灾区最新信息，通过报道进行了一定的舆论引导工作。但总体而言，突发事件中非政府组织进行舆论引导的案例非常少。

有学者指出首先要研究非政府组织参与突发事件舆论引导的可能性，然后才能研究其舆论引导空间有多大。本书认为，我国非政府组织参与突发事件舆论引导的可能性是完全存在的，而且也被之前的案例所证实过。至于说空间有多大，这个属于可以争论和探讨的。但不可否认的是，这个空间肯定是存在的。有关我国政府借助非政府组织应对突发事件进行舆论引导，本书有几个初步的设想。

第一，政府塑造良好的外部环境，促使非政府组织健康成长。政府需要塑造一个良好外部环境，改变一些传统做法，促进非政府组织

---

① 林尚立：《两种社会建构：中国共产党与非政府组织》，《中国非营利评论》2007年第1期。

健康成长。我国非政府组织一直处于依附地位，民间性太弱，透明度低，严重影响了生存和发展。有了良好外部环境，组织要进行内部结构调整和改革，促使其真正变成符合现代社会需要、民众满意的非政府组织。

第二，充分借助非政府组织传播平台。我国几十万个非政府组织，部分组织拥有自己的网站、微博，以及组织出版发行的刊物等。突发事件发生后，政府可以直接或者间接借助这些非政府组织传播平台，借助它们的力量，发布一些应对突发事件的信息，进行舆论引导。

第三，政府能否逐渐修改媒体政策，允许部分非政府组织创办自己的媒体，然后政府借助这些非政府组织媒体向国内外发声，进行突发事件舆论引导传播。

我国传统媒体都是全民所有，因此非政府组织并没有传统媒体这个传播平台（目前还没有任何资料显示我国的非政府组织拥有报纸、广播、电视这些传统媒体）。本书建议政府以后能修改媒体政策，允许部分有实力、有影响力的非政府组织创办报纸、广播、电视等传统媒体。突发事件中，政府可以借助其进行舆论引导。

可能有人觉得这是多此一举：中国已经有数千家官办媒体，完全可以进行舆论引导，还需要这些非政府组织创办传统媒体干什么？其实，原因很简单，那就是媒体主办者身份的差异。

当今世界媒体力量对比是"西强我弱"，由于历史和现实原因，西方媒体和公众对共产党的党营媒体有着天然不信任，这种不信任常常给我国媒体舆论引导带来巨大困难。非政府组织由于其政治独立性（当然，我们都知道，在任何一个国家里，这种政治独立性都只是相对的），以及与外国非政府组织、外国民众的紧密联系，带来传播上的便利。非政府组织媒体上发表的报道，更容易被西方媒体和民众接受，可信度在他们看来也更高。这样一来，我国政府除了利用传统媒体渠道进行舆论引导之外，非政府组织媒体也能成为一个强有力的工具。

5.7.3　借助企业进行突发事件的舆论引导

5.7.3.1　我国企业的发展和企业自身的传播平台

现代社会中，企业是一股不可忽视的强大力量，拥有雄厚的资金和人才储备，也拥有自身信息传播平台和渠道。新中国成立 60 多年来，特别是改革开放 30 多年来，中国企业迅猛发展，一大批企业成为全国性甚至全球性跨国企业，部分已经成了世界顶尖公司，在全球拥有巨大影响力。

2013 年"世界财富 500 强"榜单上，包括台湾在内中国有 95 家企业上榜，上榜公司总数位居世界第二，仅次于美国的 132 家。同期，"中国 500 强"公布，排名首位的中石化年营业额达到 27860 亿元，净利润 634 亿元。第 500 名的歌儿声学股份有限公司，营业额也达到了 72 亿元。[①] 2016 年最新数据显示，我国（包括台湾地区）进入世界 500 强企业的数量已经达到了 110 家，与美国的企业数量 134 家差距大大缩小。

我国企业拥有的传播平台一般有内部发行的报纸、杂志、广播、电视台等。一些企业特别是大企业，这些传统媒体影响力还是非常大的。如华中中心城市武汉市特大企业武汉钢铁集团公司，员工及家属人数几十万，企业分布范围达数十平方公里，规模超过很多中等城

---

① 《2013 年中国 500 强排行榜》，财富中文网（http://business. sohu. com/20130716/n381719734. shtml），2013 年 7 月。

市。企业自身所有的武钢电视台，拥有内部观众将近百万，超过很多城市电视台的观众数。

新媒体时代，众多企业拥有了自己的官方网站，发布企业相关信息和广告。很多企业开设了企业官方微博，一些企业官方微博已经拥有大量粉丝，中粮集团有限公司官方微博"中粮美好生活"开设不久就吸引了23万多粉丝，人气异常火爆。①

2012年，新浪微博联合社会化商业资讯提供商CIC发布了我国首份企业微博白皮书。白皮书显示，世界五百强企业近三成开通新浪微博，我国企业500强中开通新浪微博的比例超过四成，达到207家。从具体数据分析，我国已经有13万家企业开通新浪微博，开通微博数量位居前五的行业为餐饮美食、汽车交通、商务服务、电子商务、IT企业等行业。在互动时间上，各类企业与目标用户每天互动时间达到了12小时，保持了较高的互动状态。从分布地域上看，企业地域分布前三甲为北京、上海、广东。另外，新浪微博中企业微博的总粉丝数量已经超过7亿。在影响力方面，某些企业微博影响力在一些方面，已经远远超过了企业官方网站。②

5.7.3.2 政府借助企业进行突发事件舆论引导的初步思考

第一，借助企业信息平台对企业内部员工进行引导。我国许多企业特别是一些大型企业员工人数非常可观，如位居我国企业营业额第一的中石化公司员工总数超过106万，很多钢铁企业员工人数也是数以十万计。放在全国来看，我国企业职工人数高达2亿多人。在高度

---

① 周文林：《国内多家知名企业试水微博，谁能抓住背后的商机?》，新华网（http://news.xinhuanet.com/2011-01/23/c_121013462.htm），2011年1月。
② 胡晓晶：《新浪微博发布全国首份企业微博白皮书——近三成世界五百强企业开通，日均互动高峰达12小时》，《新民晚报》2012年3月22日第5版。

组织化的企业中,企业内部媒体完全可以对员工进行舆论引导,进而还可以扩散到家属及其亲朋好友,舆论引导范围还可以得到放大。

第二,借助企业信息平台对顾客进行引导,和政府舆论引导形成"双赢"。

一些具体企业因为各种原因形成突发事件。这个时候,企业的传播信息平台政府完全可以借助。如航空公司的航班信息调整后航班延误,食品公司的食品安全问题等所引发的突发事件,政府完全可以借助这些公司的信息传播平台,根据选择进行舆论引导,从而达到"双赢"的传播效果。

5.7.4 借助媒体

5.7.4.1 中国媒体的属性

全球媒体属性一般分为私营媒体、公营媒体、公共媒体数种。众所周知,美国以私营媒体为主体,欧洲很多国家私营和公共媒体并存。中国媒体属性则与这些国家有着较大差别。

我国媒体属性,一般来说最为经典的表述是"党和政府的喉舌"。"喉舌论"说法其实早在新中国成立前的延安时期就出现了,新中国成立后相关文件又再次明确了这一点。

改革开放以后,我国媒体开始面临市场竞争的强大压力。媒体为了更好发展,纷纷进行了一系列业务改革。在不断的改革和实践中,最终形成了"事业性质,企业运作"的双重属性:一方面它是事业单位,媒体的人权、事权、财权一切在于主管单位,媒体的报道方针、媒体重大决策等都由上级部门决定,政府给予一定的财政补贴或者不予补贴;另一方面,它又是一个企业主体,需要和其他行业的企业一样面临激烈市场竞争，各种税费都要缴纳。

这样一来，中国的传媒业就陷入了只有义务、没有权利的尴尬境地：它有事业单位的义务，却不能享受事业单位的权利；它有企业的义务，却不能享受企业的权利。[①]

中国媒体"事业性质，企业运作"的属性，一方面保证了媒体对主管党政部门的绝对从属地位，政治上绝对可靠；另一方面，也使媒体在保持政治正确的前提下，获得了参与市场竞争的空间。

5.7.4.2 突发事件中外国政府和媒体的关系

在突发事件中，媒体可以发挥巨大作用：它可以是公共危机征兆的瞭望者和发现者、公众情绪的稳定者和舆论的监督者、政府信息的传递者和舆论的引导者、政府危机管理的影响者和形象塑造者。[②]媒体在突发事件中具有如此重要的作用，自然引起世界各国政府高度重视，处理好突发事件中政府和媒体的关系，也成为应对突发事件成败的关键前提。在此领域，西方发达国家经过多年实践和摸索，已经形成了一些成熟经验，值得我国借鉴和学习。这些做法主要有如下几点：政府占据绝对主导地位；大众传媒和社会其他部门建立紧密和谐合作关系；在突发事件中，媒体可以发挥巨大的正面传播效果，但政府部门也要注意和引导媒体，防止其产生负效应。[③]

大众媒体在突发事件中起到巨大舆论引导效果。同时不可忽视的是，突发事件对于媒体来说，也是拉动媒体销量，吸引受众关注的绝

---

① 李良荣：《论中国新闻媒体的双轨制——再论中国新闻媒体的双属性》，《现代传播》2003 年第 4 期。

② 尚玲玲、沈鹏超：《危机管理中政府与媒体的角色与互动》，《重庆科技学院学报》（社会科学版）2010 年第 23 期。

③ 吕玉姣：《突发公共事件中的政府与大众传媒关系研究》，硕士学位论文，汕头大学，2008 年，第 39—46 页。

佳机遇。一些媒体为了发行量、收视率或点击率，拼命炒作突发事件，利用事件所造成的巨大破坏，人员伤亡，报道血腥或者耸人听闻的内容，引发严重负面效果。

　　媒体引发负面效果，标志性事件是 1992 年在美国洛杉矶发生的大规模骚乱。整个过程中，美国媒体通过报道揭示了事件背后的深层次矛盾，起到了一定作用，但是媒体引发的负面效果也显而易见：夸张的报道方式，极易煽动公众的不良情绪；电视媒体用直升机直播街头的骚乱现场，抢劫、纵火、枪杀等暴力镜头充斥报道；媒体反复播放由某市民拍摄的 83 秒警方殴打受害人画面，而画面并没有交代被殴打的原因是违反交通规则拒捕……骚乱之后，事件中媒体的报道方式受到了外界批评和指责。

　　国内也有类似例子。2001 年 "9·11" 事件爆发，举世震惊。在中国内地也可以收看的某香港电视台进行 36 小时直播，主持人不断强调说被飞机撞毁的世贸双子塔两栋大楼里可能会超过 10 万人，并通过滚动字幕方式将这条信息不停在屏幕下方滚动。此消息通过重复传播，误导了部分观众，造成了公众恐慌。在现场混乱、消息不明、与美国联络不通畅的情况下，有亲朋好友在美国的中国公众担心其安全，恐慌情绪大规模蔓延。数天后，美国官方统计实际死亡为 2900 多人，与此电视台报道的数据相差 30 多倍。

　　突发事件中需要媒体积极报道，又要媒体如实报道，避免报道起到负面效果，这就需要政府对媒体进行适当引导。西方一些发达国家在此方面，有不少成功经验：指定和完善新闻管制的法律法规，加强保密制度管理，对传媒公关进行监管等。①

―――――――――――

①　吕玉姣：《突发公共事件中的政府与大众传媒关系研究》，硕士学位论文，汕头大学，2008 年，第 66—74 页。

需要指出的是，西方发达国家在处理突发事件中，在政府和媒体关系处理上有一套成熟经验，但也不是完满无缺的。如大众媒体严重的商业化、政府对媒体的控制、政府和媒体在突发事件中产生的矛盾和冲突等。

5.7.4.3 中国政府在突发事件中和媒体的关系

中国媒体是"党和政府的喉舌"。"喉舌"的定位从延安时期就开始了，一直延续到现在。媒体的双重属性使其可以进行市场经营和运作，但在大政方针上，在媒体的人权、事权、财权上，还是绝对听命于主管党政部门。这一特点，我们可以从非典事件和汶川地震中清楚看到。

突发事件中，我国政府在保持对媒体控制的同时，也开始慢慢给予媒体一定的自主报道空间。自主报道空间主要表现在媒体在完成规定报道任务之外，还可以报道一些政治性倾向色彩较弱的新闻事件，或者选择一些相对细小的、民间的视角，报道事件中普通人、普通家庭的遭遇或者困难。这些报道脱离以前那种主流意识形态主导的宏大叙事，更加具有故事性和感染力，近年来在众多突发事件（如汶川地震、温州动车事故）的媒体报道中已经经常出现了。

中国媒体由于从属于不同政府部门，所以中国地方政府和媒体的关系可以区分为两种：一种是地方政府和本地媒体的关系；另一种是地方政府和外地媒体的关系。

地方政府和本地媒体的关系，一般来说，我国本地政府保持着对本地媒体的控制，政府（或政府官员）的观念往往直接影响着媒体观念。如本书附录部分提到的2000—2003年在山西长治主政的吕日周，在他任市委书记三年里，当地党委机关报《长治日报》成了他"传媒治市"的有力武器。在不到三年时间里，一张地级党委机关报刊发批评监督报道 600 多篇，批评对象包括副市长、县长等机关干部在内 800 多人。一时间，长治现象为全国所瞩目。但在 2003 年 2 月吕日周调任山西省政协副主席之后，当地报纸这些做法基本消失，只剩下了一些民生类舆论监督栏目。时任长治日报社社长王占禹就曾直言，"有什么样的市委书记，就有什么样的报纸"。很明显，在中国地方政府中，当地媒体受到当地党和政府的控制，或者是党和政府的集体领导，或者是在极少数地方（如吕日周时期的山西长治）直接受到个别领导的影响和控制。

地方政府和外地媒体的关系，由于我国各级媒体从属于各级政府，党委机关媒体还代表着一级党委政府发言，一般来说我国地方政府和外地媒体之间，是没有直接关系的，因为它们没有直接隶属关系。有些时候，如果一些突发事件发生在一个地方，但是当地媒体因为当地政府不许可不能报道，外地媒体如果报道了，就可能引发外地媒体和当地政府之间的冲突和纠纷。前些年一度出现的"跨地区舆论监督"所引发的种种冲突和争议，即与此类似。南方一些省市媒体监督和批评往往涉及其他省市，结果被批评监督的省市宣传部门直接找到南方这些省市媒体主管部门进行交涉，要求对方停止报道并道歉，理由是对方没有监督权。结果后来沸沸扬扬，甚至传出有些省份联名向中央请示，要求禁止跨地区监督。总体而言，突发事件中，如果异地媒体报道当地事件，当地政府可能会与该异地媒体发生冲突和摩擦，呈现出对抗状态，这种状态短期内不会消失。

5.7.4.4 政府借助媒体进行突发事件舆论引导的具体思考

第一，政府要预先做好不同类型突发事件舆论引导媒体报道的指导。突发事件分成不同类型，不同事件中又细分为数种甚至数十种事件类型。不同类型突发事件，造成的社会危害和影响是不同的，媒体采取的舆论引导方式也要因地制宜。为防患于未然，我国政府应于平时预先做好对不同类型突发事件舆论引导媒体报道的指导，以便在事件发生后，及时下发传达给媒体，对媒体舆论引导进行具体指导和规范。

第二，要充分考虑不同类型媒体的差异性，给予不同指导意见。我国目前拥有上万家报纸、广播、电视等传统媒体，以及数以万计新媒体。在网络新媒体冲击下，传统媒体影响力下降，存在"边缘化"风险。网络新媒体，如门户网站、博客、微博、微信等，拥有越来越强大的影响力。在此情况下，要充分考虑不同类型媒体的差异性，在给予指导中加以区分和指导。

要特别指出，对于应急广播，我国政府要特别加以重视和支持。应急广播是面临突发公共事件时，通过广播向公众传递紧急信息的一种手段。作为应急管理的重要手段，应急广播日益得到世界各国和国际组织关注。党中央、国务院非常重视应急广播建设。2013 年年底，国家新闻出版广电总局印发了《推进国家应急广播体系建设工作方案》，从多方面明确了建设的具体内容以及具体计划安排。

第三，在突发事件各个阶段，要对媒体报道进行随时跟踪，并及时作出改进和调整。突发事件发展瞬息万变，需要政府严密监控，通过监控结果，根据实际舆论引导需要，随时调整指导意见，指导媒体作出改进。

6

政府应对突发事件舆论引导
能力评估体系研究

衡量政府应对突发事件舆论引导效果，必须要建立一个科学、系统、客观、全面的政府应对突发事件舆论引导能力评估体系。

历届中央领导对提升我国舆论引导能力都非常重视。2008 年 6 月 20 日，国家主席胡锦涛在视察人民日报社时强调要加强舆论引导能力，指出加强主流媒体建设和新兴媒体建设，形成舆论引导新格局。[①]李长春等中央领导同志，也多次强调要加强舆论引导能力建设。2016 年 2 月 19 日，在北京召开的党的新闻舆论工作座谈会上，习近平总书记指出，要尊重新闻规律、创新方法手段、切实提高党的新闻舆论传播力、引导力、影响力、公信力。[②] 2017 年 2 月 17 日，习近平在国家安全工作会议上指出，"要引导国际社会共同塑造更加公正合理的国际新秩序""引导国际社会共同维护国际安全"。[③] 习主席的"两个引导"的实现，有赖于我国媒体在国际舆论场上舆论引导能力提升。

---

① 胡绮敏：《胡锦涛考察人民日报社工作与网民在线交流》，新浪网（http：//news. sina. com. cn/c/2008 – 06 – 21/002515786464. shtml），2008 年 6 月。

② 李彬、霍小光：《习近平：坚持正确方向创新方法手段 提高新闻舆论传播力引导力》，新华社 2016 年 2 月 19 日

③ 《习近平首提"两个引导"有深意》，人民网（http：//politics. people. com. cn/n1/2017/0220/c1001 – 29094518. html），2017 年 2 月。

舆论引导能力的强弱在突发事件中体现得更加突出。一般来说，突发事件中进行舆论引导的主体是政府和媒体。到现在为止，由于突发事件中舆论引导能力指标难以确定，权重难以划分，我国一直没有系统的突发事件舆论引导能力评估指标和体系。

缺乏突发事件中政府舆论引导评估体系，突发事件舆论引导效果很难精确衡量，评估过程缺乏可操作性，评估结果也缺乏说服力。因此，我国迫切需要科学、客观、全面、系统的舆论引导能力评估体系。

6.1 现有政府应对突发事件舆情研究的相关成果

新媒体时代，网络影响力越来越强大。一些突发事件，因为网络传播影响，演变为网络事件，对政府带来巨大舆情压力。地方政府如何应对网络舆情，成了近年来我国众多科研机构重点关注的课题。人民网舆情频道、新华网舆情监测分析中心、上海交通大学舆情监测室等，成为这些优秀科研机构的佼佼者。他们的众多科研成果，为政府应对突发事件舆论引导评估研究提供了有价值的参考。

6.1.1 人民网舆情监测室：地方政府应对网络舆情能力
      评估体系

人民网舆情监测室是国内最早从事互联网舆情监测、研究的专业机构之一，在舆情监测和分析研究领域处于国内领先地位。目前，舆情监测室人员完整，理论体系齐备，可以对传统媒体、新媒体等进行24 小时跟踪和监测分析。[①]

---

① 人民网舆情检测室（http：//yq. people. com. cn/service/index. html）。

从 2009 年开始，人民网舆情监测室定期向外界发布"地方应对网络舆情能力推荐榜""央企网络舆情排行榜"等。推出的政府应对网络舆情评估指标体系，包括政府响应、信息透明度、政府公信力三个常规指标，动态反应、官员问责、网络技巧三个特殊指标，并把舆情应对能力评估分为总体得当（蓝色）、应对有待进一步加强（黄色）、应对存在明显问题（橙色）、应对严重失当（红色）等四级预警。①如 2012 年第二季度地方应对网络舆情能力推荐榜榜单（见表 6-1）。

表 6-1　　　2012 年第二季度地方应对网络舆情能力推荐榜榜单

事件	官方响应	信息透明	地方公信力	动态反应	官员问责	网络技巧	总分	应对能力
湖南湘潭"90 后"副局长	5.7	6.5	3.0	1.0	2.5	1.5	20.2	蓝
广东深圳"5·26"飙车案	6.0	4.5	4.0	1.5	0	2.0	18	黄
湖北武汉大雾	5.0	6.5	4.5	0	0	2.5	18.5	黄
河南漯河副局长打记者	3.8	4.2	2.3	1.0	2.0	2.0	15.3	黄
广东中山沙溪事件	5.0	4.8	3.0	0	0	2.0	14.8	黄
山东青岛植树增绿事件	2.0	2.7	2.5	1.0	0	1.5	9.7	橙
陕西镇平孕妇引产事件	2.5	2.3	0.3	1.0	2.0	0.5	8.6	橙
黑龙江太阳能国有之争	2.8	3.6	1.7	0	0	0	8.1	橙
云南巧家爆炸案	3.4	1.5	1.0	1.0	0	1.0	7.9	橙
陕西大荔"天价烟"事件	0.7	0.2	-1.8	0	0	0	-0.9	红

同时，人民网还发布"各省市区政务舆情回应排行榜"，通过统计全国发生的重要突发事件舆情，对舆情事件重要性、议程设置力、

① 人民网舆情监测室：《如何应对网络舆情——网络舆情分析师手册》，新华出版社 2012 年版，第 21 页。

政务传播力、应急响应力、舆论引导力、事件应对力、机制修复力等7个一级指标进行全面数据整理和分析。①北京、上海、江苏等经济发达地区位居前列。

排名	微博	微信	传播力	服务力	互动力	总分
1	上海发布	上海发布	99.75	72.24	88.17	89.62
2	江宁公安在线	\	98.15	45.00	95.88	86.61
3	平安北京	平安北京	88.88	92.49	80.90	86.41
4	南京发布	南京发布	87.05	80.58	82.24	83.83
5	公安部打四黑除四害	\	91.45	50.17	91.26	83.12
6	\	共产党员	100.00	31.67	91.45	82.91
7	共青团中央	共青团中央	89.16	71.61	81.20	82.47
8	故宫博物院	微故宫	95.58	20.30	100.00	82.29
9	中国政府网	中国政府网	93.33	65.97	79.31	82.25
10	杭州发布	杭州发布	91.57	75.47	73.26	81.03
11	深圳交警	深圳交警权威发布	83.12	74.95	80.42	80.40
12	天津交警	天津交警	84.82	99.74	65.57	80.10
13	佛山发布	佛山发布	90.24	77.33	69.75	79.46
14	平安洛阳	平安洛阳	81.70	92.24	69.91	79.09

图 6-1　2016 年 11 月各省市区政务舆情回应排行榜

6.1.2　上海交通大学舆情监测室：地方政府应对舆情能力排行榜

上海交通大学一直重视舆情研究，并有专业舆情研究室和一支干练的研究团队。

上海交通大学舆情监测室在 2010 年分别推出了地方政府应对舆

---

① 张雷：《〈2016 年全国政务舆情回应指数评估报告〉公布　北京位居第一》，搜狐网（http：//mt.sohu.com/20160914/n468440890.shtml），2016 年 9 月。

情能力排行榜、企业应对舆情能力排行榜、个人应对舆情能力排行榜三个专业化榜单，并建立了突发公共事件中舆情应对能力评估指标体系。政府应对舆情能力指标体系主要包括研判能力、信息发布能力及与公众互动能力、现实问题解决能力、沟通能力、议题管理能力和危机恢复管理能力六个维度。具体到每一能力维度，在细分内容、评估细则及权重分配上做了相应调整。如图 6 - 2 所示。①

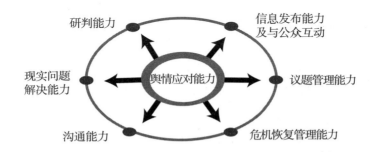

图 6 - 2　公共事件舆情应对能力评估指标体系示意

6.1.3　新华网网络舆情监测分析中心：城市网络形象排行榜（网络应对能力）

新华网网络舆情监测分析中心是国内最早从事网络舆情监测分析服务的机构，很多舆情报告送给中央领导人批示，至今已经有十多年时间。

该监测室通过舆情事件热度值、官方回应、媒体应对能力等指标来评估相关城市舆情应对能力及舆情应对能力对城市网络形象产生的巨大影响。

如 2012 年 8 月城市网络形象排行榜榜单（见表 6 - 2）。

①　上海交通大学舆情网（http：//yuqing. sjtu. edu. cn/index. php？option = com_content&view = article&id = 2387：2010&catid = 49：2010 - 10 - 14 - 10 - 43 - 21&Itemid = 85）。

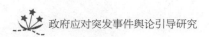

表 6 – 2　　　　　　　　2012 年 8 月城市网络形象排行榜

一级指标 舆情概况			官方响应						媒体运用能力（25%）	城市网络形象——舆情应对能力部分
			初始回应速度 10%	过程回应速度 10%	初始回应效果 20%	过程回应效果 20%	最终处置效果 40%	官方回应总分		
城市	舆情事件	发生时间	赋值	赋值	赋值	赋值	赋值	赋值	赋值	赋值
杭州	杭州牌坊倒塌	8.12	7.5	7.5	11.25	12	24	62.25	18.75	81.00
南宁	南宁枪击案	8.19	5.625	5.625	11.25	12	24	58.5	18.75	77.25
延安	延安特大交通事故	8.26	7.5	3.75	11.25	6	24	52.5	18.75	71.25
大理	大理市长为农民工讨薪	8.14	5.625	3.75	11.25	12	24	56.625	12.5	69.13
北京	乘客被艾滋针扎伤案	8.21	3.75	3.75	11.25	12	18	48.75	18.75	67.50
重庆	周克华事件	8.10	7.5	5.625	3.75	6	24	46.875	18.75	65.63
荆门	荆门石灰厂疑奴役智障工人	8.29	5.625	5.625	7.5	9	18	45.75	12.5	58.25

续　表

一级指标			官方响应						媒体运用能力（25%）	城市网络形象——舆情应对能力部分
舆情概况			初始回应速度 10%	过程回应速度 10%	初始回应效果 20%	过程回应效果 20%	最终处置效果 40%	官方回应总分		
城市	舆情事件	发生时间	赋值	赋值	赋值	赋值	赋值	赋值	赋值	赋值
开封	开封千亿重造汴京	8.11	1.875	7.5	11.25	6	12	38.625	12.5	51.13
宜宾	女协税员被"三陪"	8.20左右	5.625	5.625	0	3	24	38.25	12.5	50.75
邵阳	邵阳市自来水公司3名管理人员被员工烧死	8.27	3.75	3.75	3.75	6	18	35.25	12.5	47.75
南昌	南昌火车站"石凳"被封	8.15	5.625	5.625	11.25	3	6	31.5	12.5	44.00
靖江	靖江官二代砍人事件	8.11	5.625	5.625	3.75	3	6	24	18.75	42.75
安康	安康陕G00000违章免罚	8.7	5.625	5.625	3.75	9	6	28.125	12.5	40.63
广州	广州越秀区常委打空姐	8.29	5.625	7.5	3.75	3	6	25.875	12.5	38.38

续　表

一级指标			官方响应						媒体运用能力(25%)	城市网络形象——舆情应对能力部分
			初始回应速度10%	过程回应速度10%	初始回应效果20%	过程回应效果20%	最终处置效果40%	官方回应总分		
舆情概况										
城市	舆情事件	发生时间	赋值	赋值	赋值	赋值	赋值	赋值	赋值	
哈尔滨	哈尔滨阳明滩引桥坍塌	8.24	5.625	5.625	3.75	3	6	24	12.5	36.50
周口	周口项城强征地	8.10	1.875	5.625	3.75	3	6	20.25	6.25	26.50

这些国内知名网络舆情监测机构建立的指标体系，为后来研究者提供了借鉴和参考。这些指标有一些共同之处，基本是按照突发事件发展脉络划分：前期预警、监测；事件当中处置、应对；事件后期责任处理、效果评估等。这些共同之处，也表明了突发事件中舆情应对的共性和特征，值得我们注意。

6.2　应对网络舆情评估体系的地方实践——深圳模式

政府应对突发事件舆情引导，国内已经出现了评估体系，并已经取得了研究成果。我国是否有地方政府在将这些理论运用于实践中呢？本书经过详细资料收集和分析，发现全国唯一一个进行实践的地方——深圳。该地政府应对网络舆情评估体系于 2012 年 4 月开始，到现在已经有效运行 5 年多，并取得了良好效果。深圳模式和经验，对全国其他地方而言，都是一个极好借鉴和参考。[①]

《深圳市网络舆情应对能力排行榜》每月中旬发布，深圳新闻网舆情工作室受深圳市委宣传部委托，从 2012 年 4 月起，在舆情监测基础上，经案例筛选、数据统计、分类比对、专家点评等流程，按月度制作榜单。

《深圳市网络舆情应对能力排行榜》的制定坚持两个原则：第一，第三方原则。整个排行榜从设计到组织，直到评出结果，全部由深圳新闻网完成，党委政府不干预。第二，专家原则。深圳新闻网自行邀请学界专家、意见领袖、媒体工作者构成专家组，根据每月数据加上专家个人感受作出自己的判断，形成分数。

2016 年 11 月公布的一个评比流程和评分规则，可以让我们更加清晰了解整个评比运作过程。

评比步骤分为三步：一是工作室根据舆情监测数据，筛选出 10 个左右的热点事件作为案例；二是根据积分规则，逐项打分，形成一个基础分数；三是将前期材料交给专家，专家再根据评审事项打分。

评比人员的组成分为专家队伍和市民队伍。

专家队伍：目前有 30 余位特邀专家，包括学术机构研究者、媒体从业者、人大代表、政协委员、高校教授等。专家中 30% 来自外地，70% 为本地人士。每月按照 3∶7 的比例抽取专家参与评审，这个专家库不断更新，以保证评审的客观公正性。如 2016 年 10 月评审专家名单如下：国家民委舆情中心干部庞胡瑞、深圳市政协委员张学虎、深圳市社会科学研究院政法研究所所长李朝辉、深圳卫视时事评论员陈迪、上海大学影视学院新闻传播系副教授汪洋等。

---

① 钟海帆：《深圳首创地方舆情排行榜是舆情管理机制创新》，人民网（http://society. people. com. cn/n/2013/0322/c1008 - 20881160. html），2013 年 3 月。

市民代表：目前有 1000 位代表，这些代表是根据市政府公布的相关市民人口信息，经过性别、户籍、地址等多方面选择征集组成的"民意调查志愿者库"。每期调查的时候从中选取 100—500 名志愿者参加打分。这个"民意调查志愿者库"成员名单，会随着深圳市市民的构成变化而同步更新。①

整个评估体系主要有两个优点：一是导向清晰；二是容易理解，可操作性强。如 2016 年 10 月深圳市网络舆情应对能力排行榜（见 6 – 3）。

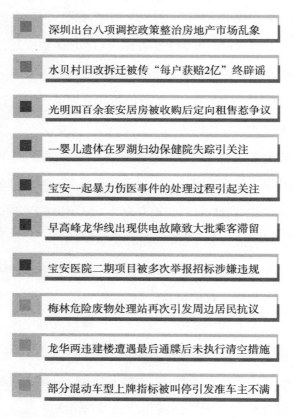

深圳出台八项调控政策整治房地产市场乱象

水贝村旧改拆迁被传"每户获赔2亿"终辟谣

光明四百余套安居房被收购后定向租售惹争议

一婴儿遗体在罗湖妇幼保健院失踪引关注

宝安一起暴力伤医事件的处理过程引起关注

早高峰龙华线出现供电故障致大批乘客滞留

宝安医院二期项目被多次举报招标涉嫌违规

梅林危险废物处理站再次引发周边居民抗议

龙华两违建楼遭遇最后通牒后未执行清空措施

部分混动车型上牌指标被叫停引发准车主不满

图 6 – 3 2016 年 10 月深圳市网络舆情应对能力排行榜

① 《10 月份深圳网络舆情应对能力排行榜》，深圳新闻网（http://www.sznews.com/zhuanti/content/2016 – 11/16/content_ 14272237. htm），2016 年 11 月。

榜单评分规则方面，共分为 5 项，每项 20 分，5 项相加即为总分。评分过程由聘请专家进行科学、客观评定。专家打分和市民打分按照 7∶3 比例加权计算，得到最后总分。评价等级方面，按照综合得分划分为四个等级，分别用不同的颜色加以标记。绿色为 80 分以上，表示应对能力强，今后应保持和发扬；蓝色为 60—80 分，表示应对基本合格，但要继续改进；黄色为 40—60 分，表示应对能力存在一定问题，今后需要加强和改进；红色为 40 分以下，表示应对能力出了较为严重问题，需要引起高度重视，今后需要积极改进。整个榜单简单明了，一目了然。

作为全国唯一的地方性尝试，深圳模式具有开创性。它借鉴了人民网舆情频道的一些成功经验，并结合地方实际进行了修正，创造性地提出了第三方原则和专家原则，并在多年实践中取得良好效果和社会的一致肯定。深圳模式是我国地方政府理论结合实践的有益尝试，它也为本书提供了极好借鉴。

6.3　政府应对突发事件舆论引导能力 评估指标体系的建立

我国相关科研机构研究成果、深圳的地方舆情应对实践，以及相关学者学术成果[1]，给本书政府应对突发事件舆论引导能力评估指标体系建立提供了有价值的参考。在这些研究基础上，本书尝试建立符合我国国情的政府应对突发事件舆论引导能力评估指标体系，并按照实际情况给出了各个指标的具体权重。如表 6 - 3 所示。

---

[1]　焦俊波：《突发事件舆论引导机制研究》，博士学位论文，华中科技大学，2013 年，第 150—156 页。

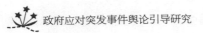

表 6 – 3   **政府突发事件舆论引导力评估指标体系**

一级指标	二级指标	三级指标	权重
突发事件舆情的预警和监测能力评估	突发事件舆情的采集能力	舆论热点信息的把握能力	3.0
		网络舆情演变的把握能力	4.0
		公众意见的采集能力	3.0
		舆情采集专业的人员及素质	2.0
		舆情搜索专业的软件及配备	2.0
	突发事件舆情的预警能力	突发事件舆情发展的态势判断	3.0
		突发事件舆情预警的时间和时机	3.0
		突发事件舆情发布内部沟通能力	4.0
	突发事件舆情的研判能力	舆情分析人员构成及素质	2.0
		数据挖掘和统计分析软件及配备	3.0
		舆情研判的专家遴选及使用	4.0
突发事件舆论的应对能力评估	突发事件政府处置能力	突发事件中信息的收集	3.0
		突发事件应急预案的完备性	3.0
		突发事件政府的回应速度和态度	4.0
		突发事件的处置速度和组织能力	4.0
		行政问责和善后处理	4.0
	突发事件信息的发布能力	信息发布的及时性	3.0
		信息发布渠道的广泛性	3.0
		信息发布使用新媒体的运用程度	2.0
		信息发布真实性和全面性	2.0
		信息发布与舆情走势的契合度	2.0

续　表

一级指标	二级指标	三级指标	权重
突发事件舆论的应对能力评估	与公众的互动能力	公众反馈意见的采集能力	2.0
		公众质疑的回复能力	3.0
		与公众互动的渠道和方法	3.0
		公众获取突发事件信息难易程度	2.0
	与媒体的沟通能力	政府官员对媒体的态度	3.0
		新闻发布会的时机和效果	4.0
		新闻发言人的沟通能力	4.0
		新闻通稿的评估	2.0
突发事件舆论引导效果评估	政府形象的修复	事后公众对政府工作的评价	3.0
		公信力的修复动态考量	3.0
	突发事件的解决	突发事件舆情转变和消解的时间	3.0
		突发事件中社会秩序的恢复	2.0
		突发事件后的公众舆论	3.0

该政府舆论引导能力指标体系共包含 3 个一级指标, 9 个二级指标和 34 个三级指标。3 个一级指标分别为突发事件舆情预警和监测评估、突发事件舆论应对能力评估、突发事件的舆论引导效果评估。3 个一级指标, 是根据突发事件舆论引导执行、应急处置和舆论引导并重的原则进行设置。整个表格指标体系覆盖突发事件舆情整个流程: 监测、预警、事件处置、信息发布、与媒体公众沟通以及最后舆论引导效果评估。

该指标体系中, 3 个一级指标分别占有不同权重。第一个一级指标突发事件舆情预警与监测部分, 占有权重比为 33.0; 第二个一级指标突发事件舆论应对能力评估，占有权重比为53.0；第三个一级指标突发事件舆论引导效果评估，占有权重比为14.0。三个部分权重分布，较好地体现了各个部分的重要性及其在整个评估体系中的重要地位。

评估指标体系建立之后，可以较为清晰地看到政府应对的优劣。总分90分以上，表示政府应对突发事件舆论引导效果非常好，今后应保持和发扬；总分70—89分，表示政府应对突发事件舆论引导效果良好，但还存在一些问题，需要今后加以改进；总分60—69分，表示政府应对突发事件舆论引导效果一般，问题较为严重，需要重视和解决；总分60分以下，表示政府应对突发事件舆论引导效果非常差，需要引起高度重视，今后需要积极改进。

需要说明的是，在这个评估体系中的各个一级指标、二级指标、三级指标是本书参考诸多资料设定的。每个三级指标的对应权重，根据其重要性的认知而分配，存在着一定主观性。在这个体系中，如何科学设立三级指标，分配各个指标权重，使整个评估体系更加科学，更加具有操作性和实用性，还请诸位专家学者批评指正。

此体系的建立必须坚持以下几个原则：

（1）必须是第三方独立机构作出调查和排行。由于中国国情的影响，如果官方设立科研机构进行排行，必然会受到多方面干扰和影响。为了排除这些潜在外界干扰，必须确定让第三方独立机构从事调查和排行工作，保证客观性和公正性。

（2）参与评价的专家必须客观中立。为了摆脱地域影响，不能局限于仅仅邀请一个地区或者一个城市专家进行评价，要扩大范围，扩大到全国。在网络新媒体时代，在全国进行信息交流非常便捷，这些全国各地的专家可以通过网络非常便捷地进行评价。此外，涉及专业要广，不能局限于新闻传播学，而要涉及社会学、政治学、管理学等各个学科。原因很简单，现代社会突发事件，往往超出新闻传播学范畴，专业和专业之间出现了越来越多融合，多专业邀请专家才能保证评价专业性。

此外，要保证评估体系专家可持续发展，最好是建立专家库。深圳已经建立了专家库，这是一个很好的开始。央视在数年前的一些新闻评论节目中，就已经有这样的尝试。因为新闻评论涉及不同领域，临时邀请专家又很难满足时效性要求。在这种情况下，央视专门就政治、经济、社会、国防等各个领域设立分类专家库，总专家数超过万名。对每个领域专家进行资料储备和跟踪，掌握其最新观点。同时，对每个领域专家进行适当排序，哪些是应该首先邀请的，哪些是备选的，平时就做好安排，以备不时之需。央视这种做法，值得借鉴。

（3）必须要定期公布评估结果，形成连续性和品牌效应。我国高等教育领域，全国大学排行榜有数个，年年发布排行榜。10多年来，尽管这种做法引起很多争议，但是就实际效果而言，这种连续性发布，为这些排行榜的制作单位和个人带来了巨大经济效应和品牌效应。政府应对突发事件舆论引导能力评估排行榜，也要定期公布榜单，如一个月或一个季度或一年发布一次。同时在发布之时，还要开展系列拓展研究，发布专业性评析报告，扩大社会影响力，塑造品牌。

6.4　小结

如何对政府应对突发事件舆论引导能力进行评估，如何设定评估指标，如何给这些指标分配合理权重，权重计算公式如何等，这些问题一直是学术界热议的话题。虽然本书参考了相关机构研究成果以及一些具体地方实践，建立起这样一个指标评估体系，并进行了说明。但是这个指标体系还存在一些不足之处，需要不断深入进行研究和探讨，使其不断完善，更好地为我国政府和社会服务。

7

结　语

　　政府应对突发事件舆论引导研究，是本书的全新尝试。笔者回顾了我国几十年来政府应对突发事件舆论引导历史，发现了存在的问题，根据这些问题本书从三个方面进行了论述：加强政府自身的建设、舆论引导的路径研究以及评估体系的构建。

　　在资料收集整理和分析过程以及其后写作过程中，本书也发现了一些深层次问题。由于在前面章节中不方便展开，所以在结语中，对这些问题分别进行论述。

　　（1）舆论引导方式变革的前提是政府观念的转变。

　　在中国，媒体是依附于政府而存在的，这种依附直接决定了媒体的舆论引导效果。长期以来，我国政府对突发事件的舆论引导，受到政治因素强烈影响和支配。考虑政治效果，维护社会稳定，促进社会和谐成了政府舆论引导出发点。在这种观念下，政府信息公开、新闻发布、媒体指导等，一切都以政治利益为优先。只要不符合政治利益，事件信息就被封锁、被延缓、被虚构等，其后果往往是惨痛和严重的。

　　观念直接决定行为。政府长期以来的这种观念，在 2003 年之后开始发生巨大变化。政府开始积极进行信息公开立法、促进信息开放、要求媒体第一时间发布消息、积极邀请西方国家记者到现场采访等。这种巨大变化，有两个原因。

第一，非典的巨大影响和冲击。2003年非典给中国社会带来了巨大冲击和影响，因为信息不公开和媒体预警功能失灵，整个社会蒙受了巨大损失。事件过后，包括政府在内整个社会都在反思，到底哪些地方出了问题，为何一场如此巨大的灾难，我们整个社会却反应如此迟钝。后来意识到是我国一些不合理的法律法规（如原先的疫情发布制度），以及政府信息公开、突发事件应对体制不完善造成。因此，在社会公众强烈呼吁下，政府迅速进行了改进，政府信息公开、突发事件发布都按照新闻传播规律去办。

第二，新媒体技术迅猛发展带来信息传播环境的巨大改变。新媒体时代，网络普及使信息发布异常便捷，传统信息封锁方式已经很难产生效果。20世纪90年代千岛湖事件，当地政府还能将信息封锁一段时间。在21世纪的今天，类似事件封锁信息的可能性早已不存在了。非典事件、汶川地震、动车事故、长江沉船、天津爆炸等诸多事件，无不说明了这一点。信息封锁的失效，使政府不得不放弃原有信息封锁方式，实行信息公开，应对外界变化。

因此，我国信息公开是一种被动式的信息公开。但即使如此，信息公开也为舆论引导提供了一个良好基础。

（2）地方政府应对突发事件舆论引导中出现问题的根源。

研究中可以发现，很多突发事件中，地方政府应对会出现问题，而且这些问题往往相同或者相似。原因很简单，或担心出问题影响官员政绩，或担心影响地方形象，或担心影响社会稳定、经济发展等。这种担心的背景其实是中央对地方政府社会安全领域的"一票否决"制度。

从20世纪80年代开始，为了促使地方重视某些工作，中央开始给地方政府设立指标，在某项工作（如计划生育）中如果完不成工作，不管其他方面工作完成得如何，该地区及相关官员整年业绩即被评为不合格，此即所谓的"一票否决"制度。随着社会发展，"一票否决"制度应用范围越来越广泛，扩展到社会安全治理、环境保护等20多个领域。如常见的群体性事件，很多地方就规定了地方发生十万人群体性事件的比例限度（如十万人群体性事件发生的数量不能超过2次），并根据这个限度对地方官员进行"一票否决"。这个制度是层层加码的，也就是从县到市、到省，大家都有具体数量的指标和任务。结果，正如我们所看到的那样，很多地方政府为了避免群体性事件发生，拼命从源头上扼杀，结果反而造成了更大危机。另外，很多矛盾由于历史原因，或者是由于地方管理权限原因，或者是因为其他原因，很难一时得到解决。为了不引发突发事件，部分地方出现了"花钱买平安"的情况，地方政府花几十万元甚至上百万元，促使事件当事方不再上访，特别是不到北京上访。一些地方甚至出现了村民只为几万块钱上访，而地方政府数年来派人陪访花费上百万元的极端情况。

2016年11月，一部电影《我不是潘金莲》引发了社会热议。电影讲述一个名叫李雪莲的普通农村妇女，因为假离婚变成真离婚，十几年不断上访申冤的故事。2016年11月28日，湖北省委副书记、代省长王晓东在讲到干部作风时，特别谈到了这个电影，他连问五个"为什么"：为什么这样一个简单的事情，一拖十几年变成一个上访十几年都不能解决的问题？为什么群众和干部之间缺乏信任？……为什么会出现"一个人在前面撒芝麻，一万个人在后面捡芝麻"的怪现象？为了阻止一名群众赴京上访，乡政府、县政府、市政府可以说是严阵以待，严防死守，耗费了大量的人力、财力、物力，甚至出动了警力，这不是很荒诞吗？① 尽管很荒诞，但现实是，只要这种考核制度还在，这种做法还会出现。

如果事件实在压不住，群体性事件爆发了，一些地方政府就严密控制当地媒体，严防媒体泄露事件，导致事实暴露而影响本地政府或官员政绩。压力型的"一票否决"制度给地方工作以鞭策，但同时也带来了严重的负面效果。要改变这种情况，迫切需要我国政府对"一票否决"制度进行完善。

（3）关于媒体活动空间的思考。

我国媒体处于二元体制之下，"事业单位，企业化经营"。这个模式适应了时代需要，使媒体既可以从容应对市场竞争，也可以保证媒体的政治可靠性。

中国媒体在遇到突发事件时，如果上级部门指示不予报道，媒体肯定不会触及。一些事件，上级部门可能没有指示，但是由于媒体人自我审查，担心事件传播造成负面影响，也往往不报道。还有一种情况，那就是媒体对于本地突发事件的回避。一旦本地发生一些敏感突发事件，特别是群体性事件，很多当地媒体都会选择回避。而这种回避态度，也给网络谣言传播提供了现实通道和土壤。媒体如此行为方式，其根源在于自主活动空间的逼仄。

本书认为，要在尊重知情权的基础上给予媒体制度化的活动空间。媒体活动空间的逼仄带来诸多问题，如预警功能丧失、反思功能欠缺等。这些现代社会媒体必须拥有的基本功能，中国媒体却相对缺乏。如何给予我国媒体活动空间，给予多大的活动空间，值得深入探讨和分析。

---

① 郑书：《湖北代省长王晓东以〈我不是潘金莲〉为例连发五问》，新浪网（http：// hb. sina. com. cn/news/j/2016－12－01/detail－ifxyiayr8676378. shtml），2016 年 12 月。

（4）如何发挥非政府组织的舆论引导功能。

新中国成立以来，我国非政府组织尽管有了很大发展，但还存在很多问题，主要是对政府部门的依附。新中国成立后，中国传统的社会结构被打破，中国社会形成了以中共为核心的新社会架构。在这个架构中，中共处于核心地位，并依次往下，设立不同党组织在每一个社会群体建立党的领导，以党组织将整个社会联系起来。在这样的社会中，中共是绝对核心，没有其他核心存在的可能。但非政府组织存在和发展，打破了这种社会机构，它通过组织的发展，对党的核心地位形成冲击和挑战。在这种情况下，作为执政党的中国共产党如何认识和接纳非政府组织，如何调整与非政府组织的关系，是今后中国非政府组织能否健康发展的关键因素。

一旦非政府组织在法律许可下获得了相对独立地位，利用其进行舆论引导必然成为政府选择。除了这些非政府组织原有的传播渠道，政府应逐渐放开政策，允许非政府组织建立自己的媒体，利用媒体更好地进行传播，为社会服务。与此同时，政府也要加强对非政府组织的管理。

政府应对突发事件舆论引导评估体系的建立只是一个开始，相关指标还需要不断深入研究、完善和改进。

本书修订进入尾声时，2017年4月1日四川泸县一名14岁的中学生在宿舍楼外死亡。4月2日，仅仅一天之后，当地政府公号"泸县发布"称，"排除他人加害死亡"。与此同时，死亡学生是被校霸殴打致死、家属送进停尸间解开死者衣服发现满身伤痕、家属被封口等视频信息在网络迅猛蔓延开来。一时间谣言四起、舆情汹涌，当地出现了大量民众聚集，警力封锁……

熟悉的场景又出现了！

4月6日，新华社发文连发三问：一问，孩子究竟是自杀还是他杀？从"有"到"无"，虽然是一字之差，但差别很大。二问，究竟有没有霸凌现象？三问，当地到底在紧张什么？新华社记者采访车数公里外就被拦住，采访处处受到阻挠：记者要采访死者母亲，当地某领导说没有联系电话；问死者母亲地址，说不清楚其住址；去采访死者爷爷、奶奶和同学，后面尾随了一大批村镇干部，各种暗示威胁干扰，迫使采访对象不敢讲真话……①

面对死者被殴打致死、当地是否存在霸凌等问题，当地政府官员回应是"这些一概都是谣言，我们不予回应"！

关于突发事件政府部门新闻信息发布的法规条文已经多到不胜枚举，理论上讲，地方政府部门只需要照章执行就行，为何当地还是出现如此进退失据的窘迫局面？这种理应早就不存在的应对方式，为何在2017年的今天还在上演，到底是哪里出了问题？是当地政府应对突发事件的理念有问题？地方政府的突发事件应对考核体系有问题？还是当地媒体信誉出现了问题？到底是哪个环节出了问题，还是所有环节都出现了问题？……

问题总是让人思考。政府应对突发事件舆论引导，从理论上讲，可以有完美设计和构想。可是，在现实中，这些理论或多或少受到漠视和冷落，一再蒙尘。历年典型案例，很多应对失当是县一级的地方政府，如贵州瓮安、湖北石首以及上述事件中的四川泸县。为何很多应对突发事件舆论引导不利的是县级政府，其中原因何在，有哪些深层次因素，如何从根本上加以解决？这些问题都是本书一再思考的问题，由于篇幅原因没有展开。但既然问题存在，这些问题必然是今后开展后续研究的一个重要方向和着力点。

---

① 吕庆福、谢佼：《三问四川校园死亡事件：拿出澄清谣言的事实要多久》，新华社，2017年4月6日。

附录1

政府和媒体关系的典型样本
——以吕日周主政期间的山西长治为例

　　我国政府和媒体的关系正如前文所言，媒体相对于政府部门而言，是一种依附关系，政府保持着对媒体的控制。吕日周主政期间（2000年2月至2003年2月）的山西长治，可谓地方政府和媒体之间关系的一个典型样本。仔细认识和研究这个样本，具有较强的价值和现实意义。

附图1-1　2010年12月28日，山西省长治市长治日报社座谈会现场

一 认识吕日周

吕日周是 20 世纪 80 年代初名噪一时的长篇小说和电视"清官"剧《新星》的原型。他 1969 年毕业于山西大学中文系，1983 年任山西省原平县县委书记，1988 年参与筹备建立朔州市，1989 年任朔州市市长，1990 年任山西体改委正厅级副主任，半年后任主任。①

在体改委这个职位，他一干就是 10 年。这 10 年间，他仍然是积极做事情，跑遍了山西 100 多个县市区，出版了数部关于山西社会经济发展的专著。10 年下基层研究，使他对山西省省情更加了解。2000 年 2 月，他被任命为长治市市委书记，到任伊始，便大刀阔斧地推行他的执政理念，强力利用当地媒体《长治日报》《上党晚报》配合政府中心工作，进行舆论监督。环境卫生、校舍安全、教师工资拖欠、干部赌博等——都在舆论监督范围之内。舆论监督层级也非常之高，上至副市长、县委书记，下至乡镇领导。近 3 年时间里，《长治日报》发表了 600 多篇批评性报道，其中大部分是在头版刊发。批评涉及的干部包括副市长在内达到 800 多人。舆论监督力度之大，范围之广，可见一斑。吕日周在长治的"传媒治市"实践，也受到国内外众多媒体关注。《人民日报》《中国青年报》、中央电视台、新华社、凤凰卫视等众多知名媒体纷纷报道，一时间吕日周的做法闻名中外。

2003 年 2 月，吕日周调任山西省政协副主席，任期届满之后卸任。现任山西省改革创新研究会会长等职。

---

① 卢跃刚：《山西长治到底发生了什么？记市委书记吕日周（上）》，《中国青年报》2002 年 10 月 9 日第 5 版。

二　吕日周主政期间的长治与 《长治日报》《上党晚报》

吕日周的"传媒治市"，当地党报《长治日报》成了其开展工作的强有力抓手。利用报纸来进行批评，督促工作开展，也成了吕日周的日常工作方式。

在不到 3 年时间里，《长治日报》刊发批评文章 600 多篇。相对应的是，吕日周对《长治日报》及其子报的批示也达到了 400 多次。按照 900 多天主政时间来计算，几乎达到了平均两天批示一次。

初期《长治日报》批评报道数量少，力度不够，屡屡出现反弹，吕日周非常不满，在全国公开招聘新闻舆论监督主编。在他的强力鞭策和鼓励之下，长治当地新闻媒体终于克服了疑虑，被充分动员起来。

《长治日报》等长治当地媒体创办了"瞭望哨""啄木鸟"等众多舆论监督栏目。相关职能部门领导，还轮流被邀请去媒体就热点问题和群众对话。两年多时间，长治各级新闻媒体播发批评报道近 2000 篇，批评大小干部 1000 多人次，160 余名干部丢了乌纱帽。①

当地媒体和政府舆论监督的制度化进程也不断加快。2000 年 8 月 15 日，《长治日报》制定公布了"《长治日报》编委会关于舆论监督

---

① 卢跃刚：《山西长治到底发生了什么？记市委记吕日周（下）》，《中国青年报》2002 年 10 月 16 日第 7 版。

的操作规则"。规则明确了《长治日报》新闻舆论监督的对象和范围、新闻舆论监督的程序和步骤、新闻舆论监督的纪律和要求、新闻舆论监督的领导和组织。2000 年 11 月 3 日，出台了《长治市新闻舆论监督暂行办法》，该办法明确了新闻舆论的指导思想、新闻舆论监督的目标任务、新闻舆论监督的基本原则、新闻舆论监督的范围和内容、新闻舆论监督的社会要求、新闻舆论监督的检查和监督、新闻舆论监督的组织领导。该办法的出台，使长治当地媒体的新闻舆论监督更加有章可循。为了加强党风的建设，使监督更加具有实效，2012 年 4 月 27 日，中共长治市委发布了《中共长治市委关于实施"五大监督"的意见》，该意见明确了建立以纪检监察机关牵头的党政监督，以人大牵头的法律和工作监督，以政协和统战部门牵头的民主和民主党派监督，以新闻媒体牵头的舆论监督，以信访部门牵头的群众监督等"五大监督"体系。① 这"五大监督"体系相互联动，将使监督体系更加完善。

三 吕日周主政期间当事人讲述

2010 年，我们一行去山西长治寻访吕日周留下的主政印记，遇到了一些困难。经过尽力争取，联系到了吕日周主政期间的长治日报报社社长王占禹，以及当时一些政府官员和当时进行舆论监督的优秀记者，在长治日报社举行了一个座谈会。座谈会上的发言内容，尽管以前很多媒体已经公开报道过，还是有一部分没有公开过。

---

① 王占禹：《总编辑手记：刀刃上的舞蹈 吕日周与〈长治日报〉（下）》，文汇出版社 2006 年版，第 230 页。

时任长治日报社社长的王占禹先生发言。王占禹开头就说，"有什么样的市委书记，就有什么样的报纸"。然后他从三个方面进行论述：首先是《长治日报》刚开始搞舆论监督，没有效果。舆论监督需要环境，但当时缺少这样的环境，搞不起来。其次，舆论监督需要主要领导撑腰，否则搞不起来。最后，舆论监督需要把握一种规则。否则就会给报社、新闻工作者带来伤害。在实际工作中，因为担心批评不准确，他们感到压力特别大。针对处级以上的干部进行批评，要拿出文件来，自己去找问题，自己去揭露问题，生怕出错。一般来说，我国新闻舆论监督是省批评县一级，市批评乡一级。但他们作为市级媒体，却要批评正县级干部，甚至副市长，这个对于他们来说就有非常大压力。在舆论监督过程中，也确实受到了外界各种干扰，有些人还故意来找茬。但是他们坚持了下来，批评的目的是什么？批评的目的就是维护党委的权威，代表百姓的利益，最重要的是实事求是。通过批评来推动工作。年关一到，经过回访，发现批评效果还不错。

社会部的主任则补充说，当时吕日周书记提出口号，"一张报纸管好全市干部，一个电视指导全市群众"。舆论监督在当时确实是一个极好的工具。当时提倡"五步工作法"，发现、公开、解决、处理责任人、举一反三。在这个流程中，媒体舆论监督作用非常重要。

当年舆论监督优秀记者李慧良则谈到了他现在的工作实践，他认为现在长治当地媒体每天的"现场"栏目中还是有监督，已经常态化了。如街头常常出现的回收烟酒的，媒体对此进行了批评，其实也是间接批评了执法部门。

其他一些参会者也认为，新闻舆论监督当地并没有丢弃，而是在坚持、延续，只是表现方式不同。如长治当地媒体在报头上将市长、市委书记的电话热线全部登了出来，公众有急事可以找市长和市委书记。这种刊登电话的做法已经在当地施行了几年，效果不错。①

附图 1 - 2　座谈会后合影（左为华中科技大学新闻学教授、博导赵振宇，右为原长治日报社社长王占禹）

四　吕日周主政期间政府和媒体关系的回顾与反思

我们一行在山西走访了众多当事人，后来还采访到吕日周本人。尽管访谈中，一些当事人强调新闻舆论监督的做法没有改变。但是据实地观察，长治当地媒体已经和吕日周主政期间有了变化，当地报纸已经基本上和全国其他地方的报纸没有太大区别了。

这些变化的原因很简单，正如时任长治日报社社长王占禹说的那样，"有什么样的市委书记，就有什么样的报纸"。媒体的作为完全是

---

①　资料来自笔者于 2010 年 12 月初赴山西太原、长治等地的参访及座谈。

由政府个别领导推动。"由于新闻舆论监督缺少法律保障，所以市委书记的作用举足轻重"，"我们的批评报道是吕日周书记一手抓起来的，很多时候舆论监督受阻，他一个批示就可以解决很多问题"。①但是，一旦这个领导人调走或者其他原因换了新领导人，就会出现"人走政息"的情况。

在这种情况下，媒体独立自主功能被极大地压缩。历史教训表明，丧失自主性，新闻媒体"让怎么报道就怎么报道，让报道什么就报道什么"的方式是非常危险的。一旦中央或者地方党委政策出现错误，或领导人的个人品质出现问题，而新闻媒体却没有表示怀疑、否定或者履行批评监督的权利，其后果必然是不堪设想的。②

媒体一旦沦为个别领导人的政治工具，就会缺乏自主思想，缺乏反馈能力，也缺乏纠偏的能力。如果这个领导人的思想和推行的政策是对的，那还好，媒体能够扩大宣传，促进政策正面传播。但如果这些做法、政策有问题，那媒体也只能将这些错误放大，成为一个错误放大器。

我国媒体长期以来处于党和政府直接管理之下。实际上这种管理表现为党和政府对媒体的管理，或是党和政府的某一个领导集体对媒体的管理，或是在一些不正常情况下，表现为党和政府的某一个领导人对媒体的管理和控制。当然，就目前我国国情而言，主要是前面两种。而且这种管理，在短时间内不会发生根本改变。这就需要我们对这种政府和媒体关系进行全面梳理和反思。本书建议，我国政府和媒体的关系要做到如下几点。

第一，在保持对媒体控制的情况下，政府应适度给予媒体一定自

---

① 《"除非你们那儿也出几个吕日周"——访长治日报社社长王占禹》，《经济观察报》2002 年 8 月 19 日第 3 版。

② 厉国刚：《浅析吕日周式的新闻监督》，《新闻知识》2003 年第 4 期。

主活动空间。同样是我国媒体，同样受到中宣部管理，全国各省市媒体新闻和评论，每个省市尺度并不一样。大部分省市媒体言论尺度紧跟中央要求，但也有极少数省市如广东媒体，尺度明显比其他省市要大一些。这其实和媒体所处的媒介生态环境有关，也和当地政府部门管理者对媒体言论尺度认识有关系。广东省当地政府给广东媒体相对较大的自主活动空间，使广东当地媒体可以在各种突发事件中多方面挖掘新闻，极大地提升了广东当地媒体的竞争力，获得了社会效益和经济效益双丰收。在保持对媒体控制的情况下，适度给予媒体一定的自主活动空间。只要媒体活动合理合法，就不要多加干涉，允许媒体做一些自选报道。

第二，要尽量避免媒体成为某些地方党和政府个别领导人的舆论工具。我国政治制度是民主集中制，在一个领导集体里，施行的是少数服从多数的集体领导原则。个别领导脱离领导集体，凌驾于领导集体之上，是不被认可的。在新闻媒体领域，更不能出现个别党和政府的领导一个人控制当地媒体，当地媒体上只出现其个人的观点，媒体成为"一言堂"的情况。尽管吕日周式的舆论监督和舆论引导有人赞同，但从长远来看，完全依赖一个人的体制模式是非常脆弱和危险的。何况这样的媒体模式还有一个致命问题，那就是控制媒体的个别党和政府领导人，可以通过媒体去监督和批评别人，而公众却不能通过媒体去监督他，事实上他凌驾于媒体监督之上。

第三，探索和建立我国政府与媒体的新型关系。长期以来，我国政府与媒体的关系正如前文所说，媒体处于一种依附地位。这种依附地位在某一些特定的年代里，为政府的舆论引导提供了便利。但是，随着时代变迁，新媒体技术日新月异，这种传统关系越来越受到挑战和冲击。特别是在突发事件中，一些地方政府和政府官员因为担心当地一些负面事件被曝光，便利用手中权力，极力压制媒体去报道事件真相。媒体由于体制原因，即使获知相关信息，也不能及时报道，非典等事件即为典型。在这种情况下，如何建立我国政府与媒体新型关系，在突发事件中，既能保证媒体服从政府指挥，又能充分发挥媒体积极性和创造性，这是一个值得学界和业界探讨的课题。

附录 2

舆论引导与舆论监督：专访吕日周

（2010 年 12 月 6 日　山西 长治）

附图 2 - 1　2010 年 12 月 29 日山西长治专访吕日周后合影（中为吕日周，
右二为华中科技大学新闻学教授、博导赵振宇，右一为笔者）

吕日周在 2003 年 2 月卸任长治市市委书记之后，就任山西省政协副主席，同时还担任众多社会机构的负责人，公务异常繁忙。一直以来，对这位传奇式的人物我们都想亲自去请教，但苦于没有机会。后来经多方联系，才初步确定了采访的意向。但由于吕日周异常繁忙，日程极难安排，后来通过各种途径联系到时任长治日报社社长王占禹，通过王占禹联系采访吕日周事宜。2010年12月初，得知吕日周同志在长治，在山西进行调研的我们一行紧急赶往长治。经过反复协调，最终联系到了吕日周，他同意了我们调研组一行的采访要求。

2010年12月6日，在山西省长治市长治宾馆，调研组一行专访了吕日周，时间长达近2个小时。采访中他谈到了他的从政生涯，以及他任职期间对新闻舆论引导、舆论监督的看法和相关实践。内容很长，但是其话语体现出吕日周独特的魅力：谈吐自如的语言表达、深入透彻的分析能力、深厚的语言文化功底……这个专访对于理解当代中国政府和媒体的关系、地方主政官员对于媒体的看法和实践，相信能提供诸多的参考和借鉴。

附图2-2 吕日周（右）和赵振宇教授就舆论引导、舆论监督等话题深入交谈

下面是访谈的正文。

调研组：您好，很感谢您在百忙之中接受我们的采访。您能先谈谈您早期在原平县的一些经历吗？

吕日周（以下简称吕）：在山西省原平县我做了6年的县委书记。这个县怎么管理呢？那就首先要平衡。这样就必须有一个做事的规矩。要把有错误变成一个道德问题，让大家来评判。每一个人都愿意成为一个有德的人，他不愿意成为一个缺德的人。就用这种心理管理社会。

调研组：您当时提出口号"政府创造环境，人民创造财富"，具体含义如何？

吕：这个口号是我到长治以后的提法。我在当县委书记的时候不是这个提法。当时提出的是"政府搭台，经贸唱戏"。政府搞好服务，搞好方方面面的服务。比如说卫生就是服务，安全就是服务，环境就是服务，文化生态就是服务。我曾在县城的马路边梨树上摘下几筐梨，给县委的相关领导送去，他们不相信，说县城的树上还有梨。我说你们不信去看，这个是真的。后来一条马路上黄花菜产出了上千斤，葡萄上万斤，梨子、苹果产量则更多。上级来检查卫生，在街上发现到处都是干干净净的。他们好奇地问我说："吕日周，你哪来这么大的本事呢？我们刚打电话一两个钟头，你就把我们要看的地方弄得干干净净啦？"我说："这个不是，你检查不检查我都是这个样子。本来我就是这么干净的，你可以检查。"这样的事情一直到我当市长，当市委书记，这是一脉相承的。有人说，吕日周到长治去了以后，55岁了，拼了命一搏，那倒不是。我到长治以后，发现一条马路上全是垃圾，那我马上就开会，开百人以上的现场会。弄一个红旗在这一插，然后让这个负责单位向不认识的单位、不认识的领导介绍如何搞得这么不卫生的经验（笑）。让你讲啊，你用什么办法把这个地方搞得这么不卫生。我们这也叫邋遢现场会。在垃圾堆上插一个红旗，立即开会，让他介绍，介绍完了罚钱，然后是电视、广播报道，报纸上刊登。给领导干部挂红旗，你就是负责卫生的副市长，我给你挂红旗。那个就说了，我也是个市长，你怎么给我挂红旗？我说，那行，你要不挂，那挂在我的办公室，我替你。因为我也有责任呀！我当市委书记把这个地方搞得这么脏。那你要替我，你就要挂三个月，挂在他办公室。不卫生红旗，挂在他办公室。然后报纸就登了。有一个不属于我市管的企业，拒绝挂黄旗，说我不挂，死活不挂，我们开现场会，这一天好像是四月十二号，定为"知羞知耻日"，你搞得这么垃圾遍地，别人给你挂黄旗，你不挂。不知羞，不知耻。你虽然不属于我市管，但是你水是我的，电是我的，卫生是我管理的。这边的中央企业很多，而且我还可以给他定义为不受欢迎的人，我们不要他在这边生产。看似好像管不住，但只要下决心，有什么管不住的。你黄旗不挂，好，我说挂我办公室。就挂在我的办公室，然后在报纸上发表文章，说为什么挂我办公室。我市委书记没有当好，我不光没有管好这些垃圾，而且也没有管好这些犯错误的不知羞，不知耻，还不知错，这也是我的责任，我是书记，在会议上、报纸上登。因为我知羞、知耻，他不知羞、不知耻。所以在当县委书记的时候，我当时关注经济体制，要使这个地方的人富裕起来，要把社会和民主建设好。这个我当市长以后，这个社会就更加重要了，因为这个已经到了 1990年了。一部分人先富裕起来，已经有一个样子了，温饱不能说完全解决，也解决了一大部分。那这个时期，社会就更加重要了。这个时候我就提出"小政府、大社会""小政府、大服务"的口号，就把社会提到一个比较重要的议事日程。当然，我任市长的时间很短，才一年零两个月。我是 1989 年到任的，1990 年走的。我县委书记当了 6 年，然后是去地级市朔州。在 1989 年敏感时期，我采取了办法，每一个煤矿，我是安排两个矿长，一个矿长负责生产，另一个矿长负责轮班。我要求矿长正月初五就要到位。有人就说，正月初五哪能到位？以前正月十五到位也就不错了。有的地方正月十五也到不了，只有到二月二龙抬头才能去。我这个地方不行，我要求你正月初五必须到位。哪一个矿长正月初五不到位，你立刻免职，让另一个矿长上去。那他谁也不敢，哗哗地都上去了。这不是政治体制改革的范畴吗，你说。这个办法就很多了，我就不一一说了。我就使用这样的自逼机制，这样的方法。哪一个企业是亏损的，可以说企业不管是哪个方面的问题，主要是机制方面的问题。所以我就拿个本子记录，亏损企业的名字，亏损企业的数量，亏损企业的党委书记，还有其他领导。时时督促，这样就上去了。别人说你这个办法可以学吗？我说你们不行，我说这个惹人。因为如果你和这些人有什么关系，你就不能驳别人的面子。我就把这些人的面子驳回，我就不怕惹你呀！我说你怕惹他，他为什么不怕惹党，不怕惹民。他不怕惹民，我就敢惹他。他不怕惹党，我就敢惹他。他为什么怕惹我，因为我是代表人民，代表党的，他就怕惹我，我就不怕惹他。所以就是这样的，你多观察，就会发现社会的一些紊乱的现象。比如说我到了一个农业学校，门口的黑板上写着，我们对社会不满，现在开始罢课。我就看到社会问题了。社会上的问题是很多的，我把这些问题归纳起来，给省委、省政府、省军区每一个月写一个局势报告，我这个局势报告在六月三号就给省委省政府送去了，指出现在如果我们不注意社会的紊乱现象，将要发生比通货膨胀更严重的问题，社会动乱。这个报告我三月份就写出来了。在写报告的同时，我还做了几方面的事情：首先是所有学校的学生军训。其他的地方都是风波之后军训的，我是六月三号就开始军训的，我军训了所有机关干部，所有工厂职工。而且我提出了保护"五库"：保护粮库、保护水库、保护金库、保护武器弹药库（还有个什么库不记得了），这样"六·四"之后，我这儿没有走一个人，我这儿表现非常好。所以，最后，中央军委、国务院嘉奖了我。全国当时受嘉奖的只有两个人，一个是我，朔州市的市长，另一个是上海长宁区的区委书记李仁杰。但是，在当市长一年两个月之后，突然将我免职。免职干什么，当省体改办公室的副主任，括号正厅级待遇。这样一来，我在体改办就干了十年。当然，后来我马上就升为主任。这个体改办在我到长治当市委书记后就解散了，现在没有了。在这个体改办，我只管 50 个干部。过去领导千军万马，现在只管 50 个干部。我有一个黑板，每天谁迟到了，谁早退了，谁发生了什么大事情，我都写上。还写上诗歌什么的。有人说，这可不像在下面当县委书记，市委书记领导几十万，上百万的人，你天天批评的，也就那 50 个人。我说我不管那些，好的得表扬，差的要批评。而且都是公开的批评和自我批评。共产党执政以后，关起门来的批评不起作用，或者说不起根本的作用。我都是公开批评和公开自我批评。这个我认为，我们执政党要采取这种办法。过了一段时间之后，在群众评议开会时，我说你们不要只批评副职，这些副职都是在我的领导之下。他们的错误都是由我造成的，你们要冲我提意见，冲我开枪，冲我开刀。我这样讲完之后，省里面派来的督查组和我说，别人的单位推都推不去，你还这样说，到时候群众评议你过不过得去？我说，过不去算了，反正我就是这个做法。最后，群众评议我得了全票，没有一个反对票。省督查组感到非常奇怪，这个人一天到晚批评人，最后得了全票。我得了全票，我十年就是批评这 50 个人。体改办当时没有什么办公经费，我给大家生活福利待遇还好，加班加点地做事，方便面不知道吃了多少。第一天开会，我叫一个外面的同志来开会，他坐在凳子上，裤子就被上面的钉子给划破了。当时就有人开玩笑说，体改办不能去。这得亏是破了一个男同志的裤子，要是破了一个女同志的裤子，那都出不去了。这十年，当然委屈还是有一点委屈，但是主要还是考验。我从来都不把这十年看成凄凄惨惨，而是觉得党的伟大。这种伟大就是党把你放在你认为很委屈的地方，你在这个地方卧薪尝胆，做出成绩，这才算了得。我不认为这件事情对我来说有多坏，当时可能有点想法，但是现在我认为是一笔宝贵的财富。在这个位置上，你干还是不干。我一天都没有休息。从体改办出来后到了长治市，时间已经到了 2000 年。去了那里一看，最大的问题是管不住干部，干部的作风不行。那个时候领导干部管不住干部，干部管不住群众，主要是这个问题。这个时候，要让一部分人先富起来，必须是调整经济结构。你就必须走向工业化，走向信息化。要想实现这个目标，你就必须是政府创造环境，你必须要有一个好的环境。要政府创造环境，必须是干部转变作风。你必须按照中央的要求，如"三个代表"的思想，来解决世界观、人生观、价值观等存在的问题。这个时候，我就采取了五部曲的工作方法。第一就是要让人们先富起来。要想人们先富起来，就要政府创造环境；要政府创造环境，就要干部转变作风；要干部转变作风，就要干部深入基层，向农民学习、向工人学习。这里面，干部转变作风是主体。我主要就抓这个事情。这个事情怎么抓？这就需要首先提出一个口号，"政府创造环境，人民创造财富"，又提出"党员创造机遇，人才创造业绩""企业创造市场，社会创造特色"，基本上就是这六句话。这六句话提出来之后，就让干部下基层，深入基层，抓落实，到底下。对于不听话的，不干事的，直接予以曝光。我这报纸三年来统计、点名批评了 700 人还是 900 人，包括下面的县委书记。我每天早上五六点，就起来看报纸。最早的有三四点钟起来的，那就不说了。那个时候，在这样一个地方，你没有那个精神是不行的。没有那个精神，没有那个干劲，你带不出来，你必须你带头。带头，还要带到，你自己带头了，带到全体干部中去。

附图 2 – 3　吕日周（右）与笔者亲切合影

调研组： 在这几年也宣传了一些先进的模范人物吗？

吕： 当然也有。当时春节后一上班，就带领所有的领导干部到西沟（山西省长治市平顺县西沟村，革命老区。中国第一个互助组诞生地，建设社会主义新农村的杰出典范。郭玉恩、李顺达和申纪兰三位全国著名劳模的家乡）去学习，去学习太行精神，一学习就是三天。那个时候还没有正式上班。三天回来之后，接着上班。没有一天是不干事的。典型是好多的典型。所以这个过程当中，党的优良传统我们进行良好的实践。密切联系群众，我们是去密切联系那些需要解决问题的群众，这些地方是我们需要密切联系的。批评和自我批评，理论联系实际，主要是理论联系自己实践的案例，说出别人没有说过的话，这就叫理论联系实际。所以，我们对于这三个方面是进行创新和发展的。

调研组： 我们在街上走访，反映很不错，出租车司机都对您印象很好，有一些司机还自费购买党报，这个在其他地方是很少看到的。

吕：这个是的。只要你对老百姓好，老百姓会记得你的。虚情假意真不了，真情实感买不来。老百姓不管你在职不在职，不管你掌权不掌权。看你干事了没有，你干事了就没有问题。前些年出的一本书《他改写了一页历史》，上下两册，上海的文汇出版社出版的，这本书对你们来说应该是有帮助的。

附图2-4　吕日周为调研组一行题字留念

调研组：您现在是省里的领导，现在经常全国各地去参观考察。根据您的观察，现在我国的舆论引导、舆论监督还存在哪些问题？

吕：我国现在重点要转到政治体制改革了，市场经济主要是抓两个字：机制，产品的机制。政治体制改革也是两个字：机制，但是它是人才的机制。人才的机制需要民主，你有民主才有竞争。民主又分为社会民主和党内民主，党内民主是重点。党内民主又重点在于领导干部集中制的执行和贯彻。领导班子的民主集中制又重点表现在通过民主集中制方法的创新，来解决用人导向，也就是干部体制的改革。这是我谈的转变的重点，重点就是如何通过发扬党内民主，解释和创新民主集中制的方法，从而达到端正用人导向，将德才兼备的干部放在各级领导岗位上来。我这个不是从理论出发的，我这是从实践出发的。比如说，巴中县的改革案例，河北省大名县的改革案例，还有江苏省睢宁县的改革案例，还有很多。最近在北京，召开了睢宁的改革讨论会，明年在昆明召开包括清华、北大、中央党校、国家行政学院等参加的讨论会。

调研组：现在的舆论引导，和10年前的环境有了很大的变化，新媒体出现并得到极大的普及。就您的观察，您觉得和10年前的舆论引导和舆论监督有何差异？

吕：我觉得，首先来讲，新闻舆论监督是在党的领导下进行的。但是这个党的领导也不能是传统的党的领导，而是在改革开放背景下党的领导下进行的。这是第一点。第二点，党的领导要坚持支持基层的实践，把这些基层的实践评估、归纳、演绎，形成文件和法律，比如说形成一个全国性的新闻舆论监督法，或者是形成一个新闻舆论监督的规定。我觉得这个时机已经成熟。有了这些法律法规，就可以指导下面的工作。在实践一段时间之后，再进一步下文件。

调研组：当时您在长治的时候，也出台了一些文件。

吕：我们当时也出台了一些办法。当时作出了一些新闻舆论监督方面的决定，当然没有立法。我们先起草了草案，然后我给省人大写了信，送了报告。然后省人大派人来看，他们认为等中央作出决定之后，咱们再研究，所以我也就没有办法了。

调研组：你们就出了一个法规性的东西？

吕：法规性的东西，这个东西你不能务虚地介绍，经验、教训都要放进去。第三点基层的一些领导人要大胆地实践新闻舆论监督。这个不能等待中央事无巨细地给予指示，给你说明白，讲清楚，这个你不能要求中央这样。有的人说，中央没有讲清楚，我就不干。中央只能给你留下很大的空间，要求你进行新闻舆论监督，要求你进行民主。那么怎么进行新闻舆论监督，怎么民主，你就要大胆地实验。这个我们下面就要大胆地实验，要学习一些敢于大胆在这些方面突破的，比如江苏睢宁县委敢于政治担当的这种精神，我觉得应该学习。

调研组： 典型的案例，您了解的有哪些？

吕： 案例很多。但是在新闻舆论监督这方面，有高水平的不多。我现在认为水平最高的就是睢宁县。它这个地方的新闻舆论监督已经进入网络时代，他不是一般的报纸，而且他这个监督是全方位的，既监督领导班子、全体干部，还监督全体群众。这个就是很有意义了。

调研组： 睢宁的案例比较典型。

吕： 第四点，如果我们是主流媒体，就要进行舆论监督。如果是社会媒体，就要进行舆论监督。如果是主流媒体，有上级党委政府作为后盾，就要进行舆论监督。如果是社会媒体，因为要考虑到社会竞争的压力，就要相对科学地进行监督。

调研组： 我们在和其他人座谈的时候，当时听说一个说法，"报纸教育干部，电视感动群众"。这些理论是您总结的。一段人物和历史是分不开的，您在这个时间和空间里做的事情，历史是抹不掉的。

吕： 与西方国家不同，中国是民主集中制。这种制度决定了一把手特殊的地位。如果这个一把手觉悟低，那就是人治。觉悟高，那就是领导干部的模范带头作用。所以，我很反对把模范带头作用和人治混为一谈，尽管他们做事的方式和方法有很多相似的地方。但是不能把领导干部的模范带头，实现党的号召，敢于政治担当，一概说成人治，这一点，我是很愿意把这个话说明白的。做错的，就是人治；作对的，就是模范带头作用，这个要区分清楚。

调研组： 任何法规都要人去执行。

吕： 那是，在法律允许的范围内，人的作用发挥得愈大愈好。在符合人民的愿望的条件下，为了人民，人的作用发挥得越大越好。违背了法律，违背了人民的意志和愿望，独断专行，这就是人治。当一个地方这个领导人离开了，或者消亡了，或者是走下坡路了，就所谓"人走政息"。用这些对这个领导进行否定，是不公正的。我们要保护、支持、推广这些做法。如何评价这个地方的工作，是上级党委的事情，不是他本人的事情。他本人好不容易创造这些案例，调走了，就"人走政息"，你不能说这就是人治，这个不行。尽量从实践当中总结一些制度性的东西，那我在这个地方也制定了好多制度，一走好多也没有了。你怨我，那是不对的，我走了，你还埋怨我。有人和我说，日周同志，你走以后，你那个地方上访的人又多了。我说，我走了，那就不是我管的事情，那是别人管的事情。要不你把我再调回去。这个道理你们一定要研究清楚，"人走政息"到底是什么原因？把这个问题搞透。在现在的情况下，案例是最重要的。案例是共产党进行民主政治的向导。红军长征的时候，走到草地的时候还得有个向导，我们的案例就是现在的向导，就是草地上的向导。

调研组：很精辟呀！您这有实践，又有理论，而且提的口号又有特点。昨天开座谈会的时候，大家不时说起您当时的口号。您离开长治几年了，大家都还记得，这说明您的这些说法的科学性。

吕：这也是我一直想的。很多时候，一个事情，有人说你对，有人说你不对，这就逼着你想出一个道理来。我也不是搞理论的，但是现实社会逼着你想其中的道理。这些道理我觉得就是中国化的马克思主义。马克思主义和中国国情的结合，你不能光从毛泽东、邓小平、胡锦涛等领导人的讲话中去找，你也要加上基层官员结合当地实际的分析和结论。领导人的讲话代表的是国家的整体，而地方领导人就要结合现实情况，将这些理论具体化和细化。如科学发展观，要害是发展。但是如果你科学不发展，安全不生产，那当然就不行。科学只是一个方向，是逐渐解决发展当中的一些问题。任何人要办一件事情，你不可能不出现缺点和问题。科学发展观，科学是一个目标，是一个方向，是一个导向，是一个过程。我首先要发展，发展的过程当中我要注意，不能先污染后治理，但是你再注意，你也会出现问题。如果你纯粹地要求科学发展，那你啥也干不成。它首先是科学，然后是发展。方法就是体制，我的方法是有什么问题我研究什么方法，我不管它方法有人说好，有人说不好，只要解决问题的方法就是好方法。经常有人跟我说，你又干什么啦，你咋在广场上接见老百姓，你的方法实在是不妥。我说，我方法确实是不好，我也不能说我的方法好。我说我这个人很笨，我考大学也只是考到山西大学，也没有考到清华北大。我这个人比较笨一点，但是有一条，我能解决问题。我用这些方法，这里的老百姓没有一个到北京去上访的。没有一个去太原上访的。在这期间，没有一个人去上面上访，一个都没有。我说我方法不好，我效果好。你说产生坏效果的方法，你说它是坏方法，还是好方法？

"上访变下访"就是我提出来的。你不接触老百姓，自然就不知道老百姓的想法。所以，我要求所有的县委书记都要住到当地上访时间最长的上访户家里，一直住到你解决问题再回来。有一个干部在一个群众家里住了7天，就住在别人家里面。这个上访户感到很麻烦，因为每天还要给他做饭。这个干部说，我还住3天。你上访10年，我在你家住10天还不行。这个上访户说以后再也不上访了，就把这个问题解决了。你说这个办法是好办法还是坏办法。我是什么问题就用什么方法去解决。所以我不怕问题，没问题我找问题。那最后是什么情况呢，上访的群众见到我以后就跑，我也不打他，不骂他，我给他们解决问题，为什么他们见到我就跑？他已经什么问题都解决了，就再没有问题了。有一个人背着黄书包，穿着破鞋，看着好像又来上访了。我说，老人家，过来，你有啥问题呀？他就跑，我说你跑不了，过来照相。我们这儿每一个上访的人都照相，建立档案，这个人哪里人，干什么事情，上访要解决什么问题，档案上都要记录下来。我问他，你来有啥事情？他说没事，我就是来看看。我说你上访成瘾了，你没有问题又来了，别人都可以来，唯独你不能来。他说为啥我不能来。我说你是哪个村的人，哪个哪个村的。我说你村里的人来找我，这也不容易呀。为啥不在村里面解决呢？他说村里面哪个王八蛋不解决问题。我说哪个王八蛋，你哪一天找他呀？我找他多了。你别说多，哪一天你找过他？你说啥，他说啥。好，行了。我说乡里头你不去呀，他说那更是一个王八蛋。好，我又记下。县里头，都记下了。我说，今天你别走，住在宾馆休息，洗个澡，下午就开会，三堂对质。我在那儿坐着，或者其他人在那坐着，村里、乡里、县里都说明情况。我说，我花这么多的时间，肯定要处分一个人。结果是你说谎，处理你，咋处理呢，你是个老百姓。我就说明谁谁谁在那胡说八道，他说谁是个王八蛋，最后根本没有找人家去。把这个说明发给他的亲戚、朋友、父母、子女，大家都知道了。这就变成一个道德问题了。这就说明不能胡说人家。我还要批评村干部，别当官啦，你当官干什么？你是第一道防线，你第一道防线撕开，第二道防线撕开，第三道防线撕开，然后让"敌人"打到我的指挥部，我做司令的要去打仗，在战争年代，这要枪毙你们。上访者走了，干部着急了，我就不着急了，我这儿就没人了。我不怕你越级上访，但是我要清楚你为什么要越级上访，把这个摸清楚。我管理这个地方几年，只发生一起煤矿爆炸事件，当时处理了二三十个人。后来，我规定，哪一个县里发生了重大的煤矿责任事故，这个县的相关县委书记、县长等领导先辞职，然后再追究责任。就这一条，不要我多说。你这个地方爆炸了，你下过井，不辞职，追究责任就行了。如果说你没下过这个井，这个井爆炸了，又是你领导的范围之内，那么你辞职，我就这一条。这个下面的一些干部就害怕呀，就是要求你干部下井。以前有地方要求下井，那是要求矿长下井，还是低层次的。我这要求领导干部下井，我自己首先带头。我下了一个两尺多高的煤矿，我钻进去，我钻了400多米。我钻进去了，那你们都得钻进去。到现在，他们还没有突破我这个纪录。这又不是亚运会、奥运会，你跑不动。这种煤矿比较小，不是那种能下大汽车的煤矿。这种煤矿瓦斯很严重，很容易爆炸。县委书记见到我说，我怕得不行，这煤矿一爆炸我就完了。我说你怕什么，你先下井，不然到时候会追究责任。那追究责任怎么办，我说办法有啊，你可以不害怕，你不要当县委书记，不要当县长。你当县委副书记，那就不一样了嘛。如果这个煤矿发生爆炸了，你是县委副书记，又不分管这个领域，可以不追究你的责任。我说，你当副的嘛。哎呀还是要当正的，我说你当正的就要下去。那乡党委书记别人就不害怕吗？你不下去，你不惹人，党就惹你，很简单。谁不搞卫生，就打扫谁。谁不带头，就不叫让当头。谁不取消野矿，我们就扳倒谁。我的话很简单，老百姓都能记住。这些话特简单。哪一个人管的地方出现了问题，我就找他的问题，就这么简单。有一个乡党委书记被我撤职，立马搬走，房子只剩下空板床。县里连夜派一个新的乡党委书记到当地接手开始工作。这个新的乡党委书记来这个地方，就只有这个空板床。就这样的一个地方，他也把房子打扫得很干净。你新闻舆论监督的范围广，当时一些人觉得乡党委书记不好干。报纸监督，群众监督，在一些地方已经形成了良好的风气。

调研组：非常感谢您接受我们的采访，谢谢！！

吕：谢谢！

（采访稿根据采访录音资料整理）

附录3

国家舆情战略研究热点解析

——基于国家社科新闻学与传播学舆论、舆情立项项目的分析（2007—2016）

一 研究缘起和目的

　　新中国成立以来特别是 20 世纪 90 年代以来，党和政府高度重视舆论工作，历任领导人有很多精辟论述。江泽民同志 1996 年 9 月 26 日视察人民日报社指出："舆论导向正确，是党和人民之福；舆论导向错误，是党和人民之祸。"胡锦涛同志 2008 年 6 月 20 日，在《人民日报》创刊 60 周年之际视察人民日报社，提出必须加强主流媒体建设和新兴媒体建设，形成舆论引导新格局等 5 点意见。2016 年 2 月 19 日，习主席在党的新闻工作舆论工作座谈会上指出，要牢牢坚持正确舆论导向。2016 年 11 月 7 日，在第 17 个记者节到来之际，习主席在接见中国新闻工作者协会理事会全体代表和中国新闻奖获奖代表时强调，做好党的新闻舆论工作，营造良好的舆论环境，是治国理政、定国安邦的大事。

党和国家领导人对舆论、舆情的重视，说明舆论、舆情在新时期中国的极端重要性。作为社科研究领域最高级别科研项目，国家社科基金项目历年舆论、舆情立项课题，全面反映了我国舆情战略研究热点。

　　国家社会科学基金设立于 1991 年，由全国哲学社会科学规划办公室负责管理。设有马克思主义·科学社会主义、新闻学与传播学等23 个学科以及艺术学、军事学、教育学等三个单列学科，已经形成包括重大项目、年度项目、特别委托项目、周期资助项目、西部项目、中华学术外译项目六个类别立项资助体系。推出了一大批有深度、有分量的研究成果，培养了一大批功底扎实、锐意进取的学科带头人，国家社科基金项目的导向性、权威性和示范性作用越来越明显①。

　　对于国家社科项目新闻学与传播学立项课题，有学者做了一些前期研究，知网上相关论文有 10 多篇。这些论文绝大多数都是对新闻学与传播学学科立项课题的研究，专门研究国家社会科学基金项目中舆情舆论的论文仅有 1 篇，为《国家社会科学基金项目舆情研究的回顾与展望》（陈强，2011）。这篇文章指出我国舆情研究的立项数量和研究机构数量都呈增长趋势；舆情信息汇集和分析、舆情预警和疏导、突发事件舆情和新媒体舆情是舆情研究重点②。其余 10 多篇论文中，具有典型性和学术价值的一篇是《我国当前新闻学与传播学研究热点解析——基于国家社科立项项目（2009—2013）的视阈》（石磊、谢婉若、庞弘、田大菊，2014），此文分析了 2009—2013 年我国

---

　　① 国家社会科学基金，百度（http：//baike. baidu. com/link？ url = KF3fARA6iuOiIa - XwOom2caqcMELHpb - YFBidDGWsFziVgXgSgmYkXe6WzQKc_ wiYHXBZ_ 6gY2Hc - - mHaSAO5syj3k_ vUbYVQhiRnuLA7L_ 7w82Vci9CKdHP51wb1a2CaAeHd6Ww0C7lQPiKT9U3MhLKZ4aOg0 - We - 4HQn91dsjcsewmwC91rhkOLwgYX1Am）。

　　② 陈强：《国家社会科学基金项目舆情研究的回顾与展望》，《电子政务》2011 年第 12 期。

新闻学与传播学研究热点，指出研究主题主要集中在新媒体、国际传播、媒介经营与管理、媒体舆论①。

我国学者对国家社会科学基金项目新闻学与传播学舆论、舆情课题有一定研究，但不明显。总的说来有如下几点：一是研究数量太少。总体涉及新闻学与传播学立项的论文才 10 多篇，其中涉及舆情研究的仅仅 1 篇。相对于国家社科近年来每年几十个舆论舆情立项，数量显得太少。二是时效性太差。一些研究文章研究课题截止时间是 2007 年，或者 2009 年，最新的也是 2014 年。仅有的一篇涉及舆情研究的截止时间是 2011 年，距今已经 5 年了。5 年又有数以百计的社科项目立项，这些新课题带来的变化在这些文章中看不到。三是研究不够深入。多数研究文章程序化东西偏多，对于立项数量、单位、机构等有归纳，但对于研究中存在的问题，并没有进行深入分析。

本书选取的 2007—2016 年国家社会科学基金项目中新闻学与传播学立项项目，皆来自全国哲学社会科学规划办公室网站②。将研究主题涉及舆论、舆情的选择出来，集合于一个文档中成为研究样本。通过分析揭示国家社科基金研究导向、国家舆情研究战略热点所在，为本领域研究者提供借鉴和参考。

二　研究热点解析

2007 年到 2016 年的 10 年间，国家社科基金项目新闻学与传播学立项数量增长非常迅速。2007 年国家社科重点及一般项目总计为 39

---

① 石磊、谢婉若、庞弘、田大菊：《我国当前新闻学与传播学研究热点解析——基于国家社科立项项目（2009—2013）的视阈》，《现代传播》2014 年第 8 期。

② 全国哲学社会科学规划办公室（http://www.npopss-cn.gov.cn/）。

项，到了 2016 年，国家社科重大项目有 8 项，重点项目有 9 项，一般项目有 97 项，青年项目有 37 项，合计 151 项。10 年之间增加了 110 多项，增加了近 3 倍。

在国家社科基金项目总体数量迅速增长的背景下，舆论舆情立项数量也有了增长。具体数量见附表 1。

附表 3 - 1　2007—2016 年国家社科基金项目主题为舆论、舆情的项目数量

年份	2007	2008	2009	2010	2011	2012	2013	2014	2015	2016
重点、一般、青年	5	0	6	14	24	24	19	22	18	18
重大项目	0	2	2	0	1	2	1	6	0	1
西部项目	0	0	2	3	2	4	2	3	3	2
后期资助	0	0	0	0	0	0	1	1	0	0
合计	5	2	10	17	27	30	23	32	21	21

从附表 3 - 1 可以看到，2008 年之前，关于舆论、舆情的国家社科基金项目，数量非常少。2008 年之后，数量迅速增加，2011 年、2012 年到达顶点。两年立项数量达到了 30 项左右。立项比例上更加直观。2007 年，主题为舆论、舆情的立项数占新闻学与传播学总立项的比例为 12% 左右，2008 年为 5% 左右。到了 2011 年比例上升到 22% 左右，2012 年为 23% 左右。之后几年一直维持在这个比例，2015 年、2016 年略有下降。

国家社科基金项目研究主题涉及范围广泛，包括国际传播、媒介经营与管理、新闻传播史、传媒文化、传媒规制与伦理、受众研究、民族三农等。在如此多的研究主题中，舆论舆情立项数量多的年份占

比超过 20%，充分说明了党和政府对它的重视，也说明了此领域社会急需程度。选题具体分布见附表 2。

附表 3-2　国家社科新闻学与传播学舆论、舆情立项项目研究主题分布

年份	主题							
	新媒体舆情	突发事件舆情	边疆、民族地区舆情	舆论战、舆论斗争	台海及两岸舆情	媒体舆论引导	舆情预警、监控	其他
2007	1	1	0	0	0	0	0	3
2008	0	0	0	0	0	0	0	2
2009	2	4	1	1	0	0	0	2
2010	5	8	2	0	0	0	1	1
2011	7	14	2	0	1	0	1	2
2012	5	8	4	1	0	8	0	4
2013	9	4	4	0	0	3	1	2
2014	14	4	3	4	0	1	0	6
2015	13	2	4	1	1	0	0	0
2016	8	5	1	0	0	0	1	6
合计	64	50	21	7	2	12	4	28

从附表 3-2 可以看到，课题研究主题广泛，如新媒体舆情、突发事件舆情、边疆民族地区舆情、舆论战舆论斗争、台海及两岸舆情、舆情预警监控、媒体舆论引导等。在这些研究主题中，10 年来研究最多的课题数量位居前三的依次为新媒体舆情、突发事件舆情、边疆民族地区舆情这三个板块。

2007 年舆论引导格局研究最多，共有 3 项。2008 年两项都是舆论引导力研究。2009—2012 年，立项最多的是突发事件舆情研究，最

多的一年达到了 14 项。2013—2016 年，立项最多的是新媒体舆情研究，最多的一年也是达到了 14 项。在 2009—2016 年这 8 年中，新媒体舆情和突发事件舆情研究总是位居前两位，充分说明了这两个领域的研究热度。具体研究热点分析如下。

（一）新媒体舆情研究

随着传播科技的迅猛发展，各种新兴媒体样态不断涌现，数以亿计的公众开始远离传统媒体，拥抱新媒体时代的到来。传统媒体舆论场影响力开始下降，新媒体舆论场影响不断上升。国家社科基金项目敏锐捕捉到这些变化，课题设置也随之跟进。

20 世纪 90 年代，互联网开始引入我国。到 21 世纪初，互联网已经成为公认大众媒体。互联网的普及，引起了国家部门对于互联网舆情的关注，此类的国家社科课题应运而生。2010 年，首次出现了博客的舆情研究。网络博客能够成为舆情研究的领域，在于 2005 年是大家公认的博客元年，之后博客在中国已经获得了快速发展。

2010 年之后，网络舆情依然是研究重点，但各种更新的"新媒体"所呈现的舆论、舆情，成了研究选题。2011 年，手机舆情、微博舆情研究都首次出现，微博舆情一出现就有 4 个立项。微博舆情研究有如此"热度"，其原因在于 2010 年被称为"微博元年"，在这一年，搜狐、网易、腾讯、新浪同时推出了微博服务。微博业务迎来了爆发式增长，它的出现也标志着我们全面进入"自媒体时代"。

2013 年微信舆情课题开始出现，这是微信舆情首次见诸国家社科基金项目立项名单。微信诞生于 2011 年 1 月，在经过用户体验不断修改和版本升级之后，微信迅速受到了用户欢迎。2012 年 3 月，用户数超过了 1 亿。2012 年 9 月 17 日，用户数超过了 2 亿。2013 年 1 月

15 日，用户数超过了 3 亿。不到两年时间，微信就成为强势社交媒体①。

2014 年，关于微博舆情立项还有 3 个，但更为显眼的关键词是"大数据"。涉及大数据立项有 4 个，而且几乎全部是重大项目。大数据这个概念在 2012 年的美国开始被越来越多提及，之后被引入中国。2013 年 1 月，被誉为"大数据第一人"的维克托·迈尔·舍恩伯格的经典之作《大数据时代》在中国出版。至此，大数据研究开始进入国人视野。由此可见，2014 年这几个涉及大数据舆情的重大项目立项，是有合理性的。2015—2016 年，微博、微信、大数据舆情仍然有课题立项，热度不减。

从 2007 年互联网舆情研究到 2010 年首次出现博客舆情研究，2011 年首次出现手机舆情、微博舆情研究，2013 年首次出现了微信舆情研究，2014 年首次出现了大数据舆情、融媒体时代舆情研究，一直持续到 2016 年。每一个新的媒体样态出现之后，国家社科基金项目的研究就会迅速跟进，紧密追踪这些新媒体样态的舆情特征。微博、微信、大数据等新兴媒体样态舆情分析和研究，成了这 10 年研究热点所在。

新媒体舆情研究的具体领域可以分为 3 个。

（1）网络新媒体舆论舆情发生、研判、监测、预警、引导、对策等机制研究。对于互联网、博客、微博、微信等新媒体所呈现的舆论舆情，研究舆情发生和演变机制、建立和健全监测和预警机制，在掌握信息的基础上建立研判和引导对策应对，覆盖整个舆论舆情研究全流程。

舆论舆情发生和演变机制研究。相关项目如"网络舆论引导规律

---

① 《微信发展历程：从诞生到风靡》，品途网（http://www.itp8.com/smm/8638.html）。

研究"（林凌，2009）、"基于数字仿真模型的网络舆论引导规律研究"（吕德生，2009）、"互联网时代网络舆论发生机制研究"（余红，2010）、"手机舆情形成机制及应对研究"（邹军，2011）、"网络舆论传播与演化机制研究"（邓若伊，2013）、"政务微博意见领袖形成机制的经济学分析"（刘泱育，2013）、"基于行为和关系大数据的网民识别和舆情研判"（钟智锦，2015）、"媒体融合背景下舆论形成与扩散的网络门槛研究"（王成军，2015）等。

舆情预警和监测机制、引导机制研究。如"网络舆情监测与引导机制研究"（喻国明，2011）、"微博客舆情监测与主动引导机制研究"（禹卫华，2012）、"基于模糊理论的网络舆情分析、评价与对策研究"（尉永清，2012）、"网络舆情监测与引导机制研究"（张树庭，2012）、"微传播的舆情分析与治理路径研究"（方金友，2016）等。

（2）网络新媒体谣言的传播规律、对策研究。网络谣言是新媒体环境下，信息在不透明环境下产生的失真和变异。网络谣言研究，对于了解信息传播的全过程有着重要意义和价值。如"网络谣言的传播规律及应对策略研究"（周裕琼，2007）、"突发公共事件中谣言传播的机制及其治理研究"（王颖吉，2011）、"微博谣言综合治理研究"（尹良润，2012）、"新媒体环境下网络时政民谣的传播与政治信任研究"（王雪莲，2014）、"社会化媒体环境下网络谣言传播及其协同治理研究"（宋祖华，2014）、"网络谣言的形成原因与治理对策研究"（陈国战，2014）、"UGC媒体语境下的信息变异与治理研究"（熊茜，2014）、"基于门槛分布规律的谣言扩散模式与引导机制研究"（陈雪奇，2016）等。在对网络、微博谣言传播规律研究的基础上，提出可行治理和引导对策研究。

（3）网络公共情绪、舆论场等的研究。何谓公共情绪？刘建明认为：公共情绪是一种集合社会心理，它的外在形态一般表现为对某一事物的普遍心绪，并用只言片语透露出来①。詹绪武对公共情绪作了详细的描述："公共情绪是在社会化过程中和一定的社会情境下公众对于公共问题在某一方面的强烈感受，有着公开的症候与迹象，涉及公共事务、公众的集体心理状况，包括集体兴奋、狂热和集体沮丧等不愉快的心理状态，是社会行动结构中的动力变量，在一定时期和具体情境中，对社会走向和人们的行为走向，具有压倒性的控制力量。②"简而言之，公共情绪就是人们就社会某些热点话题、公共事务等所表现出来的强烈态度和感受。这种公共情绪，在某种意义上理解，应该也是一种潜在舆论，它的特征和走向也值得关注。相关课题有"网络公共情绪的识别、预警与疏导研究"（周云倩，2014）、"微博舆论与公众情绪互动研究"（常松，2014）、"社会动员中的网络情绪研究"（周莉，2016）等。

舆论场是指包括若干相互刺激的因素，使许多人形成共同意见的时空环境。构成舆论场有三要素：同一空间的人群密度与交往频率、舆论场的开放度以及舆论场的渲染物和渲染气氛。③ 舆论场的概念，最早也是由刘建明教授引入中国，近年来也成为研究热点。相关课题有"网络舆论场与社会舆论场互动机制研究"（王世雄，2014）、"网络舆论场与社会舆论场互动的心理机制研究"（贾兵，2014）、"移动舆论场重构与记者职业网络流动的关系研究"（瞿旭晟，2015）、"微博民间舆论场发育、构建与风险规避研究"（鲁佑文，2016）等。在新媒体环境下，多重舆论场共存，境内境外舆论场相互竞争，舆论场研究的重要性只会越来越突出。

---

① 刘建明：《基础舆论学》，中国人民大学出版社 1988 年版，第 350 页。
② 詹绪武：《公共情绪与大众传媒的宣导机制》，《郑州大学学报》（哲学社会版）2008 年第 6 期。
③ 邢彦辉：《两个"舆论场"的张力与融合》，《中国记者》2012 年第 12 期。

（二）突发事件舆情研究

经济全球化时代，人员、资金、物质都在进行全球化的流动和配给。在这一过程当中，各种风险伴随而生，从某种程度上讲，当代社会早就是风险社会。风险在社会中不再是偶然状态，而是社会常态。长期以来，我国对于这种无时无刻不在的"风险"认识不足，遭遇了很多惨痛教训，如 2003 年非典型肺炎波及半个中国，损失惨重。因为各种社会矛盾而产生的群体性事件，近几年达到每年几万起甚至十几万起①。

突发事件特别是群体性事件，近年来呈现线上线下联动，组织呈现出"互联网＋"特点②。参与的人利用互联网等新媒体发布信息，招募成员，组织活动。这种新的信息交流方式给我国各级政府部门带来了严峻挑战。原有突发事件舆论引导方式、舆情认知手段已经不符合社会实际，及时有效了解突发事件中新媒体（包括微博、微信等）的舆情，制定有针对性的舆论引导措施，就成为紧迫现实需要。在此背景下，突发事件舆论舆情研究，在 2011 年开始有了爆炸性增长，研究范围和领域全面多样。

（1）突发事件的舆情演化规律、机制研究。如"突发事件网络舆情演化模型和仿真系统研究"（邬江兴，2009）、"重大突发事件网络舆情分析研判机制报告"（龙方成，2010）、"公共危机传播中的网络舆情分析研判机制研究"（赵路平，2011）等。

（2）突发事件的舆情预警、监控研究、数据库建设研究。如"舆

---

① 《社科院报告称我国每年群体性事件多达数万起》，网易（http://news.163.com/12/1218/11/8J0KU2R500014JB6.html），2012 年 12 月。

② 《2015 年我国群体性事件研究报告》，东方网（http://mini.eastday.com/a/160320095934658.html），2016 年 3 月。

论引导力与社会舆情预警系统研究"（李希光，2008）、"突发事件网络舆情预警指标体系研究"（谢耘耕，2009）、"传媒预警与突发事件数据库建设"（喻发胜，2013）、重大项目"突发公共事件舆情应对与效果评估信息平台建设研究"（官建文，2011）、"健全社会公共事件网络舆情监控、预警及治理机制研究"（涂艳，2016）等。

（3）社会安全事件舆情研究。这个领域研究最多的是群体性事件。如"西部地区群体性事件中的网络舆情研究"（杨军，2010）、"群体性事件中的网络舆情研究"（唐远清，2010）、"网络群体性事件的预防、引导与治理研究"（董天策，2011）、"新疆群体性冲突事件中的传媒引导研究"（兰杰，2013）、"群体性冲突事件的微博舆论引导范式研究"（徐世甫，2013）、"环境群体性事件网络舆论传播与演变机制研究"（余霞，2013）、"网络群体性事件中公众意见的表达与实现研究"（李晓云，2014），也包含极少量其他类型社会安全事件，如"宗教领域突发事件社会舆情及其社会治理的实证研究"（谢雨峰，2014）。值得注意的是，突发事件包含的其他三种类型：自然灾害、事故灾难、公共卫生事件，10年来没有因这三种类型突发事件舆论舆情立项的国家社科项目。这说明，在我国的四种突发事件舆论舆情研究中，重中之重、急需解决的是社会安全事件，特别是群体性事件的舆论舆情研究。

（三） 边疆、民族地区舆论舆情研究

边疆、民族地区的舆论舆情研究这10年来总项目数位居第三，主要是两个原因：一是边疆、民族地区，特别是西藏、新疆地区近年来突发事件频发，国家急需这些地区舆论、舆情相关研究成果，以制定有效应对策略。二是这些项目大多是西部项目。西部项目集中于西

部 10 多个省市自治区，因此课题研究的范围也基本上关注于边疆、民族地区的舆情。

（1）当地社会舆论、舆情及舆论引导研究。如"藏区社会舆论与媒体创新问题研究"（谷晓恒，2009）、"新疆维吾尔族聚居区社会舆情预警机制研究"（王成涛，2010）、"甘肃藏区社会舆论的形成机制及电视媒体引导策略研究"（张浩，2010）、"舆情消长与边疆民族地区稳定研究"（刘建华，2011）、"边疆民族地区舆情分析及媒体舆论引导机制研究"（刘寒娥，2012）、"新疆少数民族聚居区舆论场调查与舆论引导体系研究"（解庆锋，2012）、"四川藏区大众传媒汉藏双语传播机制及其舆论引导研究"（李谢莉，2012）、"边疆民族地区网络舆情传播及其政府治理机制研究"（刘建华，2013）、"西藏社会舆论与媒介引导力研究"（张玉荣，2014）、"中缅沿边境民族地区新媒体传播下的公众舆论引导研究"（王天志，2015）、"微博语境下西南边疆地区党报舆论正向引导机制研究"（周燕琳，2016）。从地域上看，主要是新疆、西藏两地以及四川、甘肃藏区，仅有一个位于中缅边境地区，其他为边疆民族地区或者西南边疆民族地区。

（2）边疆、民族地区突发事件舆论舆情研究。和突发事件舆论、舆情研究类似，但是研究区域限定于边疆民族地区。关注媒体舆论引导策略的，如"新疆群体性冲突事件的传媒引导研究"（兰杰，2013）、"新疆地区群体冲突事件传媒引导研究"（郑亮，2013）、"媒介融合背景下西部民族地区重大突发事件中的舆论引导与博弈策略研究"（张硕勋，2015）。关注预警、监测、应急机制研究的，如"新疆少数民族聚居区重大突发事件信息传播应急机制研究"（王中伟，2011）、"西藏重大突发事件的舆情监控机制研究"（钟振明，2012）、"新疆非常规突发事件舆情信息监测与分析方法研究"（郭理，2014）、"边疆地区突发事件网络舆情信息二维预警指标体系与监测平台研究"（王朝霞，2015）、"社会化媒体环境下新疆突发事件舆情演变规律的分析及应对研究"（哈丽云，2015）等。

（四）其他研究次热点

相对于上述研究热点领域，还有一些次研究热点。这些研究次热点一般立项数量较少，10年间的立项数基本在个位数。基本上在某一年或者某几年集中出现，其他年份一个也没有。如媒体舆论引导研究、舆论战舆论斗争研究等。

媒体的舆论引导，立项数不多，集中在2012—2014年。2012年最多，这一年此主题立项8项。如"互联网时代传统主流媒体舆论引导效能和方法创新研究"（马利，2012）、"社会化媒体的舆论传播与引导研究"（彭剑，2012）、"全球化信息化条件下主流媒体舆论引导研究"（刘勇，2012）、"媒介融合背景下中国广播电视舆论引导能力研究"（段鹏，2014）等课题，关注媒体舆论引导的方式、效能的创新。还有部分是研究舆论引导历史的，如"建国初期人民日报的舆论引导和党报示范"（钱江，2012）、"报刊舆论与中国近代化进程研究"（刘兴豪，2012）等。

舆论战和中外的舆论斗争，也是一个研究的次热点领域。这些领域研究主要也是集中在几个年份中。研究数量不多，研究的指向还比较多元。如关注舆论战的"'普世价值'背后的舆论战"（刘祥平，2009）、"中美贸易摩擦中的舆论战研究"（闫隽，2012）。2014年是一个研究相对集中的年份，此类课题共有4个立项，为历年最多。这一年课题主要是舆论斗争的选题，如"领导干部掌握网上舆论斗争领导权的对策研究"（赵福生，2014）、"网上舆论斗争系统建模与应对策略研究"（李弼程，2014）、"中国近代海岛危机中的报刊舆论斗争研究"（张继木，2014）等。2015 年，继续出现了此类选题，如"网上舆论斗争的核心理论与实务方法研究"（高红玲，2015）。

三 思考和展望

未来世界秩序与各国安全，将在很大程度上取决于主权国家是否拥有丰富的内外舆论资源，以及在全球范围内"制造同意"的能力[①]。在当今世界，作为一个全球大国，不但要拥有过硬的硬实力，更要拥有强大的软实力、巧实力。对国际舆情的精准了解，对国际话语权的控制，成为大国竞争新场域。正如前文分析，近 10 年我国社科基金项目舆论舆情研究取得了丰硕成果。但在成绩背后也存在一些短板，急需加强。

（1）舆论修辞研究相对欠缺。舆论管理包括舆论引导（议程设置）、舆论修辞、舆情监测与分析、舆情预警和控制等范畴。所谓舆论修辞，是指为获得最大多数公众支持而精心设定的话语策略，包括对舆论调查数据的选择性使用和选择性解释、舆论调查的"问题措辞效应"、舆论参考群体的选择，以及把复杂的政策提炼成简单易记的口号等。如美国在"9·11"事件发生后，通过"民主国家""极权国家""无赖国家""要么与我们一道，要么与恐怖分子一道"等话语的界定与排除功能，建立起一系列舆论修辞策略，成功地实现了对国内国外舆论的引导，将自己塑造成打击恐怖主义、独裁政权的正义化身[②]。

---

① 纪忠慧：《美国舆论管理研究》，新华出版社 2016 年版，第 14 页。
② 纪忠慧：《美国舆论管理研究》，新华出版社 2016 年版，第 10—12 页。

　　10 年来我国舆论舆情研究，舆论引导、舆情监测与分析、舆情预警和控制、突发事件数据库建设、大数据下舆情分析等，都有数量不等的课题研究涉及。在舆论修辞方面有 5 个立项，但基本上是应对突发事件的舆情话语分析，如"危机事件网络舆情平抑的修辞策略研究"（方雪琴，2010）、"应对突发公共事件舆情的官方话语研究"（毛浩然，2013）、"突发事件政府应急话语技术与形象修复策略研究"（甘莅豪，2013）、"应对微博公共事件的政府话语策略及其形象建构研究"（袁周敏，2014）、"网络集群行为中的民粹主义话语传播及有效引导研究"（刘建新，2015）。这些都是应急式的策略式研究，着眼于应急、被动地去应对。除开这些应急式的研究，用中国特色的舆论修辞去影响国内国际舆论，提出实在可行方针的研究，还付之阙如。作为世界第二经济大国和联合国常任理事国，打造我国自己的话语体系，向全球传播自己的思想，势在必行。如何更好地做好舆论修辞，让其他国家民众了解、接触、认知、接受我国的信息传播，要重点进行研究。

　　（2）台湾及两岸舆情研究亟待加强。2007—2016 年，国家社科基金新闻学与传播学项目主题为台湾及两岸舆情研究的项目仅有两项："台岛媒体舆情监测与引导机制研究"（赵振祥，2011）、"两岸共同舆论场的建构研究"（邹振东、2015）。前为一般项目，后为重点项目，两位学者的单位都是厦门大学。这个研究的数量仅占全部 186 个项目的 1% 强，比例非常低。"在大陆方面，台湾的舆论研究几乎是空白，不仅没有台湾舆论的研究专著，有价值的台湾舆论研究的论文也是凤毛麟角。而台湾本地也没有台湾舆论方面系统研究的专著。"[①]2016 年 11 月 11 日，在中国知网上分别以"台湾　舆论""台湾　舆

---

　　① 邹振东：《台湾舆论议题与政治文化变迁》，九州出版社 2014 年版，第 4 页。

情""两岸 舆情"为关键词搜索，仅仅搜索到 11 篇学术论文。其中邹振东教授一人有 3 篇，包括他 2007 年的博士论文（于 2014 年出版，书名为《台湾舆论议题与政治文化变迁》，此书成了此领域研究的第一部也是唯一一部专著）。除了何卓恩（单位为华中师范大学）、黄小雄（复旦大学博士）之外，其他作者全部集中在厦门，或是厦门大学教师（如邹振东、黄裕峰、乐媛等）、研究生，或是厦门卫视记者（陈桂林等），具体文章见注释①。

台湾舆论舆情研究成果如此少，主要有两个原因：一是政治的敏感性。台湾舆情研究必然会涉及"省籍议题""台湾意识/中国意识议题""统独议题"这三大议题以及其他敏感议题。可能由于政治敏感性，一些学者不太愿意涉足台湾舆情研究领域。二是获取台湾第一手材料很困难。研究需要获取第一手的材料和数据。而在大陆的学者，很多人没有条件接触第一手台湾媒体资料、学术资料，没有机会接触台湾各界人士。拿不到第一手资料，只能选择放弃。由于历史和地理原因，福建一些高校研究机构能够很方便获得台湾资讯，接触台湾各界人士。台湾舆情和两岸舆情研究的两个课题都由厦门大学获得，就

---

① 论文来自中国知网（http：//kns.cnki.net/）。具体论文如下：邹振东：《台湾舆论研究的存在和发展》，《台湾研究》2016 年第 4 期；邹振东：《台湾舆论发展变化的历史拐点及趋势》，《台湾研究》2006 年第 3 期；邹振东：《台湾政治文化的符号变迁研究——光复以来台湾舆论议题演变》，博士学位论文，厦门大学，2007 年；黄裕峰：《台湾舆论场的政党角力》，《台湾研究》2016 年第 5 期；何卓恩：《冷战时期台湾地区报刊舆论的演变》，《史学月刊》2015 年第 9 期；乐媛、刘君琳：《蓝绿政党意识形态对台湾网络舆情影响初探——基于"陈光标赴台捐款事件"台湾网民意见框架的内容分析》，《台湾研究》2012 年第 5 期；乐媛、刘君琳：《超越蓝与绿？台湾主流媒体意识形态与网络舆论交互影响研究》，《台湾研究集刊》2013 年第 4 期；刘君琳：《蓝绿媒体报道与台湾网络舆论的分歧和融合——对陈光标赴台捐款事件的框架分析》，硕士学位论文，厦门大学，2014 年；陈桂林、施飞、梁杰、林振明、杨昆福：《从台湾舆论场入手 探索对"三中一青"传播的新路径》，《东南传播》2015 年第 12 期；黄小雄：《两岸舆情环境变迁中的新华社涉台报道（1979—2008）》，博士学位论文，复旦大学，2009 年；黄小雄：《两岸舆情变迁中的新华社涉台报道（1979—2008）》，《渤海大学学报》（哲学社会科学版）2009 年第 11 期。

在情理之中。如厦门大学台湾研究院，收藏台湾出版的图书 20000 多册、超过 400 G 的台湾《中国时报》光盘、报刊资料合订本 13000 多册、长年订阅台湾及外文报刊 230 多种。每个办公室都配备有计算机和电话，并已建立了院内局域网、台湾研究数据库及全文检索系统和各办公室的工作站终端，可与国际互联网进行连接和数据传输①。台湾舆论研究具有独特价值：第一，台湾舆论有着相对完整的发展周期；第二，台湾舆论议题的"米"字型层叠错位结构；第三，台湾舆论主体的多层多样；第四，台湾舆论场的相对独立；第五，台湾舆论场异常发达②。在当前时代背景下，研究台湾舆论舆情，对于促进国家统一，反对台独，有着重大现实价值和意义。国家社科基金项目今后应该加大台湾及两岸舆情研究力度，设置专门项目对台湾岛具体舆论舆情的历史脉络、发展演变、与大陆和国际舆论互动规律等进行研究。

（3）境外舆论舆情研究太少。舆论舆情研究起源于美国等西方国家，20 世纪 80 年代引入中国。对于舆论的特征研究、舆情的分析和研判，西方国家有数十年成熟经验。由于国情不同、媒体体制的差异，这些经验不能照搬，但其中一些有益做法，仍然可以作为借鉴和参考。2007 年以来的 10 年间，境外舆论舆情研究立项仅两项："日本 NHK 电视台对重大突发事件舆论引导及应对机制研究"（张海，2012）、"中俄重大突发事件与传媒引导比较研究监测与设计（1994—2012）"（李静，2013）。境外舆论舆情研究呈现 3 个特点：第一，立项数量极少，比例非常低，显得国家层面对此不太重视。第二，已有

---

① 厦门大学台湾研究院，百度（http：//baike. baidu. com/link？url＝oFVv_ rz9_ _ Rtw7_ K7lDIzyFhOw8WFyb11QiPGQCSKcqIxNVzrLziCcKPR6jCRoQLuVoMsNpL45C7uzoj0wme3gdjG02w0rNHoHwugN5fxTn1 – RGzHYRjO2_ uV74ELciFo0_ hAopV – w – WeAF7IKdriuaPJPVstWc0MWyfd66FeK7jEO3xfQ6vyoOtHo8YttgK）。
② 邹振东：《台湾舆论研究的存在和发展》，《台湾研究》2016 年第 4 期。

的两项研究都关注媒体的舆论引导，研究面比较狭隘。第三，一些重要的西方国家如美国、英国、法国等的社会舆论舆情特征、政府的舆论管理措施等，都没有研究到，这些其实是要重点加强的领域。

在当今中国，存在传统舆论场、网络舆论场、境外舆论场等多重舆论场的情况，在突发事件发生后，多重舆论场在相互竞争事件的解释权和定义权。在这场话语竞争中，境外舆论场的特点、规律，我们理所当然要搞清楚，弄明白，这样才能在未来立于不败之地。2003年非典事件、2008年"3·14"事件、2009年新疆"7·5"事件等，在这些重大突发事件的中外舆论交锋中，我们有成功的案例，但更多的是失败的苦涩。原因很简单，我们的舆情舆论引导模式在国内已经行之多年，卓有成效。但一旦对外，在对全球200多个国家和地区、无数种文化和宗教没有事先精准掌握的情况下，拿国内的某种模式，或者自认为"可行"的对外传播方式进行引导，注定是劳而无功。可喜的是，有些学者已经注意到这些问题，开始对境外舆论舆情进行系统研究和梳理。如北京外国语大学冯刚教授带领的团队，系统研究中国在阿拉伯世界的话语体系建构，提出了建构共同价值，丰富话语体系；协调统一立场，媒体均衡发声；借助非政府力量，坚持本土化运作等策略①。

今后，对于美国、欧洲、日本、东南亚、阿拉伯国家等重点国家和地区，国家社科基金都应专门设置项目，进行集中研究，以充分掌握和了解当地舆论舆情特征，为国家舆论舆情决策提供参考和借鉴。

（4）国家社科基金项目成果转化需加强。科研成果需要从实验室、研究所走出来，转化成实际的成果服务于社会。如自然科学领

---

① 冯刚、李睿恒：《中国在阿拉伯世界的话语体系建构：问题与反思》，《对外传播》2016年第3期。

域，为了促进科研成果转化，中国科学院网站设有成果转化的栏目，详尽地刊登了产业化信息、知识产权信息等。国家设有国家科技成果转化项目库，此公益性数据库成果包括新技术、新产品、新材料、新工艺以及新装置等。中央及各地政府也纷纷出台措施鼓励科研成果转化，如2016年11月10日，中共中央办公厅、国务院办公厅印发的《关于实行以增加知识价值为导向分配政策的若干意见》，意见指出，实行以增加知识价值为导向的分配政策，激发广大科研人员的积极性、主动性、创造性，鼓励多出成果、快出成果、出好成果，推动科技成果加快向现实生产力转化①。即使有如此多的促进措施和政策，我国科技成果转化率仍然很不乐观。我国科技成果与市场需求脱节，经济科技"两张皮"，造成我国科技成果转化率低。2016年最新数据显示，我国科技成果转化率不足30%，发达国家这一指标为60%—70%②。

与自然科学不同，人文社会科学领域并没有强制性的转化要求。社会科学研究领域一些理论性很强的学科如哲学、历史、文学等，这些方面的成果偏理论性，转化起来可能很难。有一些比较偏向实际应用的学科，如应用经济、社会学、管理学、新闻学与传播学等，这些学科的成果紧密联系社会生活。这些成果如果能迅速有效地转化成成果，成为政府施政借鉴，必然会大大提升我国社会科学的应用前景。10年来我国舆论舆情立项的188个项目，涉及方方面面的研究，例如：新媒体舆情研判，突发事件舆情预警、监测、引导机制研究；民族边疆地区舆情研究；国外社会（或媒体）舆论舆情研究；台湾及海峡两岸舆论舆情研究等。这些项目立项都是国家急需的研究领域。如

---

① 王宾、余晓洁、胡喆：《加快成果转化　构建三元薪酬》，新华社2016年11月10日。

② 沈慧：《有关数据显示我国科技成果转化率不足30%》，《经济日报》2016年1月25日第7版。

果这些成果能及时转化为政府的决策、参考，必将大大促进我国党和政府舆论舆情管理，提升我国政府对舆论舆情的掌控能力。可现实情况却并不乐观：第一，一些几乎相似的课题 10 年前在研究，10 年后还在研究。当然，原因可能在于我们的时空环境发生了变化，需要研究在新的时空环境中的新情况、新策略。但这也说明，前期的一些课题研究没有把要解决的问题解决好，导致后面每年都有大量相似的课题在研究。第二，一些课题结题成果过于理论化，没有现实的可操作性。由于研究需要，本书收集研究了数十部舆论舆情国家社科结题专著。有的专著研究结合实际，提出了舆论舆情研究的模式、模型、路径，具有较强可行性。但也有的专著过于理论化，厚厚几百页，很多章节都是原则、特性等纯理论性的研究。这样的成果，拿来用也不知从何用起。针对这种情况，建议全国哲学社会科学规划办公室等机构，应该设立专门成果转化机构，对于新闻学与传播学等学科，要加大成果转化和对接扶持力度，提高我国社科成果转化率。

参考文献

中文书籍

［1］蔡骐、蔡雯：《美国传媒与大众文化》，新华出版社 1998 年版。

［2］陈力丹：《精神交往论：马克思恩格斯的传播论》，开明出版社 1993 年版。

［3］陈力丹：《舆论——感受周围的精神世界》，上海交通大学出版社 2003 年版。

［4］陈力丹：《舆论学——舆论导向研究》，中国广播电视出版社 1999 年版。

［5］陈新汉：《民众评价论》，上海人民出版社 2004 年版。

［6］戴元光：《现代宣传学概论》，兰州大学出版社 1992 年版。

［7］丁柏铨、王雄、董秦等：《新闻舆论引导论》，中国社会科学出版社 2001 年版。

［8］丁迈：《典型报道的受众心理实证研究》，中国传媒大学出版社 2008 年版。

［9］韩运荣、喻国明：《舆论学原理、方法与应用》，中国传媒大学出版社 2005 年版。

［10］侯军：《疲软的舆论监督》，中国妇女出版社 1989 年版。

［11］黄明奋：《说服君王》，文化艺术出版社 2001 年版。

［12］解放军报编辑部：《三十年足迹——〈解放军报〉典型报道选集 1956—1986》，解放军报社 1985 年版。

［13］靳一：《大众媒介公信力测评研究》，人民出版社 2006 年版。

［14］柯惠新、刘红鹰：《民意调查实务》，中国经济出版社 1995 年版。

［15］李本乾：《中国大众传媒议程设置功能研究》，甘肃人民出版社 2002 年版。

［16］李良栋：《误区与超越：当代中国的社会舆论》，中共中央党校出版社 1995 年版。

［17］李培元：《舆论学通论》，黑龙江人民出版社 1989 年版。

［18］李希光等：《软力量与全球传播》，清华大学出版社 2005 年版。

［19］廖永亮：《舆论调控学——引导舆论与舆论引导的艺术》，新华出版社 2003 年版。

［20］刘建明：《穿越舆论隧道：社会力学的若干定律》，中共中央党校出版社 2000 年版。

［21］刘建明：《当代舆论学》，陕西人民教育出版社 1990 年版。

［22］刘建明：《当代中国舆论形态》，中国人民大学出版社 1989 年版。

［23］刘建明：《基础舆论学》，中国人民大学出版社 1988 年版。

［24］刘建明：《社会舆论原理》，华夏出版社 2002 年版。

［25］刘建明：《天理民心——当代中国的社会舆论问题》，今日中国出版社 1998 年版。

［26］刘建明：《舆论传播》，清华大学出版社 2001 年版。

［27］马乾乐、程谓：《舆论学概论》，山西人民出版社 1991 年版。

［28］彭兰：《中国网络媒体的第一个十年》，清华大学出版社 2005 年版。

［29］秦志希、饶德江：《舆论学教程》，武汉大学出版社 1994 年版。

［30］邵培仁：《20 世纪中国新闻学与传播学·宣传学和舆论学卷》，复旦大学出版社 2002 年版。

［31］盛沛林等编著：《舆论战 100 例：经典案例评析》，解放军报社 2005 年版。

［32］史安斌：《危机传播与新闻发布》，南方日报出版社 2004 年版。

［33］唐惠虎：《舆论监督论》，湖北教育出版社 1999 年版。

［34］童兵：《中西新闻比较论纲》，新华出版社 1999 年版。

［35］童兵：《主体与喉舌：共和国新闻传播》，河南人民出版社 1994 年版。

［36］汪凯：《转型中国：媒体、民意与公共政策》，复旦大学出版社 2005 年版。

［37］王梅芳：《舆论监督与社会正义》，武汉大学出版社 2005 年版。

［38］王小东：《信息时代的世界地图》，中国人民大学出版社 1997 年版。

［39］王雄：《新闻舆论研究》，新华出版社 2002 年版。

［40］吴顺长、张风：《民意学》，天津人民出版社 1991 年版。

［41］新华社新闻研究所：《舆论引导艺术》，新华出版社 1998 年版。

［42］徐向红：《现代舆论学》，中国国际广播出版社1991年版。

［43］杨民青：《智谋细雨：新战争形态下的舆论战略》，新华出版社2002年版。

［44］喻国明、刘夏阳：《中国民意研究》，中国人民大学出版社1993年版。

［45］喻国明：《传媒影响力》，南方日报出版社2003年版。

［46］喻国明：《解构民意：一个舆论学者的实证研究》，华夏出版社2001年版。

［47］张洪忠：《大众媒介公信力理论研究》，人民出版社2006年版。

［48］张巨岩：《权力的声音——美国的媒体和战争》，生活·读书·新知三联书店2004年版。

［49］张学洪：《舆论传播学》，南京大学出版社1992年版。

［50］赵士林：《突发事件与媒体报道》，复旦大学出版社2006年版。

［51］周甲禄：《舆论监督权论》，山东人民出版社2006年版。

［52］周月亮等：《中国古代文化传播史》，北京广播学院出版社1999年版。

［53］朱金平：《新闻典型论》，长征出版社2003年版。

［54］朱清河：《典型报道：理论、应用与反思》，武汉大学出版社2006年版。

［55］龙力莉编著：《突发公共事件中媒体运用和舆论应对案例与启示》，人民出版社2010年版。

［56］于建嵘等：《变话——引导舆论新方式》，世界图书出版公司2010年版。

［57］任贤良：《舆论引导艺术：领导干部如何面对媒体》，新华

出版社 2010 年版。

[58] 黄鸣刚:《公共危机中的网络舆论预警研究——以浙江为例》,中国广播电视出版社 2009 年版。

[59] 邹建华:《突发事件舆论引导策略》,中共中央党校出版社 2009 年版。

[60] 金舒:《与官员谈如何应对突发事件》,国家行政学院出版社 2010 年版。

[61] 韩丽丽:《我国突发事件应对与社会政策制定模式研究》,社会科学文献出版社 2010 年版。

[62] 王宏伟:《重大突发事件应急机制研究(政府治理丛书)》,中国人民大学出版社 2010 年版。

[63] 江川:《突发事件应急管理案例与启示》,人民出版社 2010 年版。

[64] 丁文喜:《突发事件应对与公共危机管理》,光明日报出版社 2009 年版。

[65] 杜骏飞、周海燕、袁光锋等:《公开时刻——汶川地震的传播学遗产》,浙江大学出版社 2009 年版。

[66] 徐正主编:《传播的博弈——数字媒体环境下的舆论引导研究》,浙江大学出版社 2011 年版。

[67] 张婷婷、姚文庆:《指尖与舌间:突发事件与网络口碑传播》,复旦大学出版社 2014 年版。

[68] 任孟山:《国际传播与国家主权》,上海交通大学出版社 2011 年版。

[69] 王安中、李宜篷、龙明霞主编:《中国城市传播竞争力模型建构与发展报告》,陕西师范大学出版社 2012 年版。

[70] 邹建华:《微博时代的新闻发布与舆论引导》,中共中央党

校出版社 2012 年版。

[71] 蒋晓丽、侯雄飞等:《舆擎中国——新形势下舆论引导力提升方略研究》,中国社会科学出版社 2013 年版。

[72] 李民、高莹等编著:《领导干部应对大众传媒案例评析》,中共中央党校出版社 2010 年版。

[73] 彭步伟:《突发公共事件媒介化现象解读》,暨南大学出版社 2014 年版。

[74] 徐正、夏德元主编:《突发公共事件与微博治理研究》,浙江大学出版社 2014 年版。

[75] 张玉亮:《面向优化管理的突发事件网络舆情信息流导控研究》,中国社会科学出版社 2014 年版。

外文翻译书籍

[1][德] 哈贝马斯:《公共领域的结构转型》,曹卫东译,学林出版社 1999 年版。

[2][德] 汉斯-约阿希姆·诺伊鲍尔:《谣言女神》,顾牧译,中信出版社 2004 年版。

[3][法] 古斯塔夫·勒庞:《乌合之众》,冯克利译,中央编译出版社 2004 年版。

[4][法] 加布里埃尔·塔尔德、[美] 特里·N. 克拉克:《传播与社会影响》,何道宽译,中国人民大学出版社 2005 年版。

[5][荷] 托伊恩·A. 梵·迪克:《作为话语的新闻》,苗棣、赵长军、李黎丹译,华夏出版社 2003 年版。

[6][美] 沃尔特·李普曼:《舆论学》,林珊译,华夏出版社 1989 年版。

[7][美] W. 兰斯·班尼特:《新闻——政治的幻象》,杨晓红、

王家全译，当代中国出版社 2005 年版。

[8] ［美］阿尔曼·托夫勒：《第三次浪潮》，朱志焱等译，生活·读书·新知三联书店 1983 年版。

[9] ［美］阿特休尔：《权力的媒介：新闻媒介在人类事务中的作用》，黄煜、裘志康译，华夏出版社 1989 年版。

[10] ［美］埃弗雷特·M. 罗杰斯：《创新的扩散》，辛欣译，中央编译出版社 2002 年版。

[11] ［美］奥尔波特等：《谣言心理学》，刘水平等译，辽宁教育出版社 2003 年版。

[12] ［美］巴格迪坎：《传播媒介的垄断》，林珊等译，新华出版社 1983 年版。

[13] ［美］彼得·菲利普斯：《美国禁发新闻》，张晓译，光明日报出版社 2000 年版。

[14] ［美］伯纳德·戈德堡：《偏见：CBS 知情人揭露媒体如何歪曲新闻》，李昕等译，新华出版社 2002 年版。

[15] ［美］丹尼斯·姆贝：《组织中的传播和权力：话语、意识形态和统治》，陈德民等译，中国社会科学出版社 2000 年版。

[16] ［美］赫伯特·席勒：《大众传播与美利坚帝国》，刘晓红译，上海世纪出版集团 2006 年版。

[17] ［美］霍华德·库尔茨：《操纵圈——克林顿新闻宣传机器内幕》，张金秀、周荣国译，新华出版社 2000 年版。

[18] ［美］罗滨逊：《跨文化理解》，马啸、王斌等译，华夏出版社 1992 年版。

[19] ［美］罗洛夫：《人际传播：社会交换论》，王江龙译，上海译文出版社 1991 年版。

[20] ［美］罗斯扎克：《信息崇拜》，苗华健等译，中国对外翻

译出版社 1994 年版。

［21］［美］马克·波斯：《信息方式：后结构主义与社会语境》，范静译，南京大学出版社 2000 年版。

［22］［美］尼古拉·尼葛洛庞帝：《数字化生存》，胡泳、范海燕译，海南出版社 1997 年版。

［23］［美］塞缪尔·亨廷顿：《文明的冲突与世界秩序的重建》，周琪等译，新华出版社 2002 年版。

［24］［美］施拉姆等：《报刊的四种理论》，中国人民大学新闻系译，新华出版社 1980 年版。

［25］［美］斯坦利·巴兰：《大众传播理论：基础、争鸣与未来》，曹书乐译，清华大学出版社 2004 年版。

［26］［美］唐文方：《中国民意与公民社会》，张东锋等译，中山大学出版社 2008 年版。

［27］［美］新闻自由委员会：《一个自由而负责的新闻界》，展江译，中国人民大学出版社 2004 年版。

［28］［德］伊丽莎白·诺尔－纽曼：《民意——沉默螺旋的发现之旅》，翁秀琪、李东儒、李岱颖译，台北远流出版事业有限公司 1994 年版。

［29］［美］约翰·H. 麦克马那斯：《市场新闻业——公民自行小心》，张磊译，新华出版社 2004 年版。

［30］［美］约翰·奈斯比特：《大趋势——改变我们生活的十个新方向》，新华出版社 1984 年版。

［31］［日］池田德真：《宣传战史》，新华出版社 1984 年版。

［32］［英］艾德蒙·利奇：《文化与交流》，郭凡等译，上海人民出版社 2000 年版。

［33］［英］巴特勒：《媒介社会学》，赵伯英、孟春译，社会科

学文献出版社 1989 年版。

［34］［英］汤林森：《文化帝国主义》，冯建三译，上海人民出版社 1999 年版。

［35］［美］伯纳德·亨那西：《民意》，赵雅丽、张同莹、曾慧琦译，五南图书公司 2000 年版。

［36］国际交流问题研究委员会编：《多种声音　一个世界》，中国对外翻译出版公司 1981 年版。

［37］联合国教科文组织编：《世界交流报告（上下册）》，中国华侨出版社 1992 年版。

［38］［美］斯密斯等：《文化的传播》，周骏章译，上海文艺出版社 1991 年版。

［39］［美］麦库姆斯：《议程设置：大众媒介与舆论》，郭镇之等译，北京大学出版社 2008 年版。

中文论文

［1］李邵强：《自媒体时代媒体官微舆论引导力构建——基于"舆论战队"现象的分析和应对》，《中国出版》2016 年第 10 期。

［2］王海、张金凤：《习近平新闻思想蕴含的思维方法》，《青年记者》2016 年第 10 期。

［3］王一彪：《自觉履行党的新闻工作者的职责使命》，《新闻战线》2016 年第 11 期。

［4］董丹丹：《新媒体时代微博传播中的舆论生成与引导策略研究》，《新媒体研究》2016 年第 12 期。

［5］牛艳艳：《利用政务微博引导突发事件网络舆论的策略体系》，《新媒体研究》2016 年第 12 期。

［6］王景东：《新媒体舆论与公正司法的博弈与和谐》，《传播与

版权》2016 年第 9 期。

[7] 张涛甫：《舆论引导：效果才是硬道理》，《新闻与写作》2016 年第 11 期。

[8] 李琼：《回答好新闻舆论工作的时代命题——深入学习贯彻习近平总书记 2·19 讲话重要精神》，《新闻战线》2016 年第 6 期。

[9] 蔡名照：《坚持创新为要　打造精品力作　不断增强新闻舆论传播力引导力》，《中国记者》2016 年第 10 期。

[10] 廖慧娟：《防御"莫兰蒂"的舆论引导力——厦门日报用融媒体做好抗台风报道》，《新闻战线》2016 年第 11 期。

[11] 钟万灵：《新时代青年受众群体的舆论引导策略》，《新闻战线》2016 年第 6 期。

[12] 曹洵、张志安：《重大会议报道舆论引导力提升路径研究——以 2016 年广东两会报道为例》，《传媒》2016 年第 10 期。

[13] 吴庆才：《引领海外舆论场　提升国际能见度》，《青年记者》2016 年第 10 期。

[14] 童兵：《从范畴认知深化马克思主义新闻观研究——对习近平关于新闻舆论、网络传播和哲学社会科学工作讲话提出的十对范畴的思考》，《新闻大学》2016 年第 10 期。

[15] 马笑楠：《微信舆论场：政府监管引导与公众媒介素养的博弈》，《新闻研究导刊》2016 年第 11 期。

[16] 王艳：《试论学术出版机构智库舆论影响力的内涵及形成》，《中国编辑》2016 年第 11 期。

[17] 陈力丹：《准确估量舆论、舆情的数量和范围》，《新闻界》2016 年第 11 期。

[18] 刘明：《锻造新闻舆论工作主力军》，《传媒观察》2016 年第 11 期。

［19］宋香丽：《网络舆论中道德绑架现象反思》，《青年记者》2016 年第 11 期。

［20］邱锐：《创新社会治理背景下的互联网舆情研究及舆论引导》，《中国海洋大学学报》（社会科学版）2016 年第 11 期。

［21］严航：《新媒体视阈下舆论场的迁徙与重构》，《新闻研究导刊》2016 年第 10 期。

［22］陶沙：《大数据时代舆论引导策略研究》，《新闻研究导刊》2016 年第 10 期。

［23］杨静：《高校校园媒体如何引导校园网络舆论的思考》，《科技创新导刊》2016 年第 11 期。

［24］代玲：《新媒体时代西藏舆论引导面临的挑战和对策分析》，《新媒体研究》2016 年第 11 期。

［25］张志安、宴齐宏：《个性情绪　社会情感　集体意志——网络舆论的非理性及其因素研究》，《新闻记者》2016 年第 11 期。

［26］王蕾：《社交媒体与社会舆论的形成——评〈从莎草纸到互联网：社交媒体 2000 年〉》，《传媒》2016 年第 11 期。

［27］许哲敏：《舆论传播视阈中的求证类节目叙事策略研究》，《闽南师范大学学报》（哲学社会科学版）2016 年第 9 期。

［28］王若曦：《微信场阈下舆论引导的路径探究》，《新闻战线》2016 年第 7 期。

［29］聂书江：《互联网巨头媒体扩张下的舆论安全》，《中国报业》2016 年第 11 期。

［30］舒欢：《"一带一路"重大工程建设正面形象的舆论营造研究》，《南京社会科学》2016 年第 11 期。

［31］丁晓蔚、夏雨禾、高淑萍：《突发事件中的微博舆论动员及对策研究——基于大数据分析的实证研究》，《中国地质大学学报》

（社会科学版）2016 年第 11 期。

[32] 叶战备、刘延强：《移动互联网时代民间舆论场的隐匿转向及政府应对》，《学习论坛》2015 年第 12 期。

[33] 孙广坤：《司法公正与网络舆论良性互动机制研究》，《郑州大学学报》（哲学社会科学版）2015 年第 11 期。

[34] 陈相雨、鲁玲悦：《香港"占中"事件中的舆论话语博弈》，《青年记者》2015 年第 11 期。

[35] 丁柏铨、肖艳艳：《新媒体语境中中美法恐怖袭击舆论研究》，《天津社会科学》2015 年第 11 期。

[36] 杨江华：《网络集体行动的舆论生成及其演化机制》，《青年研究》2015 年第 11 期。

[37] 阮慧娟：《大学生意见领袖对于校园舆论影响的现状研究》，《湖南科技学院学报》2015 年第 12 期。

[38] 吴新宇：《国际体育媒体政治格局研究——北京奥运会国际舆论环境的回顾与分析》，《湖北体育科技》2015 年第 11 期。

[39] 周云倩、胡丽娟：《微博舆论场愤怒情绪的传播与疏导——以"福喜事件"为例》，《江西社会科学》2015 年第 11 期。

[40] 田宏明：《新闻发布会与公众舆论方向引导——比较"东方之星"沉船与天津爆炸事件系列新闻发布会的得失》，《重庆工商大学学报》（社会科学版）2015 年第 11 期。

[41] 王芸、伏竹君：《网络舆论生态视阈下的网络舆论引导问题探析》，《甘肃社会科学》2015 年第 12 期。

[42] 王习贤：《微媒体时代突发事件舆论引导科学体系的构建》，《南通大学学报》（社会科学版）2015 年第 11 期。

[43] 陈春丽：《舆论引导在高校突发事件中的作用及路径探析》，《鸡西大学学报》2015 年第 12 期。

［44］焦德武：《网民结构与网络舆论的成因、议题与实质探究》，《湖南大学学报》（社会科学版）2015 年第 12 期。

［45］何涛：《价值和利益的权衡取舍——乌克兰危机中德国舆论的博弈》，《中国报业》2015 年第 11 期。

［46］邓若伊、罗玉婷：《网络舆论式微期的主要特征及应对》，《新闻与写作》2015 年第 12 期。

［47］王成亮：《再论媒介融合时代广播电视舆论引导力的提升》，《视听》2015 年第 12 期。

［48］沈捷：《多学科视阈下突发事件的网络舆论特点与引导对策》，《视听界》2015 年第 11 期。

［49］黄沛：《从"全面二孩"看重大政策出台后的舆论特征》，《传媒观察》2015 年第 12 期。

［50］陈端：《"四个全面"视阈下舆论学研究范式的新探索》，《今传媒》2015 年第 12 期。

［51］陈桂林、梁杰：《从台湾舆论场入手探索对"三中一青"传播的新路径》，《东南传播》2015 年第 12 期。

［52］任晓燕：《网络舆论整体过程及各个时期的心理效应分析》，《今传媒》2015 年第 12 期。

［53］王思聪：《新媒体时代、群体极化的生成对网络舆论研究的意义》，《出版广角》2015 年第 1 期。

［54］李国祥：《2015 年网络舆论场观察》，《中国党政干部论坛》2016 年第 1 期。

［55］许一乔：《日本近年以来的对话舆论攻势和我国的对策分析》，《南京政治学院学报》2015 年第 11 期。

［56］孟子煜、薛杨：《西安市政务微博的使用与舆论引导研究》，《东南传播》2016 年第 1 期。

［57］张海兵：《微时代视阈下高校舆论引导能力研究》，《新闻知识》2015 年第 12 期。

［58］焦德武：《舆论研究 30 年（1985—2014）：回顾与反思——基于 24780 篇期刊论文的分析》，《安徽理工大学学报》（社会科学版）2015 年第 11 期。

［59］李东：《"新常态"下网络舆论引导的战略定位和战术应对》，《渤海大学学报》（哲学社会版）2016 年第 1 期。

［60］朱候：《考虑信任和权威影响的社会网络——舆论协同演化的研究》，《现代图书情报技术》2015 年第 10 期。

［61］梁一戈：《微信涉军舆论的呈现特点与引导策略》，《军事记者》2016 年第 1 期。

［62］伏竹君、王芸、王勇：《中国网络舆论生态问题研究十年述评》，《开发研究》2015 年第 12 期。

［63］柯斌：《移动互联网舆论传播与演化机制研究》，《传媒》2015 年第 12 期。

［64］解庆峰：《心理场对舆论场的影响研究》，《当代传播》2016 年第 1 期。

［65］李春雷、贾立平：《突发事件中传统媒体沟通党媒意见与网上舆论的进路研究——基于"什邡事件"的实地调研分析》，《国际新闻界》2015 年第 11 期。

［66］黄薇：《政府应对突发事件的媒体舆论引导》，《新闻战线》2015 年第 8 期。

［67］卢静：《当前西方涉华舆论的基本态势》，《对外传播》2016 年第 2 期。

［68］杨富成：《新媒体背景下政府危机管理及舆论引导对策》，《中国报业》2016 年第 1 期。

［69］陈果：《突发性公共事件网络舆论治理的困境与突破》，《社会科学》2016 年第 2 期。

［70］陈力丹、林羽丰：《再论舆论的三种存在形态》，《社会科学战线》2015 年第 11 期。

［71］陈春雷：《网络舆论危机管理的语用准则》，《学术界》2015 年第 12 期。

［72］夏文蓉：《一则社会新闻为何引起舆论热议？——对"大学生掏鸟获刑十年半"新闻文本的研究》，《新闻记者》2016 年第 2 期。

［73］陈明：《多元舆论场中广电媒体议程设置能力提升研究》，《中国出版》2016 年第 2 期。

［74］张先国：《新闻客户端的推广模式与发展策略——构建传播生态圈　抢占舆论主阵地》，《中国记者》2016 年第 2 期。

［75］梁舞、李绍强：《自媒体环境下议程设置的弱化分析——基于舆论领域反转、搭车、站队的视角》，《管理观察》2015 年第 11 期。

［76］黄珊珊：《"东方之星沉船事故"中的两个舆论场良性互动的启示》，《传播与版权》2016 年第 1 期。

［77］李书甜：《突发事件中微博舆论传播研究》，《传播与版权》2016 年第 1 期。

［78］夏莉霞：《浅析突发事件的网络舆论传播机制》，《编辑学刊》2016 年第 1 期。

［79］徐旭伟：《从美伊舆论斗争看舆论战引导策略》，《军事记者》2016 年第 2 期。

［80］刘强：《西方大国军队网络舆论战略及其启示》，《南京政治学院学报》2016 年第 1 期。

[81] 李燕喜：《慈善义务的分离性困境及其制度克服的思考——从"舆论逼捐"说起》，《华中科技大学学报》（社会科学版）2016年第3期。

[82] 翁杨：《新闻立法视阈下的舆论审判及其规范原则研究》，《现代传播》（中国传媒大学学报）2016年第3期。

[83] 肖尧中：《媒介生态变迁下舆论分布的结构性思考》，《西南民族大学学报》（人文社科版）2016年第4期。

[84] 官建文、李黎丹：《突发公共事件网络舆论议题结构探析》，《现代传播》（中国传媒大学学报）2016年第2期。

[85] 王国华：《突发事件微博舆论中的网民素养提升研究——以"东方之星"客轮倾覆事件为例》，《情报杂志》2016年第2期。

[86] 刘明峥：《互联网逻辑下网络舆论引导力的建构》，《青年记者》2016年第2期。

[87] 谢青果、王润：《华夏舆论传播的概念、历史、形态及特征探析》，《现代传播》（中国传媒大学学报）2016年第3期。

[88] 王凤仙：《官民话语融通：超越主体视角的舆论引导策略》，《当代传播》2016年第3期。

[89] 胡小川：《新媒体时代主流舆论引导社会舆论模式的构建》，《传媒》2016年第3期。

[90] 廖卫民：《突发事件网络舆论议题的演化及价值沉淀——以屠呦呦获诺贝尔奖议题为例》，《当代传播》2016年第3期。

[91] 李娜：《"意义空间里的斗争"——突发舆情事件"议题"的多元博弈及舆论引导》，《新闻界》2016年第1期。

[92] 曹月娟：《大数据时代的危机传播与舆论引导》，《青年记者》2016年第3期。

[93] 陈潇爽：《党报微博对新疆民族关系类事件的舆论引导研

究——以"@人民日报"官方微博为例》,《视听》2016 年第 3 期。

［94］彭剑:《社会化媒体舆论生成及传播机制研究》,《编辑之友》2016 年第 4 期。

［95］李丽:《论微信舆论的自由难题和伦理限度》,《中南大学学报》(社会科学版) 2016 年第 4 期。

［96］赵雅文:《共生·共振·共鸣——"十八大"以来新国际舆论格局与我国对外传播的新思维》,《天津师范大学学报》(社会科学版) 2016 年第 5 期。

［97］马爱杰:《论微媒体在突发事件中的舆论引导功能》,《新闻战线》2015 年第 11 期。

［98］夏雨禾:《风险视角中的突发事件微博舆论及其治理》,《新闻大学》2016 年第 2 期。

［99］丁柏铨:《十八大以来中国共产党新闻舆论观研究论纲》,《中国出版》2016 年第 4 期。

［100］焦玉良:《危机索引与资源约束:网络舆论的功能分析——对红十字会的危机解读》,《新疆社会科学》2016 年第 3 期。

［101］付云燕:《试论两个舆论场的"同轨并进"》,《中国报业》2016 年第 4 期。

［102］张勋宗:《微博与其他媒介对突发公共事件舆论引导之比较分析》,《新闻界》2016 年第 2 期。

［103］相德宝:《国际自媒体涉藏舆情及舆论斗争的规律、特征及引导策略》,《情报杂志》2016 年第 5 期。

［104］李贞:《手机媒体移动舆论场的特征与引导策略》,《青年记者》2016 年第 4 期。

［105］余秀才:《突发事件中微博舆论的传播特征与问题——以成都男司机暴打女司机事件为例》,《现代传播》2016 年第 4 期。

[106] 赵玉林：《法制中国背景下互联网管理机制的整体设计——消解互联网公共舆论的"内向塌陷"危机》，《情报杂志》2016年第5期。

[107] 童兵：《论潜在舆论和潜在舆论场及其引导》，《当代传播》2016年第5期。

[108] 唐英、张寒：《突发性灾难事件中不同舆论场的沟通差异——以"东方之星"号客轮翻沉事件为例》，《当代传播》2016年第5期。

[109] 苏颖：《舆论领袖的失灵——当代中国政治传播中介链条的断裂》，《国际新闻界》2016年第4期。

[110] 骆正林：《危机舆论场中不同主体的公关角色分析》，《阅江学刊》2016年第5期。

[111] 叶战备：《适应分众化、差异化传播趋势　加快构建舆论引导新格局——网络传播的视角》，《江苏社会科学》2016年第6期。

[112] 庹继光：《环境突发事件舆论场阈冲突与破解——以"可口可乐甘肃工厂伪造环保数据"事件为例》，《西南民族大学学报》（人文社科版）2016年第6期。

[113] 洪杰文：《新闻归因策略与公众情感唤醒——当代热点舆论事件的感情主义路径》，《武汉大学学报》（人文社会科学版）2016年第7期。

[114] 张志安：《微信舆论研究：关系网络与生态特征》，《新闻记者》2016年第6期。

[115] 李卫东、陈文泰：《云传播：建构舆论引导新格局的利器》，《新闻与写作》2016年第5期。

[116] 丁迈：《主流媒体舆论引导能力评估体系建构》，《中国广播电视学刊》2016年第6期。

[117] 张贝：《"沉默的螺旋"对舆论引导工作的启示》，《甘肃社会科学》2016 年第 5 期。

[118] 张晓云：《自媒体环境下舆论暴力的危害和治理策略》，《新闻战线》2016 年第 1 期。

[119] 李希光、毛伟：《数据新闻：大数据时代舆论引导与舆情研判的新视域》，《新闻战线》2016 年第 7 期。

[120] 朱侯：《线上—线下并行交互模式下舆论形成机制的研究》，《情报科学》2016 年第 8 期。

[121] 李明德：《舆论引导实践类型划分及主要特征——基于引导主体的视角》，《情报杂志》2016 年第 6 期。

[122] 谢新洲：《我国网络信息传播的舆论化趋势以及所带来的问题分析》，《情报理论与实践》2016 年第 11 期。

[123] 袁振龙：《全媒体时代突发事件舆论引导的策略选择》，《社会主义研究》2013 年第 4 期。

[124] 张红菊：《浅析互联网时代政府的突发事件舆论引导》，《当代传播》2013 年第 5 期。

[125] 夏雨禾：《2010 年以来的突发事件微博舆论及其变化趋势——基于新浪微博的实证研究》，《新闻与传播研究》2014 年第 3 期。

[126] 夏雨禾：《突发事件中的微博舆论：基于新浪微博的实证研究》，《新闻与传播研究》2011 年第 10 期。

[127] 姜景：《基于系统动力学的突发公共事件微博舆论场实证研究》，《系统管理学报》2016 年第 9 期。

[128] 巩向飞：《突发灾难事件中国家媒体对国家形象的塑造——从〈纽约时报〉汶川地震报道看我国媒体对国际舆论的影响》，《青年记者》2014 年第 12 期。

[129] 张潇：《突发事件中媒体引导策略探讨》，《中国报业》2015 年第 2 期。

[130] 严丽华、高英波：《从个案激情、话语互动到公共理性——基于突发事件中的网络舆论分析》，《当代传播》2015 年第 1 期。

[131] 唐庆鹏：《论突发事件的网络舆论引导：理性审视、现实困境及政策趋向》，《电子政务》2015 年第 2 期。

[132] 郭倩：《重大突发事件中微博舆论场的形成机制——以"马航客机 MH370 失联"为例》，《中北大学学报》（社会科学版）2015 年第 4 期。

[133] 吴心远：《突发事件，靠什么终结舆论追问？——以上海外滩踩踏事件舆情分析为例》，《新闻记者》2015 年第 6 期。

[134] 黄晓红：《突发事件网络舆论引导策略研究——以漳州古雷 PX 工厂漏油爆炸起火事故为例》，《中国报业》2015 年第 6 期。

[135] 黄远：《微博舆论场：突发事件舆情演化分析的新视角》，《系统理论工程与实践》2015 年第 10 期。

[136] 车南林：《"两个舆论场"与社会安全突发事件处置——以昆明"3·01"暴力恐怖袭击事件媒介传播为例》，《青年记者》2014 年第 5 期。

[137] 孙金波：《突发事件中舆论控制的社会效应及博弈策略》，《当代传播》2014 年第 5 期。

[138] 曹继东：《我国政府利用微博引导突发事件网络舆论的初探》，《新闻与传播研究》2013 年第 4 期。

[139] 宫承波、李珊珊：《四类重大突发事件的网络舆论比较研究》，《当代传播》2013 年第 3 期。

[140] 刘路：《微博在突发事件中的作用机制初探》，《新闻大

学》2013 年第 4 期。

［141］候洪：《涉外型突发公共事件中的媒体性为和舆论引导——对 2010 年马尼拉"香港人质事件"危机传播的思考》，《当代传播》2012 年第 1 期。

［142］黄懿：《新媒体环境下舆论引导格局变化和重大突发事件中政府信息发布平台的选择——以广西龙江河镉污染事件柳州市舆论引导为例》，《中国传媒科技》2012 年第 3 期。

［143］戚姚云：《广播电视应对突发公共事件的舆论引导与价值构建探析》，《中国广播电视学刊》2012 年第 6 期。

［144］陈伟宏：《突发事件微博舆论传播的特征及道德调控探析》，《求索》2012 年第 8 期。

［145］吴锋：《突发事件中的舆论博弈机制研究》，《电子政务》2012 年第 10 期。

［146］陈婷、曲霏、陈福集：《突发事件网络舆情扩散的政府应对仿真描述——基于三方博弈视角》，《图书馆杂志》2016 年第 11 期。

［147］刘丽敏：《突发网络舆情事件的政府介入研究——聚焦青岛"天价虾"事件》，《社会科学论坛》2016 年第 11 期。

［148］张爱军：《社会突发事件网络舆情演化规律及其治理》，《社会科学研究》2016 年第 11 期。

［149］王凤香、张真真：《涉外突发事件网络舆情应对存在的问题及其应对策略改进研究》，《内蒙古农业大学学报》（社会科学版）2016 年第 9 期。

［150］李晚莲：《衍生性突发事件网络舆情引导机制研究》，《理论探讨》2015 年第 11 期。

［151］张玉亮：《意识形态竞争：重大突发事件网络舆情论战的

本质》，《广西社会科学》2016 年第 1 期。

[152] 王雪猛：《基于情感倾向分析的突发事件网络舆情预警研究》，《西南科技大学学报》（哲学社会科学版）2016 年第 2 期。

[153] 周广艳、张亦工：《网络舆情突发事件治理：国际视野与中国路径》，《山东社会科学》2016 年第 1 期。

[154] 张蕾、付洪昌：《突发事件网络舆情生命周期指标体系研究》，《青年记者》2016 年第 1 期。

[155] 丁莉、雷宇晶：《突发公共事件的网络舆情演变及行政问责制实证研究——基于 128 个样本数据的分析》，《现代情报》2016 年第 2 期。

[156] 韩宇：《突发事件中政务微博对网络舆情的引导功能》，《科技传播》2016 年第 4 期。

[157] 王睿、张恩普、李婷：《基于微博的网络舆情对策研究》，《情报科学》2016 年第 4 期。

[158] 姜雷：《让新闻发布不再面目冰冷——政府部门对重大突发事件的舆情引导》，《青年记者》2016 年第 3 期。

[159] 彭方奇、郝永华：《突发事件中的政府信息发布和舆情应对——以"8·12"天津港爆炸事件 14 次新闻发布会为例》，《新闻研究导刊》2016 年第 5 期。

[160] 王玉龙：《舆情反转：突发事件过程中网络群体极化的角色研究——基于"天价鱼事件"的分析》，《电子政务》2016 年第 5 期。

[161] 卢冀峰：《网络突发事件的舆情影响与引导对策——以哈尔滨"天价鱼"事件为例》，《新闻与写作》2016 年第 5 期。

[162] 何跃等：《突发事件中微博用户社群舆情传播特征研究》，《情报科学》2016 年第 6 期。

［163］张蓓、夏琼：《突发事件中政府危机公关策略研究——基于天津港爆炸事件和监利沉船事件的舆情分析》，《社会科学论坛》2016 年第 7 期。

［164］郑万军：《突发危机事件与网络舆情疏导——"6·1"长江沉船事件和"8·12"天津爆炸案的比较》，《情报杂志》2016 年第 6 期。

［165］宋菁菁：《政府官网官微在突发事件中的舆情应对及传播策略》，《视听》2016 年第 8 期。

［166］刘毅、李桂凤：《新媒体时代网络突发事件的传播及舆情引导》，《社会科学论坛》2014 年第 12 期。

［167］陈海汉、陈婷：《突发事件网络舆情传播时段特征和政府预警模式研究》，《图书馆学研究》2015 年第 1 期。

［168］唐喜亮：《国家突发公共事件中传播舆情分析——以马航空难为例》，《新闻知识》2015 年第 2 期。

［169］张宁熙：《大数据在突发公共事件网络舆情信息工作中的运用》，《现代情报》2015 年第 6 期。

［170］马颖：《食品安全突发事件网络舆情演变的模仿传染行为研究》，《科研管理》2015 年第 6 期。

［171］贺艳花：《突发事件网络舆情议题流变方向分析》，《中国报业》2015 年第 6 期。

［172］王兰成：《基于网络情绪分析的突发事件情报支援研究》，《情报理论与实践》2015 年第 7 期。

［173］李忠伟：《少数民族地区突发公共事件的舆情分析与引导策略》，《黑龙江民族丛刊》2015 年第 8 期。

［174］王朝霞：《网络舆情"蝴蝶效应"的预警机制研究——以群体性突发事件为例》，《新闻界》2015 年第 8 期。

［175］刘国巍：《时空分异视角下非常规突发事件网络舆情演化研究——以"上海12·31踩踏事件"为例》，《情报杂志》2015年第6期。

［176］彭广林：《地方政府突发事件舆情管理范式变革与转型——基于对临武瓜农死亡事件的分析》，《新闻界》2014年第1期。

［177］张悦：《突发灾难事件舆情在社会化媒体上的呈现和管理》，《西南民族大学学报》（人文社会科学版）2014年第5期。

［178］朱明刚：《突发事件挑战政府应对能力——杭州焚烧垃圾项目致民众聚集事件舆情分析》，《中国报业》2014年第6期。

［179］兰月新：《突发事件微博舆情扩散规律模型研究》，《情报科学》2013年第3期。

［180］张珂：《网络舆情突发事件中领导的应对之策》，《领导科学》2012年第5期。

［181］方付建、汪娟：《突发网络舆情危机事件政府回应研究——基于案例的分析》，《北京理工大学学报》（社会科学版）2012年第5期。

［182］康伟：《基于SNA的突发事件网络舆情关键节点识别——以"7·23动车事故"为例》，《公共管理学报》2012年第7期。

［183］兰月新：《突发事件网络谣言传播规律模型及对策研究》，《情报科学》2012年第9期。

［184］刘林沙、陈默：《突发事件中的微博意见领袖与舆情演变》，《电子政务》2012年第10期。

［185］朱四倍：《突发事件中的网络舆情危机及应对机制研究》，《新闻界》2011年第4期。

［186］陈荣香：《地方政府应对网络舆情突发事件的对策分析》，《领导科学》2011年第10期。

［187］王艺：《重大突发公共事件的微博舆情监测与引导初探》，《贵州民族学院学报》（哲学社会科学版）2011 年第 10 期。

［188］王国华、张剑：《突发事件网络舆情演变中意见领袖研究——以药家鑫事件为例》，《情报杂志》2011 年第 12 期。

［189］兰月新：《突发事件网络舆情安全评估指标体系建构》，《图书情报工作》2011 年第 6 期。

［190］曾润喜：《网络舆情突发事件预警指标体系建构》，《情报理论与实践科学》2010 年第 1 期。

［191］方付建、王国华：《突发事件网络舆情"片面化呈现"的形成机理——基于网民的视角》，《情报杂志》2010 年第 4 期。

［192］姜姗姗：《非常规突发事件网络舆情中的意见领袖分析》，《情报理论与实践》2010 年第 12 期。

［193］丁晨明、吴跃新：《政府官方微博在突发事件中如何引导网络舆论》，《新闻知识》2013 年第 3 期。

［194］王国华等：《突发事件中政务微博的网络舆论危机应对研究——以上海踩踏事件中的@上海发布为例》，《情报杂志》2015 年第 4 期。

［195］魏曦英：《构建认同：主流媒体突发事件舆论引导的一种路径——以@人民日报新浪微博热帖作为研究对象》，《东南传播》2014 年第 5 期。

［196］赵振宇、焦俊波：《系统论视角下的突发事件舆论引导框架构想》，《现代传播》2012 年第 10 期。

［197］喻发胜、赵振宇：《新形势下突发事件舆论引导机制的构建》，《新闻记者》2010 年第 10 期。

［198］蔡雯：《理智与情感间的困惑——从"五胞胎"新闻看媒介的舆论引导》，《新闻记者》2002 年第 5 期。

［199］曹丽虹：《走出新闻舆论引导的误区》，《当代传播》2004
年第 1 期。

［200］陈保平：《提高舆论引导能力　处理好"三个关系"》，
《中国报业》2008 年第 8 期。

［201］陈富清：《把提高舆论引导能力放在突出位置》，《中国广
播电视学刊》2008 年第 8 期。

［202］陈力丹、王辰瑶：《"舆论绑架"与媒体逼视——论公共媒
体对私人领域的僭越》，《新闻界》2006 年第 2 期。

［203］陈力丹、王冠：《汶川地震报道的特点和对传媒未来的影
响》，《当代传播》2008 年第 3 期。

［204］陈力丹：《宏观引导舆论与适度社会动员》，《当代传播》
1999 年第 1 期。

［205］陈力丹：《学习胡锦涛〈在人民日报社考察工作时的讲话〉
笔谈之三　按照新闻传播规律办事》，《新闻与写作》2008 年第 7 期。

［206］陈力丹：《2007 年我国网络传播研究的六个主题》，《当代
传播》2008 年第 1 期。

［207］程曼丽：《论"议程设置"在国家形象塑造中的舆论导向
作用》，《北京大学学报》（哲学社会科学版）2008 年第 2 期。

［208］程曼丽：《媒体快速反应和连续报道创造有利的舆论环
境》，《新闻与写作》2008 年第 6 期。

［209］程曼丽：《灾害中的政府舆论管理》，《国际公关》2008 年
第 4 期。

［210］丁柏铨：《和谐社会与社会舆论和谐》，《采·写·编》
2008 年第 2 期。

［211］丁柏铨：《新闻舆论引导方法论》，《南京大学学报》（哲
学·人文科学·社会科学版）2001 年第 2 期。

［212］范昀：《论影响世界舆论的几种传播方式——以中央电视台〈透过历史看西藏〉为例》，《现代传播》2008 年第 4 期。

［213］高彧：《提高舆论引导能力的几个抓手》，《新闻战线》2008 年第 10 期。

［214］何英杰：《改进新时期典型报道的几点认识》，《新闻与传播研究》2003 年第 3 期。

［215］胡占凡：《认真学习胡锦涛总书记重要讲话　努力提高广播电视舆论引导能力》，《中国广播电视学刊》2008 年第 8 期。

［216］姜秀珍：《中外媒体突发事件报道价值取向差异原因探析》，《国际新闻界》2003 年第 5 期。

［217］金厚勋：《营造和谐舆论环境五元素》，《新闻记者》2006 年第 5 期。

［218］金勇：《新时期的典型报道》，《新闻爱好者》2005 年第 4 期。

［219］孔德明、敖德芳：《在提高舆论引导能力的实践中全面提升广播电视影响力》，《中国广播电视学刊》2008 年第 8 期。

［220］孔德明：《确保舆论引导正确　提高舆论引导能力》，《新闻战线》2008 年第 9 期。

［221］雷跃捷、刘年辉：《提升电视媒体公信力的三部曲》，《新闻与写作》2008 年第 10 期。

［222］雷跃捷、唐远清：《论如何建立健全舆论引导工作格局和工作机制》，《现代传播》2007 年第 2 期。

［223］雷跃捷：《把握舆论引导特点　提高舆论引导能力——学习胡锦涛〈在人民日报社考察工作时的讲话〉札记》，《新闻战线》2008 年第 10 期。

［224］李光：《经济全球化、信息网络化和高科技发展给我国带

来的机遇与挑战》，《武汉大学学报》（人文科学版）2001 年第 7 期。

［225］李良荣、张媛：《新老媒体结合 造就舆论新格局》，《国际新闻界》2008 年第 7 期。

［226］李凌凌：《新时期受众心理变迁和舆论引导》，《新闻与写作》2005 年第 11 期。

［227］李树林：《自然灾害事件中新闻媒体的舆论导向》，《新闻知识》2008 年第 9 期。

［228］李贞芳、李燕：《媒体经济学研究的对象、方法、理论性及问题：对 1994—2005 年〈媒体经济学〉杂志的实证分析》，《新闻大学》2005 年第 4 期。

［229］李贞芳、韦路：《影响新闻工作者新闻价值框架形成的因素》，《国际新闻界》2007 年第 4 期。

［230］廖圣清、李晓静、张国良：《解析中国媒介新闻可信度》，《新闻大学》2007 年第 4 期。

［231］廖圣清、李晓静、张国良：《中国大陆大众传媒公信力的实证研究》，《新闻大学》2005 年第 1 期。

［232］刘保全：《把握好大局唱响主旋律提倡多样化——关于舆论引导问题的综述》，《新闻界》1995 年第 2 期。

［233］刘毅：《从社会心理学视角分析网络舆论引导》，《当代传播》2008 年第 3 期。

［234］马汇莹：《2005 年舆论学研究综述》，《新闻知识》2006 年第 4 期。

［235］皮传荣：《汶川地震媒体报道之反思》，《西南民族大学学报》2008 年第 8 期。

［236］任俊英：《典型报道的话语分析——从福柯的视点出发》，博士学位论文，复旦大学，2006 年。

［237］沈世纬：《舆论引导要正确把握辩证思维》，《新闻战线》2002 年第 6 期。

［238］孙玮：《典型报道的社会功能》，《新闻大学》1997 年第 1 期。

［239］孙玮：《新闻传媒怎样生产民意——新闻传媒与公共舆论的现实关系解读》，《探索与争鸣》2006 年第 9 期。

［240］韦路、李贞芳：《生活方式与数字电视采用：一个结构方程模型》，《新闻与传播研究》2007 年第 2 期。

［241］伍世文：《文化多元化的三个动力维度》，《社会科学论坛》2008 年第 6 期。

［242］谢跃进：《刍议提升主流媒体舆论引导力》，《中国广播电视学刊》2008 年第 4 期。

［243］熊丽：《做好社会热点问题舆论引导的"三度"与"三力"》，《中国广播电视学刊》2007 年第 8 期。

［244］杨继红、孟滨：《搭建桥梁 引导舆论 网罗民意"热问"总理——央视中文国际频道 2007 年"两会"报道回顾》，《电视研究》2007 年第 6 期。

［245］叶皓：《信息公开的成功范例——5·12 汶川地震舆论有效引导的启示》，《传媒观察》2008 年第 6 期。

［246］叶皓：《政府在突发事件处置中的舆论引导》，《现代传播》2007 年第 4 期。

［247］叶苗、马汇莹：《舆论引导方式，期待创新——"开放条件下舆论引导方式"问卷调查报告》，《新闻记者》2006 年第 4 期。

［248］尹韵公：《坚持新闻真实性 增强媒体公信力》，《红旗文稿》2007 年第 16 期。

［249］尹韵公：《学习胡锦涛〈在人民日报社考察工作时的讲

话〉笔谈之一 中国特色社会主义新闻学的重大推进》,《新闻与写作》2008 年第 7 期。

[250] 喻国明、靳一:《给北京主要媒介公信力打多少分》,《新闻与写作》2007 年第 6 期。

[251] 喻国明、张洪忠、靳一:《报纸仍然是最有影响力的媒介——基于中国首次传媒公信力全国性调查的报告》,《新闻与写作》2007 年第 7 期。

[252] 喻国明、张洪忠、靳一:《媒介公信力:判断维度量表之研究——基于中国首次传媒公信力全国性调查的建模》,《新闻记者》2007 年第 6 期。

[253] 喻国明、张洪忠:《中国大众传播渠道的公信力评测——中国大众媒介公信力调查评测报告系列》,《国际新闻界》2007 年第 5 期。

[254] 喻国明、张洪忠:《中国广播电视公信力评测报告》,《视听界》2007 年第 3 期。

[255] 喻国明:《大众媒介公信力理论初探(上)——兼论我国大众媒介公信力的现状与问题》,《新闻与写作》2005 年第 1 期。

[256] 喻国明:《大众媒介公信力理论初探(下)——兼论我国大众媒介公信力的现状与问题》,《新闻与写作》2005 年第 2 期。

[257] 展江:《审慎而积极地调整国家—媒体关系——胡锦涛在人民日报社考察工作时的讲话解读》,《国际新闻界》2008 年第 7 期。

[258] 张国良、廖圣清:《复旦大学新闻学院最新抽样调查表明——上海市民接触大众媒介的格局发生重大变化——"上海市民与媒介生态"抽样调查报告(之一)》,《新闻记者》2000 年第 7 期。

[259] 张国良、廖圣清:《中国受众的信息需求与满足》,《新闻记者》2004 年第 11 期。

［260］张健挺：《网络舆论"偏听偏信"现象解析——行为心理学的视角》,《新闻记者》2006年第10期。

［261］张平宇：《论典型报道的利弊得失》,《新闻爱好者》2008年第3期。

［262］张研农：《大灾大考中的舆论引导》,《新闻战线》2008年第7期。

［263］张甄：《浅析四川汶川地震新闻典型报道——以南方都市报的"大爱特刊"为例》,《中国编辑》2008年第5期。

［264］张志君：《舆论的传播规律与引导路径》,《现代视听》2008年第8期。

［265］张志新：《和谐舆论的四大标志》,《新闻导刊》2006年第1期。

［266］赵德润：《典型宣传的改进与创新》,《新闻战线》2004年第7期。

［267］赵化勇：《倡导社会主义核心价值观　增强电视新闻传媒舆论引导力》,《中国广播电视学刊》2007年第11期。

［268］赵晴：《构建舆论引导新格局　打造传媒集团竞争力》,《中国记者》2008年第6期。

［269］赵振宇：《切实保障公民的知情权和决定权——关于修改"重大情况让人民知道,重大问题经人民讨论"两句话的思考》,《西南民族大学学报》（人文社科版）2006年第1期。

［270］郑保卫、樊亚平：《网民自发舆论的一次"发威"》,《新闻与写作》2008年第6期。

［271］郑保卫、郭平、张惠雯：《汶川大地震报道——一次成功的舆论引导实践》,《新闻界》2008年第3期。

［272］郑保卫、祁涛：《学习胡锦涛〈在人民日报社考察工作时

的讲话〉笔谈之二　坚持正确舆论导向　构建舆论引导新格局》，《新闻与写作》2008 年第 7 期。

[273] 郑保卫、唐远清：《试论新闻传媒的公信力》，《新闻爱好者》2004 年第 3 期。

[274] 郑保卫、王静：《浅谈舆论引导的艺术与技巧》，《新闻界》2007 年第 5 期。

[275] 郑保卫、邹晶：《论当前我国舆论引导的新策略》，《现代传播》2007 年第 6 期。

[276] 郑保卫、邹晶：《媒体变局与舆论引导》，《新闻与写作》2008 年第 8 期。

[277] 郑保卫：《公信力的客观评估标准》，《新闻与写作》2008 年第 10 期。

[278] 郑保卫：《试论传媒公信力形成的要件及判断与评估的标准》，《新闻界》2005 年第 6 期。

[279] 郑瑜：《新媒体时代的舆论引导与控制》，《当代传播》2008 年第 3 期。

[280] 周庆安：《新闻评论：大规模公共危机中的舆论导向——以四川汶川大地震后一周平面媒体评论为例》，《新闻与写作》2008 年第 7 期。

[281] 《主流媒体如何增强舆论引导有效性和影响力之二：寻求"媒体舆论场"与"口头舆论场"最大重合度》，《中国记者》2004 年第 1 期。

[282] 吕国英：《网络媒体——舆论引导主体的历史担当》，《新闻战线》2008 年第 12 期。

[283] 刘红春：《网络时代传统媒体舆论引导力的提升》，《新闻爱好者》2010 年第 1 期。

［284］夏长勇：《我国四类公共危机传播现状与发展态势》，《新闻与写作》2009 年第 11 期。

［285］张志欣：《从三鹿奶粉事件报道看如何提高突发事件舆论引导水平》，《新闻战线》2008 年第 12 期。

［286］黄芝晓：《政府：风险化解"三角"的主导因素——对杭州 5.7 交通肇事案的传播研究》，《新闻大学》2009 年第 9 期。

［287］史云贵：《中国社会群体性突发事件有效治理的理性路径论析——一种基于公共理性的研究视角》，《社会科学》2010 年第 1 期。

［288］和曼、白树亮：《突发事件报道中新闻内容的信息倾向问题》，《新闻爱好者》2010 年第 1 期。

［289］张霆、钟茜：《手机媒体在突发事件报道中的作用》，《新闻爱好者》2009 年第 12 期。

［290］张志欣、赵兵：《在重大突发事件中快速构建主流舆论场——〈河北日报〉在抗暴雪宣传报道中实践"大事看党报"理念的启示》，《新闻战线》2009 年第 12 期。

［291］庹继光：《案件报道中法律视角和舆论引导》，《声屏世界》2009 年第 11 期。

［292］周俊杰、蓝蔚：《把握传媒规律性　提高舆论引导力——重大突发性事件提高舆论引导力的思考》，《声屏世界》2009 年第 4 期。

［293］喻国明：《传播的"语法"革命与舆论引导力》，《电视研究》2009 年第 10 期。

［294］欧阳宏生、王瑞林：《从"7·5"事件报道看媒体的舆论引导策略》，《当代传播》2009 年第 5 期。

［295］巢乃鹏：《从对抗到协商——以"躲猫猫事件"为例探讨

政府网络舆论引导新模式》,《编辑学刊》2009 年第 5 期。

[296] 张毓:《从"韩寒事件"看网络评论的舆论引导作用》,《新闻世界》2009 年第 5 期。

[297] 蔡尚伟、蓝丕跃:《从成都"6·5"公交燃烧事件看网络舆论引导力的提升》,《今传媒》2009 年第 7 期。

[298] 赵飞:《从甲型 H1N1 型流感事件看美国卫生部门的舆论引导》,《新闻与写作》2009 年第 7 期。

[299] 雷跃捷、高永亮:《从汶川地震的舆论引导看如何改进常规性报道》,《中国广播电视学刊》2009 年第 7 期。

[300] 蒋新星:《大众传媒在企业危机公关中的舆论引导》,《青年记者》2009 年第 7 期。

[301] 陈丽华:《当前社会思潮与舆论引导》,《社会科学家》2009 年第 1 期。

[302] 王军超:《党报舆论引导的动因及舆论引导价值》,《新闻与写作》2009 年第 2 期。

[303] 王辉:《电视新闻节目主持人的舆论引导功能》,《记者摇篮》2009 年第 1 期。

[304] 党秋月:《电视新闻评论的舆论引导功能》,《记者摇篮》2009 年第 1 期。

[305] 王凤英:《对网上舆论引导工作的几点思考》,《对外传播》2009 年第 1 期。

[306] 丁和根:《对舆论引导主体引导能力的多维观照》,《当代传播》2009 年第 3 期。

[307] 冯玺:《公安机关加强舆论引导的理论探讨》,《公安研究》2009 年第 2 期。

[308] 刘奋:《公共危机中的舆论引导》,《中国广播电视学刊》

2009 年第 8 期。

[309] 李霓虹、张谨:《构建高校网络舆情引导立体体系》,《琼州学院学报》2009 年第 12 期。

[310] 刘建斌:《积极应对群体性事件提高网上舆论引导能力》,《福建理论学习》2009 年第 10 期。

[311] 王永福、肖峰:《基层突发性群体事件的信息传播规律与舆论引导策略》,《东南传播》2009 年第 6 期。

[312] 刘昊:《基于 SNS 的网络舆论引导策略分析》,《新闻知识》2009 年第 10 期。

[313] 闫平:《加强网络舆论引导和管理的思考》,《中共济南市委党校学报》2009 年第 3 期。

[314] 章娴:《简议新媒体环境下的舆论引导新格局》,《金融观察》2009 年第 3 期。

[315] 王芳:《金融海啸中经济报道的舆论引导功能分析》,《人文社科》2009 年第 1 期。

[316] 郭小平、梁媛媛、董朝:《金融危机下大学生就业报道与新闻舆论引导》,《今传媒》2009 年第 6 期。

[317] 孔先伟:《论"网络"信息时代的公安舆论引导》,《公安法治研究》2009 年第 9 期。

[318] 尤红:《论电视媒体舆论引导的着力点》,《当代传播》2009 年第 4 期。

[319] 薛瑞汉:《论网络媒体之提高舆论引导能力》,《福建行政学院学报》2009 年第 1 期。

[320] 张白云:《论舆论引导在网络新闻传播中的作用》,《大众文艺》2009 年第 5 期。

[321] 周洋:《论重大突发公共事件中的舆论引导》,《新闻采

编》2009年第4期。

[322] 王小勤：《媒体应对突发事件的舆论引导能力》，《新闻前哨》2009年第9期。

[323] 陈浩、李德军：《浅析网络舆论引导中"沉默的螺旋"的有效性》，《新闻世界》2009年第7期。

[324] 周新华：《社会公共危机中的舆论引导》，《新闻前哨》2009年第2期。

[325] 蒋颖：《试论媒体在突发性公共危机事件中的舆论引导——以5·12汶川特大地震为例》，《新闻界》2009年第4期。

[326] 郝建国：《试论手机报发展过程中的舆论引导》，《新乡教育学院学报》2009年第3期。

[327] 肖怀远：《提高舆论引导能力，掌握舆论主导权》，《求是杂志》2009年第12期。

[328] 戴听祥：《提升突发公共事件的舆论引导力》，《视听界》2009年第4期。

[329] 许东良：《突发公共事件与舆论引导——以杭州"70码"事件为例》，《中国广播电视学刊》2009年第9期。

[330] 夏文蓉：《突发公共事件中媒体舆论引导力影响因素解析》，《广播电视大学学报》（哲学社会科学版）2009年第2期。

[331] 姚远：《突发事件中媒体的应变考研舆论引导力》，《新闻窗》2009年第1期。

[332] 杨波：《网络公关：话语权争夺与网络舆论引导》，《新闻界》2009年第1期。

[333] 杨清波：《网络媒体的内容把关与舆论引导》，《当代传播》2009年第3期。

[334] 尤秀斌、蔡晓辉：《网络民议的迅速崛起与主流媒体的舆

论引导力》,《中国报业》2009 年第 6 期。

[335] 何国平：《网络群体事件的动员模式及其舆论引导》,《思想政治工作研究》2009 年第 9 期。

[336] 邓涛、顾建明：《网络新闻评论与舆论引导》,《采写编》2009 年第 6 期。

[337] 王运宝：《网络舆论引导"策"》,《决策》2009 年第 7 期。

[338] 陆益、孙霞：《网络舆论引导"探"与"策"》,《江南论坛》2009 年第 12 期。

[339] 杨林瑜：《网络舆论引导机制创新探析》,《广西社会主义学院学报》2009 年第 4 期。

[340] 李劭强：《网络舆论引导应注意的三个问题》,《新闻知识》2009 年第 2 期。

[341] 王海燕：《县级网络媒体在突发事件中的舆论引导作用——以浙江玉环"7·10 事件"传播为例》,《东南传播》2009 年第 6 期。

[342] 迟月丽：《新的媒介环境下提高电视新闻评论舆论引导能力的思考——以〈新闻 1 + 1〉为例》,《新闻界》2009 年第 5 期。

[343] 高顺青、尚婷婷：《新的媒体生态中的舆论引导》,《中国广播电视学刊》2009 年第 7 期。

[344] 陈红梅：《新闻媒体在突发事件中的舆论引导艺术》,《今传媒》2009 年第 7 期。

[345] 丁柏铨：《新形势下提高舆论引导能力研究论纲》,《当代传播》2009 年第 3 期。

[346] 丁柏铨：《新形势下舆论引导的两个问题辨析》,《南京社会科学》2009 年第 4 期。

［347］李智：《应重视媒介融合语境下的舆论引导》，《中国广播电视学刊》2009 年第 8 期。

［348］夏文蓉：《在危机反应中建构媒体舆论引导力——以汶川地震次日部分报纸头版为例》，《当代传播》2009 年第 3 期。

［349］任素琴：《增强国际舆论引导能力的对策思考》，《现代传播》2009 年第 6 期。

［350］郭志娟、卢颖生：《重大事件中流言扩散与舆论引导——以"瓮安事件"、合肥地震中的流言传播为例》，《东南传播》2009 年第 7 期。

［351］周奉真：《"麦克风时代"与舆论引导问题》，《求是杂志》2010 年第 4 期。

［352］王君超：《"新媒体格局"下主流媒体的舆论引导策略》，《新闻与写作》2010 年第 12 期。

［353］宣柱锡：《把握受众特点变化，提高主流媒体舆论引导力》，《中国记者》2010 年第 6 期。

［354］刘正荣：《把握网络舆论引导的难点和着力点》，《中国记者》2010 年第 7 期。

［355］姜胜宏：《把握网络舆情规律，加强正面舆论引导——以杭州飙车案的网络舆情变动为例》，《中国党政干部论坛》2010 年第 7 期。

［356］徐燕、张晓静：《传统媒介如何走出舆论引导困境》，《青年记者》2010 年第 6 期。

［357］范明献：《传统媒体对网络事件传播的舆论引导——基于议程设置理论的分析》，《传媒观察》2010 年第 2 期。

［358］范明献、张媛媛：《传统媒体在网络事件传播中的舆论引导机制研究》，《湖南科技学院学报》2010 年第 3 期。

［359］刘昌衍、桂勇：《创新深度报道形式 提高舆论引导能力》，《声屏世界》2010 年第 2 期。

［360］赵丽娜：《从〈人民日报〉玉树地震报道看灾难新闻的舆论引导》，《新闻世界》2010 年第 5 期。

［361］石晓峰：《从"人肉搜索"谈强化网络舆论引导》，《记者摇篮》2010 年第 11 期。

［362］黄杰瑶：《从"网瘾少年之死"看媒介的舆论引导》，《新闻世界》2010 年第 8 期。

［363］李欣：《从"议程设置"角度看民族地区突发公共事件的舆论引导》，《西北民族大学学报》（哲学社会科学版）2010 年第 6 期。

［364］朱春阳、杨绪伟：《电视媒体如何提高舆论引导能力——以舆论监督为分析视角》，《电视研究》2010 年第 7 期。

［365］李立、赵可嘉：《电视民生新闻舆论引导艺术的叙事学解读——以成都电视台"成都全接触"为例》，《新闻界》2010 年第 3 期。

［366］马小林：《电视新闻评论节目的舆论引导功能》，《新闻窗》2010 年第 2 期。

［367］任祥、王林：《和谐社会视野下的网络舆论引导》，《云南社会主义学院学报》2010 年第 2 期。

［368］陈涵：《婚恋交友类节目舆论引导问题研究》，《学理论》2010 年第 11 期。

［369］郭岩：《加强网络舆论引导，构建和谐网络文化》，《求知》2010 年第 1 期。

［370］张原：《价值传播与舆论引导：新闻评论社会功能的传播学解释》，《编辑之友》2010 年第 8 期。

［371］赵代君：《牢牢把握舆论引导的主动权——〈长江日报〉"换宝"系列报道成功的思考》，《新闻战线》2010 年第 1 期。

［372］童文胜：《领导干部提升网络舆论引导能力策略浅析》，《武汉科技大学学报》（社会科学版）2010 年第 4 期。

［373］朱天、唐俊：《论城市电视媒体舆论引导能力创新的可为空间》，《电视研究》2010 年第 5 期。

［374］唐妙玲：《论突发事件背景下的网络舆论引导》，《海南广播电视大学学报》2010 年第 3 期。

［375］郭晓桢：《论网络舆论引导与群体性事件预防》，《东岳论丛》2010 年第 9 期。

［376］袁志坚：《媒体公信力：提高媒体舆论引导能力的前提》，《新闻与传播研究》2010 年第 5 期。

［377］刘弘、刘文泉：《媒体舆论引导力的实践视角》，《新闻前哨》2010 年第 1 期。

［378］杜波：《媒体在公共危机中的舆论引导》，《新闻知识》2010 年第 10 期。

［379］宁波市委宣传部课题组：《宁波突发公共事件舆论引导的调查与反思》，《宁波通讯》2010 年第 3 期。

［380］顾立红：《浅谈如何提高对突发事件的舆论引导力》，《新闻世界》2010 年第 6 期。

［381］罗欢：《浅谈突发公共事件的新闻发布与舆论引导问题——以贵州省安顺市"6·30 事件"为例》，《理论研究》2010 年第 8 期。

［382］罗子欣、蒋晓丽：《舆论引导力在新形势下的把握与提升——四川大学博士生导师蒋晓丽教授访谈》，《社会科学家》2010 年第 10 期。

［383］李欣：《新闻舆论引导中的"事实"论——社会心理学视角下的认知图示》，《当代传播》2010 年第 3 期。

［384］张原：《新闻评论构建舆论引导话语权的范式研究——兼论央视新闻频道的新闻评论》，《电视研究》2010 年第 11 期。

［385］姚婷婷、戴钢书：《汶川地震灾后思想重建中的信息传播与舆论引导研究——基于 5·12 震后的灾区问卷调研》，《天府新论》2010 年第 3 期。

［386］董梦杭：《网络环境下"意见领袖"在国际舆论引导中之运用》，《东南传播》2010 年第 7 期。

［387］时国珍、原碧霞：《突发事件演变规律与舆论引导》，《中国记者》2010 年第 5 期。

［388］易崇英：《试论网络经济时代的网络舆论引导原则》，《新闻界》2010 年第 6 期。

［389］马燕、易保山：《社会化网络媒体舆论引导方法探析》，《中国记者》2010 年第 7 期。

［390］梁晨：《浅谈新闻网站的网络舆论引导》，《新闻传播》2010 年第 2 期。

［391］聂辰席：《创新舆论引导 服务发展方式转变》，《求是杂志》2011 年第 4 期。

［392］肖穗芳：《从"南平校园案件"媒体报道的缺失看突发事件的舆论引导》，《东南传播》2011 年第 3 期。

［393］陈明：《转型期我国舆论引导存在的问题》，《声屏世界》2011 年第 2 期。

［394］《全媒体时代：舆论引导的突破与坚守》，《中国记者》2011 年第 1 期。

［395］周玉江：《如何做好突发灾害性事件的舆论引导》，《传

媒》2011 年第 3 期。

　　［396］王海霞：《提高快速反应能力，加强舆论引导水平——省级电视媒体应急突发事件报道初探》，《当代电视》2011 年第 1 期。

　　［397］林晓华：《提升民族地区突发事件舆论引导能力的路径设想——以建立"政府—媒体—公众"联动制度为中心》，《西南民族大学学报》（人文社会科学版）2011 年第 3 期。

　　［398］赵志立：《网络群体性事件的舆论引导策略》，《领导之友》2011 年第 1 期。

　　［399］徐华西：《网络舆论引导之思考》，《出版》2011 年第 3 期。

　　［400］成新平：《为我所用——浅析地方网上舆论引导及网评工作》，《对外传播》2011 年第 2 期。

　　［401］文成国：《创造性地放大网络正面宣传的社会影响》，《新闻前哨》2011 年第 2 期。

　　［402］李海青：《浅谈全球化背景下媒体舆论引导作用的发挥》，《采写编》2011 年第 1 期。

　　［403］吴薇、刘昌伟：《论舆论引导中有效传播的策略》，《新闻世界》2011 年第 1 期。

　　［404］段传亮：《论突发公共事件中的舆论引导》，《中国山西省直机关党校学报》2011 年第 1 期。

　　［405］陈燕：《论提升网络新闻专题的舆论引导力》，《新闻爱好者》2011 年第 2 期。

　　［406］樊艳丽：《高校突发性事件的网络舆论引导初探》，《山西高等学校社会科学学报》2011 年第 3 期。

　　［407］张苏敏：《改革创新，开拓舆论引导新局面——〈人民日报〉提高舆论引导能力三大举措评析》，《青年记者》2011 年第 2 期。

［408］余仲樵：《地方主流媒体应对突发事件强化舆论引导力探析——以今年南平突发事件新闻报道为例》，《东南传播》2011年第1期。

［409］孙旭培：《从非典危机看新闻自由和保守国家秘密》，《新闻与传播评论》2004年第1期。

［410］童兵：《非典时期新闻传媒的角色审视》，《现代传播》2003年第5期。

［411］吴廷俊、夏长勇：《我国公共危机传播的历史回顾与现状分析》，《现代传播》2010年第6期。

［412］夏鼎铭：《"客观主义"报道辨析》，《新闻大学》1988年第3期。

［413］吴廷俊、夏长勇：《我国公共危机传播的历史回顾与现状分析》，《现代传播》2010年第6期。

［414］王石：《一朵明日黄花——〈为了六十一个阶级兄弟〉采写记事》，《报刊管理》1999年第10期。

［415］张君昌：《60年来中国应对突发事件的政策法规及新闻报道和编辑理念演变》，《中国编辑》2010年第4期。

［416］石长顺、徐锐：《媒介话语机制的历史性超越与进步》，《视听界》2008年第7期。

［417］赵建青：《我国政府网站建设的现状和路径探析》，《中国行政管理》2007年第6期。

［418］张志安、贾佳：《中国政务微博研究报告》，《新闻记者》2011年第6期。

［419］蔡斐：《重庆市政务微博研究报告（2011）》，《西南政法大学学报》2012年第2期。

［420］蒲红果：《借助微博提高舆论引导的传播力和有效性——

以北京"7·21"特大自然灾害舆论引导为例》,《新闻与写作》2012年第 8 期。

[421] 盛沛林:《警惕"没有硝烟的战争"——西方传媒妖魔化中国的手段及原因剖析》,《当代传播》2002 年第 1 期。

[422] 叶皓:《对温州高铁事故新闻发布的反思》,《现代传播》2011 年第 10 期。

[423] 程曼丽:《欧洲三国新闻发布制度的启示》,《新闻记者》2010 年第 7 期。

[424] 孟建、钱海红:《危机公关:融入中国社会发展的新战略》,《国际新闻界》2008 年第 6 期。

[425] 谢国栋:《应对突发事件:政府危机公关机制的完善》,《内蒙古农业大学学报》(社会科学版)2010 年第 3 期。

[426] 喻发胜、黄海燕:《微博与政府危机公关》,《中国广播电视学刊》2011 年第 6 期。

[427] 鲁津、徐国娇:《论中小城市群体性事件政府危机公关传播——以湖北"石首事件"为个案解析》,《现代传播》2010 年第 9 期。

[428] 刘叶:《外国新闻记者的报道在解决皖南事变中的作用》,《社科纵横》2013 年第 2 期。

[429] 刘杨:《驻华外国记者的关注和困惑》,《对外传播》2013 年第 3 期。

[430] 刘雁妮、贺和平、彭文莎:《名人微博的影响力评价指标研究》,《武汉理工大学学报》(信息与管理工程版)2012 年第 12 期。

[431] 谢炜聪:《汶川地震中非政府组织作用探析》,《湖南行政学院学报》2009 年第 3 期。

[432] 贾西津:《非政府组织应对突发事件优势独特》,《中国社

会报》2006 年第 7 期。

［433］陈发桂：《非政府组织参与群体性事件治理的价值考量及其限度》，《岭南学刊》2011 年第 1 期。

［434］范履冰、俞祖成：《公共危机中的非政府组织功能分析——以"厦门 PX 事件"为例》，《理论探索》2008 年第 5 期。

［435］林尚立：《两种社会建构：中国共产党与非政府组织》，《中国非营利评论》2007 年第 1 期。

［436］李良荣：《论中国新闻媒体的双轨制——再论中国新闻媒体的双属性》，《现代传播》2003 年第 4 期。

［437］尚玲玲、沈鹏超：《危机管理中政府与媒体的角色与互动》，《重庆科技学院学报》（社会科学版）2010 年第 23 期。

［438］陈崇山：《中国受众研究之回顾》 （上），《当代传播》2001 年第 1 期。

［439］贾生华、陈宏辉：《利益相关者的界定方法述评》，《外国经济与管理》2002 年第 5 期。

［440］沙勇忠、刘红芹：《公共危机的利益相关者分析模型》，《科学·经济·社会》2009 年第 1 期。

［441］谭术魁、涂姗：《征地冲突中利益冲突者的博弈分析——以地方政府与失地农民为例》，《中国土地科学》2009 年第 11 期。

［442］魏益民：《论食品安全学的理论基础与技术体系》，《中国工程科学》2007 年第 3 期。

［443］熊建、杨爱华：《基于利益相关者理论的群体性事件对策研究》，《北京航空航天大学学报》（社会科学版）2008 年第 12 期。

［444］于建嵘：《社会泄愤事件中群体心理研究——对"翁安事件"发生机制的一种解析》，《北京行政学院学报》2009 年第 1 期。

［445］胡雪纷、屈双湖：《防范无直接利益相关者参与群体性事

件的对策》，《铁道警官高等专科学校学报》2009 年第 3 期。

　　［446］刘泱育：《我国地方政务微博"上情下达"传播效能研究——基于 31 个省会城市政务微博传播中央政府工作报告的实证分析》，《新闻大学》2017 年第 2 期。

　　［447］董媛媛、张明言：《论网络恐怖信息的传播及应对策略——从美国费城网络恐怖袭击威胁事件谈起》，《新闻大学》2017 年第 2 期。

　　［448］宋祖华：《新媒体环境下大众媒体的谣言核实困境初探》，《新闻大学》2016 年第 10 期。

　　［449］吴小坤、李喆：《中国阅兵礼在西方舆论场中的国家意义及其生成条件——基于国家自然化理论的分析》，《新闻与传播研究》2016 年第 12 期。

　　［450］郭小安：《舆论的公众性和公共性价值：生成、偏向和融合——一项思想史的梳理》，《新闻与传播研究》2016 年第 12 期。

　　［451］唐海江：《"造健全指舆论"：清末民初人士对于"舆论"的表述和群体认识——兼论近代中国舆论的难局及其历史走向》，《新闻与传播研究》2016 年第 12 期。

　　［452］刘于思、徐煜：《在线社会网络中的谣言与辟谣信息传播效果：讨论网络结构因素与社会心理过程的影响》，《新闻与传播研究》2016 年第 11 期。

　　［453］王晓乐：《中国现代公共关系实践之发轫——对全面抗战时期国际宣传的历史考察》，《新闻与传播研究》2016 年第 10 期。

　　［454］雷霞：《谣言：概念演变与发展》，《新闻与传播研究》2016 年第 9 期。

　　［455］叶永超、刘莲莲：《新闻舆论引导力：理论渊源、现实依据和提升路径》，《新闻与传播研究》2016 年第 9 期。

［456］顾金喜：《全媒体时代如何有效加强党的网络舆论主导权》，《新闻与传播研究》2016 年第 6 期。

［457］王宇琪、陈昌凤：《社会化媒体时代政府的危机传播与形象塑造：以天津港"8·12"特别重大火灾爆炸事故为例》，《新闻与传播研究》2016 年第 7 期。

［458］张淑华：《节点和变量：突发事件网络"扩音效应"产生的过程考察和一般模式——基于对"鲁山大火"和"兰考大火"的比较研究》，《新闻与传播研究》2016 年第 7 期。

［459］杨洸：《社会化媒体舆论的极化与共识——以"广州区伯嫖娼"之新浪微博数据为例》，《新闻与传播研究》2016 年第 2 期。

［460］董天策：《从网络集群行为到网络集体行动——网络群体性事件及相关研究的学理反思》，《新闻与传播研究》2016 年第 2 期。

［461］张志安、宴齐宏：《网络舆论的概念认知、分析层次和引导策略》，《新闻与传播研究》2016 年第 5 期。

［462］闫岩：《喧哗与寂灭：中国特别重大事故的媒体呈现（2000—2015）》，《新闻与传播研究》2016 年第 5 期。

［463］阚延华、付津：《甲午战争中的舆论较量及影响》，《新闻与传播研究》2014 年第 10 期。

［464］杨斌艳：《舆情、舆论、民意：词的定义与变迁》，《新闻与传播研究》2014 年第 12 期。

［465］张垒：《公共评论平台还是精英"看门狗"？——苏联解体中传媒和舆论角色的再思考》，《新闻与传播研究》2013 年第 2 期。

［466］吴小坤：《网络群体事件研究的理论视阈、技术支撑及待突破瓶颈》，《新闻与传播研究》2012 年第 12 期。

［467］相德宝：《国际自媒体涉华舆论传者特征及影响力研究——以 Twitter 为例》，《新闻与传播研究》2015 年第 1 期。

［468］刘毅：《国外舆论学研究的知识"图景"：热点、网络与结构——基于 SSCI 数据库（1994—2013）的知识图谱分析》，《新闻与传播研究》2015 年第 5 期。

［469］复旦大学信息与传播研究中心课题组、葛星：《"自说自话"的城市官微——基于四城市官微内容分析的"城市官微可沟通性"报告》，《新闻与传播研究》2015 年第 8 期。

［470］黄敏：《当世界媒体遇到中国的恐怖主义：外媒有关昆明暴恐事件报道的语用学分析》，《新闻与传播研究》2014 年第 6 期。

［471］龙小农：《I－crowd 时代"沉默的螺旋"倒置的成因及影响——以"PX 项目事件"的舆论引导为例》，《新闻与传播研究》2014 年第 2 期。

［472］闫岩：《新世纪以来我国特大事故的媒体框架构建研究》，《现代传播》2017 年第 3 期。

［473］宋之杰：《新媒体下群体性突发事件演化因素研究》，《现代传播》2017 年第 3 期。

［474］薛涛、张荣美：《西方媒体涉华报道中的"傲慢与偏见"——以两起恐袭事件为分析样本》，《现代传播》2017 年第 1 期。

［475］王龙洋：《论交往、传媒与近代舆论空间构建》，《现代传播》2017 年第 1 期。

［476］汪青云、胡沈明：《突发事件中政务微博信息发布理论框架建构》，《现代传播》2016 年第 11 期。

［477］梁海峰：《论新媒体环境下舆论引导的民众参与新格局——以近期社会舆论热点事件为例》，《现代传播》2016 年第 12 期。

［478］官建文：《突发公共事件网络舆论议题结构探析》，《现代传播》2016 年第 2 期。

［479］熊茵、赵振宇：《微信舆情的传播特征及风险探析》，《现代传播》2016 年第 2 期。

［480］郑保卫：《习近平新闻宣传舆论观的形成背景及理论创新》，《现代传播》2016 年第 4 期。

［481］余秀才：《突发事件中微博舆论的传播特征与问题——以成都男司机暴打女司机事件为例》，《现代传播》2016 年第 4 期。

［482］靖鸣、王勇兵：《新浪大 V 传播行为的变化与思考——以突发公共事件为例》，《现代传播》2016 年第 5 期。

［483］沈正赋：《新媒体时代新闻舆论传播力、引导力、影响力和公信力的重构》，《现代传播》2016 年第 5 期。

［484］李春雷：《突发群体性事件后情绪传播机制研究》，《现代传播》2016 年第 6 期。

［485］张涛甫、王智丽：《中国舆论治理的三维框架》，《现代传播》2016 年第 9 期。

［486］熊炎：《何种谣言更具有传播力？——谣言内容、传谣意愿与谣言讨论热度》，《现代传播》2016 年第 9 期。

［487］史安斌：《国际传播能力提升的路径重构研究》，《现代传播》2016 年第 10 期。

［488］詹骞：《政务微博意见领袖的社会网络分析——以北京地区政务微博为例》，《现代传播》2014 年第 12 期。

［489］孔清溪等：《灾难事件中网络谣言风暴的形成、传播规律及消解策略研究——以马航 MH370 事件为例》，《现代传播》2014 年第 12 期。

［490］丁迈、罗佳：《心理应急影响下突发性公共危机事件的公众舆论流变——以"昆明暴恐"事件为例》，《现代传播》2015 年第 2 期。

［491］王艳玲、王洁：《自媒体时代舆论倒逼现象的有效引导》，《现代传播》2015 年第 1 期。

［492］雷霞：《虚拟的在场：新媒体时代谣言传播的技术动因》，《现代传播》2015 年第 3 期。

［493］陈海燕：《试论公共安全事件中电视新闻评论的引导策略——以深圳卫视〈直播港澳台〉节目为例》，《现代传播》2015 年第 3 期。

［494］阳翼等：《政务微信受众的"使用与满足"研究》，《现代传播》2015 年第 4 期。

［495］于美娜、钟新：《微博意见领袖的舆论影响力现状及原因分析——以新浪微博环境传播为例》，《现代传播》2015 年第 8 期。

［496］汤景泰：《我国网络舆论研究的知识图谱与研究主题——基于 CNKI（1998—2014）的数据分析》，《现代传播》2015 年第 9 期。

［497］刘海燕：《语言舆情研究走向探析》，《现代传播》2015 年第 9 期。

［498］郑亚楠：《政务微信与县域政治生态的塑造——以"绥棱人"为例》，《现代传播》2015 年第 10 期。

［499］姚玉芹等：《试析政务微信的传播价值》，《现代传播》2015 年第 10 期。

［500］任景华：《突发事件应对中政府信息传播策略建构》，《现代传播》2015 年第 10 期。

［501］张勇峰：《舆论引导"时、度、效"方法论研究论纲》，《现代传播》2015 年第 10 期。

［502］陈旭辉：《意见领袖的识别偏差及影响因素研究——基于量表社会网比较视角》，《现代传播》2015 年第 11 期。

［503］韩运荣、白岩冰：《大数据视角下网络舆论研判的原理与方法》，《现代传播》2015 年第 11 期。

外文文献

［1］Asher, Herbert B. , *Polling and the Public: What Every Citizen Should Know*, 3rd ed. Washington, D. C. : CQ Press, 1995.

［2］Chong, D. , Druckman, J. N. , "A Theory of Framing and Opinion Formation in Competitive Elite Environments", *Journal of Communication*, 57 (1), 2007.

［3］Christian, Leah Melani, Dillman, Don A. , Smyth, Jolene D. , "Helping Respondents Get it Right the First Time: The Influence of Words, Symbols, and Graphics in Web Surveys", *Public Opinion Quarterly*, 71 (1), 2007.

［4］Eagly, A. H. , Chaiken, S. , "The Psychology of Attitudes", *Forth Worthj*, TX: Harcourt Brace, 1993.

［5］Edy, Jill A. , Meirick, Patrick, "Wanted, Dead or Alive: Media Frames, Frames Adoption, and Support for the War in Afghanistan", *Journal of Communication*, 57 (1), 2007.

［6］Entman, R. M. , "Framing United – States Coverage of International News—Contrasts in Narratives of the KAL and Iran Air Incidents", *Journal of Communicaiton*, 41 (4), 1991.

［7］Entman, R. M. , "Framing Bias: Media in the Distribution of Power", *Journal of Communication*, 57 (1), 2007.

［8］Fricker, Scott, Galesic, Mirta, Tourangeau, Roger & Yan, Ting, "An Experimental Comparison of Web and Telephone Surveys", *Public Opinion Quarterly*, Vol. 69 (3), 2005.

［9］ Ho, Shirley, Brossard, Dominique & Scheufele, "The Polls - trends: Public Reactions to Global Health Threats and Infectious Diseases", *Public Opinion Quarterly*, 71 (4), 2007.

［10］ Iyengar, S. , *Is Anyone Responsible? How Televison Frames Political Issues*, Chicago: University of Chicago Press, 1991.

［11］ Jerry L. Yeric, John R. Todd, *Public Opinion: The Visible Politics*, 2nd ed. Illinois: P. E. Peacock Publishers, INC. , 1989.

［12］ Jick, T. D. , "Mixing Qualitative and Quantitative Methods Triangulation in Action", in J. V. Maanen (ed.), *Qualitative Methodology* , Newbury Park, CA: Sage, 1983.

［13］ Kahneman, D. & Tversky, A. , "Prospect Theory—Analysis of Decision under Risk", *Econometrica*, 47, 1979.

［14］ Kahneman, D. & Tversky, A. , "Choices, Values, and Frames", *American Psychologist*, 39, 1984.

［15］ Lemert, James B. , *Does Mass Communication Change Public Opinion After All? —A New Approach to Effects Analysis*, Chicago: Nelson - Hall Inc. Publishers, 1981.

［16］ Li, X. , "National Interest and Source Stance in the Coverage of U. S. - China Relations: A Content Analysis of The New York Times and People's Daily (1987 - 1996)", *China Media Research*, 2 (4), 2006a.

［17］ Li, X. , "Second - level Adoption in the Case of Cell Phone Use as a News Device", *Paper presented at the Association for Education in Journalism and Mass Communication*, San Francisco, CA, 2006b, August 4.

［18］ Li, X. , "Information Exchanges on the Internet and the Likelihood of Expressing Deviant Views on Current Affairs in Public", *Paper Presented at the International Communication Association*, San Francisco, CA, 2007a, May 26.

［19］ Li, X. , "Stages of a Crisis and Media Frames and Functions: U. S. Television Coverage of the 9/11 Incident during the First 24 Hours", *Journal of Broadcasting and Electronic Media*, 51 （4）, 2007b.

［20］ Li, X. ed. , "Internet Newspapers: The Making of a Mainstream Medium", *Mahwah*, NJ: Lawrence Erlbaum Associates, 2006c.

［21］ Li, X. & Kong, Y. , "U. S. Regional Newspapers' Coverage of China's Entry into the WTO", *International Communication Bulletin*, 41 （1 – 2）, 2006.

［22］ Lin Yutang, "A History of the Press and Public Opinion in China", *Chicago*, *Ill.* , The University of Chicago Press, 1936.

［23］ Matthew Wyman, "Public Opinion in Post – communist Russia", *Wiltshire* （British）: Antony Rowe Ltd. , 1997.

［24］ McCombs, M. E. , "Setting the Agenda: The Mass Media and Public Opinion", *Malden*, MA: Blackwell, 2004.

［25］ McCombs, M. E. & Shaw, D. L. , "The Agenda – setting Function of Mass Media", *Public Opinion Quarterly*, 36 （2）, 1972.

［26］ Norman R. Luttbeg ed. , *Public Opinion & Public Policy: Models of Political Linkage*, Illinois: The Dorsey Press, Revised Edition, 1974, 1968 & 1974.

其他参考文献

［1］ 中国互联网络信息中心 （CNNIC） （http: //www. cnnic. net. cn/ index. htm）。

　　[2]《中国互联网调查统计报告（1—22 次）》，中华人民共和国国家统计局年度数据（http：//www. stats. gov. cn/tjsj/ndsj/）。

　　[3]《中国综合社会调查》（http：//www. chinagss. org/）。

　　[4]《青年研究》（http：//qnyj. qikann. com/）。

　　[5] Public Opinion Quarter.

后　记

历经近一年修订，终于定稿了。这部书远远谈不上完美，但书中的每一个字、每一句话、每一个符号都代表 2017 年我的所思、所想、所得。

我找到了 3 年前我博士毕业论文中的致谢，原文如下：

致　谢

2002 年，我考取了华中科技大学硕士研究生，从此与这所学校结缘。三年硕士生活，喻家山上、林荫道中、图书馆里，到处都留下无数回忆。当时曾和同学说，三年当中，一定要把图书馆里新闻传播类书籍看完。为了实现这个目标，泡图书馆成了我当时最大爱好。青年时代，在一所自己喜爱的学校读书，确实是一种幸福。毕业之后上班，想再回母校深造，一直等到 2009 年这个梦想才实现。我顺利考取博士，再度回到母校，回到了我眷恋的华科校园。

论文的选题定下来之后，我先后多次调整论文框架。因为资料涉及过于庞杂，光查找和整理资料的时间就达半年之久。之后写作，因为单位和家庭事务太多，写作一直处于写写停停的状态。很多时候，都感觉太累，坚持不下来。但最后还是咬牙坚持了下来，终于将论文完成。

论文完成标志着博士阶段学习的结束。在这个过程中，我要感谢很多人的支持和帮助。

感谢我的导师赵振宇老师。硕士阶段，赵老师上的评论和策划课，就深受大家好评和欢迎，直到现在我对当时的上课情景还记忆犹新。后来，因为其他事情和赵老师有过多次交往，深为赵老师的人格魅力所折服。再后来，准备考博士，和赵老师提起，赵老师热情表示欢迎。读博期间，赵老师考虑到我家庭的实际状况，不但没有催促我完成毕业论文，还经常打电话发邮件询问家庭是否有困难。结婚的时候，赵老师在汉口开会，听说我结婚风尘仆仆从汉口赶到武昌来参加我的婚礼。在我博士论文完成初稿之后，赵老师又多次对论文提出了诸多完善的意见和建议。大到章节调整，小到某些词句标点的使用，无不涉及。在赵老师悉心指导之下，我的博士论文才最终完善成型，并最终定稿。每每想起这些，都深受感动。读博期间，有这样一位学识渊博、关心学生的导师，我确实感到万分荣幸和幸福。我也永远将赵老师的这份关爱放在心中，传播开去。

感谢华中科技大学新闻学院诸位老师：张昆院长、吴廷俊老师、钟瑛老师、石长顺老师、刘洁老师、何志武老师、孙发友老师、顾建明老师等。诸位老师在我开题中给予了精心指导，在后期写作中也给予意见和建议，在此一并谢过。

感谢我的同学们。师兄胡沈明，学术功底深厚，待人热诚。论文写作期间，多次和其交流和探讨，每每大有收获。同学李铁锤、肖叶飞、陈然、罗昕、熊茵、陈艳辉以及师弟焦俊波等，非常怀恋和他们一起吃饭聊天、探讨学术的日子，以及我论文写作中他们给予的关怀和支持。

感谢我的家人。首先是感谢我的母亲，母亲离开我已经 14 年了。虽然，她看不到我博士毕业这一天，但我还是要感谢她，感谢她在世的时候给予我 20 年的母爱。这份爱，儿子会一生一世，永远记在心里。

感谢父亲，以及大姐、二姐、三姐。亲人是我永远的依靠，非常感谢他们几十年来对我的付出和支持。

感谢我的姑姑。母亲去世后，为了照顾怀孕的妻子，姑姑来武汉帮助我们带小孩，至今已经近 4 年。4 年辛苦付出，日夜操劳，辛苦从不对外人说起。但作为侄子的我，将永远铭记这份恩情。

感谢妻子刘娟。结婚 5 年，这 5 年我都是在准备考博和读博，其间，很少有时间照顾家庭。她每天早上 6 点从关山的家出发赶赴汉口的单位上班，然后晚上又匆匆赶回做饭，日日奔波，不辞辛苦。平时带儿子出去玩，也是她在操心。作为妻子，她确实为这个家庭付出了很多，每次看到她忙碌的样子，我都深感愧疚，感到自己对这个家庭付出太少。

感谢中南民族大学文学与新闻传播学院的高卫华老师、董伟建老师。两位老师在我考博读博期间一直给予关心和关怀，再次表示感谢！

总之一句话，感谢所有关心和支持我的亲人和朋友，也祝你们永远幸福。

博士毕业，对我来说只是一个阶段的结束，它也是一个新阶段的开始。学术道路永无止境，我将奋勇向前！

2013 年 9 月 1 日

于华中科技大学喻家山

一晃博士毕业 3 年多了。许多人都建议我把这篇博士论文修订出版，由于各种原因我一直没有真正行动。再加上新闻学领域，每年新思想、新观点、新材料层出不穷，自己也在想，如果要出版，这些新资料都得加进去，很多地方都得更新，这是一个不小的工程。所以，一直有些犹犹豫豫，没有下定决心。

直到文传学院陶喜红副院长和我谈心，鼓励我让我把博士论文尽快修改出来出版，我才真正行动起来。尽管有心理准备，但开始修订之后，还是遇到了很多困难。

第一，家里的时间安排很紧张。儿子今年刚上小学，这个阶段和幼儿园有了很大区别。幼儿园更多是娱乐和游戏，小学开始学习拼音和数字加减，每天要布置家庭作业。家庭作业很费时，家长要指导，有时候一弄就弄到八九点。碰巧的是小孩妈妈，这半年又被单位派到北京去进修，小孩生活学习就只有我一个人来负责。这给我的计划带来了很大冲击，经常状态是写写停停，连续不起来。

第二，学校恰逢教育部本科教学评估。这个评估上一次是 2006 年，这一次评估是 10 年之后再次回到我校，所以学校很重视。评估中也有很多具体工作要做，占用了不少时间。

困难是逃避不了的，只有想方设法去克服。在对文章的框架和结构进行微调后，修订工作还是坚持做了下来。其中艰辛自不待言，但还好，总算基本修订完了。

谢谢导师赵振宇老师、中南民族大学文传学院刘为钦院长、董伟建副院长、陶喜红副院长、高卫华老师、学报王平老师、阎春来老师等对我的关心和鼓励！

谢谢家人对我的支持。修订的这些日子里，很多次周末去单位加班，从早上到深夜 10 点，家里都是刘娟在照顾，很是辛苦。

2016 年 12 月 9—11 日，我去上海交通大学参加了首届中国舆论学年会，聆听了学界的顶级学者童兵教授、喻国明教授、谢耘耕教授等的演讲。在开会间隙，和众多媒体老总和高校学者进行了交流，收获颇多。舆论舆情在当今中国，已经是一片研究热土，全国数以千计的学者在这片领域辛勤耕耘。作为一个后来者，我认识到自己与这些学界巨擘的巨大差距，今后要用十年、二十年乃至一生的时间去耕耘、探索。

图1 2016年首届中国舆论学年会合影（前排中间白衣服女士右为笔者）

2016年12月19日下午，讨论完单位事务之后，我回到家发现自己双耳听不清楚声音，脑袋眩晕，站不稳，呕吐。当天晚上坚持到家人回家，然后赶赴医院住院，医院当晚没有床位没有接收。第二天一早就住院了，被医生诊断为突发性耳聋。经过全身检查，发现没有任何器官性问题，后判定为神经性原因引起的。这种眩晕持续了好几天，直到一个星期后，才好了一些，可以勉强出去走路。左耳听力完全丧失，几乎没有好转。后经多方联系，转院至武汉同济医院，又在同济医院住院治疗，前后近一个月。一个月时间，每天从早到晚打针、抽血、检查、针灸、高压氧疗等。出院的时候，看看双手，到处都是针头扎下留下的痕迹。

2017 年春节前出院，出院前检查左耳听力还是低到 80—100 分贝，而正常听力是 0—20 分贝。左耳还是时常听见嗡嗡声音，耳鸣现象一直存在。医生建议不要熬夜，要多休息，千万不可加班。本来年前已经基本完成的专著修订工作，就这样被延后了几个月。

但时间不等人，我只能一边养病，一边继续后续修订工作。一切又要接起来，千头万绪。身体确实大不如前。前两天，修订完专著到晚上吃饭的时候，就感到全身不舒服，饭吃了两口就没吃了。然后喝了一碗生姜红糖水，晚上 7 点就躺下了，全身像火烧似的滚烫，一晚上翻来覆去，好不容易熬到天亮，情况才稍有好转。这个时候，我才深刻地体会到，著名作家路遥写他的长篇小说《平凡的世界》时的感受。他是全身心投入的，在写到小霞去世的段落时，他泪如雨下，因为文中每一个字、每一个标点符号都浸透着他的心血！当时我读到这个段落的时候体会还不深刻，现在却心有戚戚焉！

最后，以汪国真先生的著名诗篇《热爱生命》自勉：

> 我不去想是否能够成功
> 既然选择了远方
> 便只顾风雨兼程
> ……

学术研究没有坦途，尽管荆棘遍地、前路艰险，我必将风雨兼程，矢志无悔！

是为记。

2017 年 4 月 10 日于武汉